영재교육필독시리즈 7

Twice-Exceptional and Special
Populations of Gifted Students

장애영재와 특수영재

Susan Baum 편저 · 이신동 · 강영심 · 최병연 공역

학지사

번역집필위원회

위 원 장 송인섭
부위원장 이신동   업무총괄 이정규

번역집필진(가나다 順)
강갑원, 강영심, 강현석, 고진영, 김미숙, 김정휘, 김정희, 김혜숙, 문은식,
박명순, 박은영, 박창언, 박춘성, 성은현, 성희진, 송영명, 송의열, 송인섭,
유효현, 이경화, 이민희, 이신동, 이정규, 이행은, 임 웅, 전명남, 전미란,
정정희, 최병연, 최지영, 최호성, 한기순, 한순미, 황윤세

Twice-Exceptional and Special Populations of Gifted Students
by Susan Baum

영재교육필독시리즈 번역을 통한 새로운 지평을 열며

한국영재교육학회 회장 송인섭

한국에서 영재교육에 대한 관심의 역사와 뿌리는 수십여 년에 걸쳐 많은 영재교육학자들과 다양한 영역의 학자들이 이론적 대화와 논쟁을 통해 발전시키고 이를 교육 현장에 접목시키려는 노력에서 찾을 수 있다. 학문의 수월성 추구라는 측면과 한 인간이 가진 학습력의 다양성에 적절성을 제공한다는 의미에서 영재교육은 항상 우리의 관심 안에서 생명력을 키워 왔다. 그런 가운데 1995년 5월 30일 교육개혁안의 발표로 교육에서 영재교육이 차지하는 비중이 점차 강조되고 크게 다루어짐으로써, 영재교육의 새로운 지평을 여는 계기가 되었다. 이에 대한 실천 방안으로 2001년 1월 21일에 공포된 '영재교육진흥법'은 영재교육을 이론과 실제에서 구체적으로 한국사회에 정착하게 만든 중요한 전환점으로 기억된다.

> 이 법은 교육기본법 제12조, 제19조 규정에 따라 재능이 뛰어난 사람을 조기에 발굴하여 타고난 잠재력을 개발할 수 있도록 능력과 소질에 맞는 교육을 실시함으로써 개인의 자아실현을 도모하고 국가사회발전에 기여함을 목적으로 한다(영재교육진흥법 제1조 목적).

'영재교육진흥법 제1조 목적'을 보면, 이제 한국에서도 영재교육을 구체적으로 시행하려는 의도를 엿볼 수 있다. 자아실현을 통한 개인의 성장을 도모함과 국가사회발전에 기여함을 목적으로 설정한 점은 영재교육의 기본 전제와 차이가 없다. 이제 국가적인 차원에서 영재교육의 가능성이 열린 것이다.

그러나 영재교육은 이상과 의지만으로 되는 것이 아니고 합리적이고 타당한 실제가 있어야만 한다. 따라서 앞으로 단순히 법적인 차원에서의 목적 제시가 아닌, 한 개인이 자아실현을 이루고 그 자아실현을 통하여 한국사회에 봉사하는 영재를 교육하는 실제가 이루어지는 구체적인 노력이 필요하다.

이를 계기로 영재의 판별, 독립적인 영재교육과정의 개발, 정규 공교육과정 내에 영재교육의 실제적인 도입, 영재교육을 활성화하기 위한 다양한 영재교육기관의 설립, 그리고 영재교육을 위한 전문 연구소 또는 대학 부설 영재교육센터의 설치와 운영의 문제 등이 현실화되면서, 영재교육은 교육현장에서 중요한 부분을 차지하게 되었다.

영재교육은 통합학문적인 특성과 종합적인 사고속에서 이론과 실제가 연계될 때만이 신뢰성과 타당성을 갖출 수 있다는 특성이 있어 다양한 분야 전공 학자들이 이 문제에 대하여 큰 관심을 가질 필요가 있다. 교육학 자체가 이론과 실제의 조화를 요구하듯이, 영재교육에 대한 접근도 다양하고 종합적인 사고가 요구된다는 것을 우리는 잘 인식하고 있다. 영재교육은 영재교육에 대한 철학과 인간에 대한 가정으로부터 출발하여 인간의 특성에 대한 합리적이고 충분한 근거 위에서 논의해야 할 것이다. 이러한 이유로 현재 한국의 영재교육은 인문, 사회, 과학 분야를 망라하는 다양한 학자들의 손을 거쳐 점차적으로 이론과 실제라는 측면에서 발전하는 과정에 있다고 볼 수 있다.

이러한 발전과정의 하나로, 2002년 영재교육에 관심 있는 학자들이 뜻을 모아 현재의 '한국영재교육학회'를 창립하였다. 창립 이후에 각종 학술대회 개최, 세미나 실시, 그리고 매월 영재교육에 대한 콜로키움 등의 다양한 모임의 진행을 통하여 영재교육에 대한 문제를 토론하고 연구하며 현장에 적용하려는 노력을 지속하고 이를 『영재와 영재교육』이라는 학술지로 출판하고 있다. 특히, 영재교육학회의 콜로키움은 전국에서 20~30명 내외의 학자가 매월 1회씩 만나 영재교육과 관련된 논문 및 다양한 주제에 대해 토론하고 있다. 이를 통하여 영재에 관한 우리의 사고를 발전시킬 뿐만 아니라, 한

장애영재와 특수영재

국 사회에 어떻게 영재교육을 정착시킬 것인가의 문제를 가지고 논의하여 왔다. 이러한 노력으로 본 학회의 연구결과를 공표하는 학술지인 『영재와 영재교육』이 한국학술진흥재단의 등재후보학술지로 인정받았다.

이에 더하여 본 학회는 2006년도에 콜로키움의 주제를 미국영재교육학회에서 펴낸 지난 50년간의 영재교육의 연구결과물인 『영재교육필독시리즈(essential readings in gifted education, 2004)』를 선택하여 연구하였다. 매월 콜로키움을 통해 본 시리즈를 공부하고 논의하면서, 쉽지 않은 작업이지만 한국 영재교육의 발전을 위하여 시리즈를 번역하기로 합의하였다. 본서는 한국의 영재교육 상황을 설명하기 위하여 한국의 영재교육을 '특별호'로 첨가시켰으며 이 작업은 송인섭과 한기순이 하였다. 본 번역 작업은 1년 반의 기간이 소요되었으며, 공사다망한 가운데 번역 작업에 자발적으로 참여한 영재교육학자들은 강갑원, 강영심, 강현석, 고진영, 김미숙, 김정휘, 김정희, 김혜숙, 문은식, 박명순, 박은영, 박창언, 박춘성, 성은현, 성희진, 송의열, 송영명, 유효현, 이경화, 이민희, 이신동, 이정규, 이행은, 임웅, 전명남, 전미란, 정정희, 최병연, 최지영, 최호성, 한순미, 황윤세다.

물론 공동 작업은 쉽지 않은 일이었다. 그러나 많은 연구자들이 바쁜 와중에도 본 시리즈를 번역하는 일에 시간을 집중 할애함으로써 기간 내에 완성하였다는 점은 우리 모두로 하여금 학문적 성취감을 갖게 하기에 충분하였다. '번역은 제2의 창조'라는 말이 있듯이 새로운 지식 창출은 쉽지 않은 작업이었으나, 번역자들은 정기적인 회의를 통해 용어를 통일하였으며 내용의 일관성과 상호 검증과정을 통해 가능한 한 원저자의 의도를 반영하도록 노력하였다. 마지막으로 번역자들은 전체 회의를 통해 시리즈의 용어 통일을 위한 활동을 하면서, 시리즈 출판 후의 작업으로 '영재교육용어사전(가칭)'을 편찬하기로 합의하는 등 뜨거운 관심과 학문적 노력으로 본 시리즈의 번역물이 세상에 그 탄생을 알리게 되었다.

본 시리즈에 대해서는 원문의 편저자가 자세히 제시하였듯이, 영재교육에서 다루어야 할 대부분의 문제를 다루고 있다. 영재성의 정의, 판별, 교육과정, 영재의 정서적인 문제, 그리고 영재교육의 공공정책에 이르기까지 다양한 영역을 다루고 있다는 측면을 보더라도 본 시리즈가 갖는 학문적 포괄성과 깊이를 충분히 이해할 수 있다. 나아가 결론 부분에서 '영재교육이 지속적으로 성장하기 위해서는 새로운 목소리가 들려야 하고 새로운 참여자가 있어야 할 것이며 위대한 기회가 우리 분야에 활용될 것'이라는 주장은 영재교육의 미래에 대한 도전의 가치를 시사하고 있다.

본 시리즈에 포함된 주옥같은 논문들은 영재교육 분야의 『Gifted Child Quarterly』 같은 중요한 저널에서 가장 많이 인용된 논문들로, 엄선되어 소개된 것이 특징이다. 본 시리즈가 영재교육의 역사와 현재 영재교육에 대한 논의를 통해 영재를 위한 최상의 교육적 경험들을 찾는 것처럼, 한국의 영재교육 연구자에게도 바람직한 정보를 제공할 것이다. 또한 본 번역진들은 영재교육필독시리즈가 영재교육을 공부하는 학도들의 관심을 불러일으킬 만한 논문들로 구성되었다는 점을 확인할 수 있었다. 다소 그 대답을 찾지 못한 영역을 기술한 학자들은 도입 부분에서 아직 남아 있는 질문들을 이해하는 데 출발점이 될 수 있을 것이다. 우리는 그러한 대답들을 여전히 찾고 있으며, 현재 계속되는 발전적인 질문을 하기 위해 좀 더 나은 준비를 할 필요가 있다. 이번 시리즈의 독창적인 논문들은 우리가 어떤 이슈들을 해결하는 데 도움을 주면서 쉽게 답이 나오지 않는 다른 의문들도 강조한다. 결국 이 논문들은 끊임없이 제기되는 의문에 대하여 새롭게 도전하도록 도와준다고 볼 수 있다.

영재교육과 관련하여 그 성격과 내용, 방법, 교사연수, 교육과정 개발, 국가의 지원 문제 등에 대한 연구가 부족한 시점에서, 본 시리즈의 출판으로 많은 문제가 나름대로 정리되고 한국의 영재교육에 새로운 방향을 제시하기를 바라는 마음이 깊다. 영재교육에 관심 있는 영재 학도들의 토론의 출발점이 되는 번역서의 역할을 기대한다. 작업에 참여한 역자들은 영재교육 문제를 이론적·실제적으로 생각하고 논의하는 과정에서 마침내 본 시리즈를 한국 사회에 내놓게 되었다.

장애영재와 특수영재

한편, 이 시리즈의 출판은 좀 더 큰 다른 결실로 나아가기 위한 과정이라고 볼 수 있다. 우리는 영재교육의 순기능을 극대화하는 방향을 모색하는 연구를 계속하고자 한다. 또한 영재교육에 관한 논의를 한국적 상황에 적용할 수 있는 한국적 영재교육을 생각하고자 한다. 교육과 연구를 병행함으로써 이론 발전을 통하여 현장에서의 영재교육 활동과 접목하여 발전시켜 나갈 것이다. 지금까지의 영재교육은 이론적·실제적 측면보다는 무작위적인 활동을 통한 교육으로 많은 시간을 소모하고 있는 듯하다. 이 시리즈의 논문에서 대답되고 제기된 문제들은 우리가 영재교육 분야에서 진일보할 수 있도록 도움을 줄 것이다.

우리는 '이 시리즈를 읽는 사람들이 영재교육의 흥미로운 여행에 동참해 주기를 희망한다'는 본 시리즈 소개의 결론에 동의하면서, 한국 사회에서 관심 있는 많은 사람들이 본 시리즈를 통하여 영재교육에 대한 관심과 새로운 도전에 참여하기를 기대한다. 역자들은 이 분야에 관련된 이론 발전을 위해 계속 연구할 것을 약속하고자 한다.

본 작업이 완료되기까지는 학지사의 김진환 사장의 출판에 대한 철학과 기획 시리즈의 사회적 기능을 고려한 적극적 지원의 힘을 얻었다. 뿐만 아니라 학지사의 편집부 직원 모두에게 깊은 감사를 드린다.

2007년 12월
청파골 연구실에서

역자 서문

지금까지 우리는 영재를 주로 지능지수로만 판별하였기 때문에 지능지수가 낮거나 장애를 가진 학생이 영재일 수 있다는 생각은 거의 하지 못했다. 영재성의 정의가 점차 단일 구인에서 중다 구인으로 변화되면서 영재를 판별하는 기준도 달라지고 영재들의 출현 배경도 다양하게 변화되고 있다.

마스크 효과(masking effects) 때문에, 특별한 장애, 즉 자폐나 학습장애를 가진 학생이 영재성을 가졌을 것이라고 상상도 하지 못한다. 특히 장애영재에 대한 연구는 우리나라에서 거의 찾아보기 어렵고 외국의 문헌에서나 볼 수 있는 실정이다. 그러나 이런 영재들에 대한 관심과 연구가 소홀히 취급되어서는 안 된다. 특히 특수교사들은 장애만 보고 이들에게 맞는 중재를 하는 데 관심이 높아 영재성을 잘 알아보지 못하는 경우가 많고, 영재교사들은 영재성만 보고 계발하려고 할 뿐 장애를 보지 못한다. 따라서 양면성을 동시에 보고 이들에게 맞는 교육 프로그램을 제공할 전문가가 절실히 필요하다.

또한 영재성은 성별이나 가정의 문화적 · 경제적 수준 때문에 차단되는 경우도 많다. 가난한 집안의 아동들은 부유한 집안의 아동에 비해 영재로 선발되는 경우가 상당히 드물다.

이런 맥락에서 장애영재와 특수영재들을 이해하고 적절한 교육 서비스를 제공하는 것과 관련된 연구들을 모아 놓은 『Twice-Exceptional and Special Populations of Gifted Students』를 번역하게 되었는데, 이를 통해 우리나라 영재교육의 발전과 확산에 많은 시사점을 줄 것으로 생각한다. 이 책은 뉴로셀 대학교에 재직하고 있는 Susan Baum 교수가 자신이 발표한 논문과 기타 여러 관련 논문을 선정하여 엮은 것으로, 우리가 쉽게 접하기 어려운 여덟 편의 논문들로 구성되어 있다. 서문, 1장, 2장은 학습장애를 가진 영재들과 관련된 논문으로 이신동 교수(순천향대)가 번역하였고, 3장, 4장, 5장은 주의력 결핍 과잉행동 장애, 아스퍼거 증후군을 보이는 영재, 여성 영재들의 문제와 관련된 논문으로 강영심 교수(부산대)가 번역을 맡았다. 6장, 7장, 8장은 게이 영재, 시골에 거주하는 영재, 학교를 중퇴하는 영재들에 관한 논문으로 최병연 박사(고려대)가 번역하였다.

　　장애영재와 특수영재들은 영재교육 대상자 전체 집단에서 볼 때 아직 소수이지만, 일반학교의 교사들, 영재교사들, 특수학급을 맡고 있는 특수교사들, 영재교육 전공자들에게 많은 시사점과 필요한 정보를 제공할 것이다.

2007년 12월
순천향대학교 연구실에서
대표 역자 이신동 교수

목 차

■ 영재교육필독시리즈 번역을 통한 새로운 지평을 열며 / 3

■ 역자 서문 / 8

■ 영재교육필독시리즈 소개 / 12

■ 장애영재와 특수영재에 대한 소개 / 29
　　Susan Baum

01. 학습장애 영재를 위한 심화학습 프로그램 / 45
　　Susan Baum

02. 대학에서 성공한 학습장애 영재학생들의 보상전략 / 59
　　Sally M. Reis, Joan M. McGuire, and Terry W. Neu

03. 주의력 결핍 영재: 실제인가 아니면 허구인가? / 89
　　Susan Baum, F. Richard Olenchak, and Steven V. Owen

04. 아스퍼거 증후군 영재 / 111
　　Maureen Neihart

05. 알지 못하면 바꿀 수 없다: 여성 영재의 특별한 요구에 대한 이해 / 133
　　Sally M. Reis

06. 영재성과 동성애: 청소년의 경험에 대한 연구 / 153
　　Jean Sunde Peterson, Heather Rischar

07. 시골에 거주하는 영재 / 193

Howard H. Spicker, W. Thomas Southern, and Beverly I. Davis

08. 영재의 자퇴: 누가, 왜 자퇴하는가? / 203

Joseph S. Renzulli, Sunghee Park

찾아보기 / 231

영재교육필독시리즈 소개

Sally M. Reis

영재교육에 대한 지난 50년간의 연구 업적은 과소평가할 수 없을 만큼 수행되었다. 영재교육 분야는 더욱 강력하고 가시적으로 나타나고 있다. 미국의 많은 주의 교육위원회 정책이나 입장은 영재교육에 더욱 많이 지원하는 방향으로 수립되고 있으며, 영재교육에 대한 특별한 요구를 특별 법안으로 지원하고 있다. 영재에 대한 연구 분야의 성장은 일정하지 않았지만, 연구자들은 영재를 교육하는 데 국가 이익에 대한 다양한 관점과 영재교육의 책임에 대하여 논의하였다(Gallagher, 1979; Renzulli, 1980; Tannenbaum, 1983). Gallagher는 역사적인 전통 속에서 영재를 위한 특별 프로그램의 지원과 냉담의 논쟁을 평등주의에서 수반된 신념과 귀족적 엘리트의 싸움으로 묘사하였다. Tannenbaum은 영재에 대한 관심이 최고조였던 두 시점을 1957년 스푸트니크 충격[1] 이후의 5년과 1970년대 후반의 5년이라고 제시하면서, 혜택받지 못한 장애인에 대한 교육에 여론의 집중이 최고조였던 시기의 중간 지점에서 영재교육은 오히려 도태되었다고 하였다. "영재에 대한 관심의 순환적 특징은 미국 교육사에서 특이한 것이다. 그 어떤 특별한 아동 집단도 교육자와 아마추어에게 그처럼 강하게 환영받고 또 거부당하는 것을 반복한 적이 없었다."(Tannenbaum, 1983, p. 16) 최근 미국 정부에서 영

---

1) 역자 주: 옛 소련이 세계 최초로 인공위성인 스푸트니크(1957년 10월 4일 발사)를 발사하자, 과학을 비롯하여 우월주의에 빠져 있던 미국은 이를 'Sputnik Shock'라 하면서, 교육과 과학을 포함한 모든 분야에서 국가 부흥운동을 대대적으로 전개함.

재교육 분야를 주도한 결과, 교육과정의 실험화와 표준화에 대한 우려가 증가하면서 영재교육이 다시 후퇴하는 것으로 나타난 것처럼, Tannenbaum의 말대로 영재교육의 순환적 본질이 어느 정도 맞아떨어지는 것이 우려된다. 영재교육의 태만한 상태에 대한 그의 묘사는 최근의 영재교육 상황을 잘 설명하고 있다. 영재교육에 대한 관심이 최고조였던 1980년대 말에는 영재교육 프로그램이 융성하였고, 초 · 중등 영재교육 프로그램을 위한 시스템과 15가지 모형이 개발되어 책으로 소개되었다(Renzulli, 1986). 1998년 Jacob Javits의 영재학생 교육법(Gifted and Talented Students Education Act)이 통과된 후 국립영재연구소가 설립되었다. 그리고 12개 프로그램이 '과소대표(underrepresentation)' 집단과 성공적인 실험에 관련된 영역에서 통합적인 지식으로 추가되었다. 그러나 1990년대에는 영재를 위한 프로그램이 축소되거나 삭제되기 시작하였고, 1990년대 후반에는 미국의 절반이 넘는 주가 경기침체와 악화된 예산 압박으로 영재교육을 더욱 축소하였다.

심지어 영재교육의 필요성이 더욱 증가하고 있음에도 불구하고, 제한적 서비스 제공에 대한 우려는 계속 제기되었다. 미국에서 가장 재능이 뛰어난 학생의 교육에 대한 두 번째 연방보고서(Ross, 1933)인『국가 수월성−발전하는 미국의 재능에 대한 사례(National Excellence: A Case for Developing America's Talent)』는 영재에 대한 관심의 부재를 '심각한 위기(a quiet crisis)'라고 지적하였다. "수년간 영특한 학생의 요구에 단발적인 관심이 있었으나, 영재 중 대부분은 학교에서 자신의 능력 이하의 공부를 하며 지내고 있다. 학교의 신념은 경제적이고 문화적인 배경에서 탁월한 영재보다 모든 학생의 잠재력을 계발해야 한다는 쪽으로 바뀌었다. 따라서 영재는 덜 도전적이고 덜 성취적인 학생이 되었다."(p. 5) 또한 보고서는 미국의 영재가 엄격하지 않은 교육과정에서 별로 읽고 싶지 않은 책을 읽으며, 직업이나 중등교육 졸업 이후를 위한 진로 준비가 다른 많은 선진 국가의 재능이 뛰어난 학생보다 덜 되고 있다는 사실을 지적하였다. 특히 경제적으로 취약하거나 소수집단의 영재는 무시되고, 대부분이 어떠한 개입 없이는 그들의 탁월한 잠재력을 알아차리지 못할 것이라고 보고서는 지적하였다.

영재교육 분야의 진보를 축하하는 이 기념비적인 영재교육필독시리즈는 학자들이 『Gifted Child Quarterly』와 같은 영재교육 분야의 주요 저널에서 가장 많이 언급한 주옥 같은 논문들을 소개하고 있다. 우리는 영재교육의 과거를 존중하고 현재 우리가 직면한 도전을 인정하며, 영재를 위해 최상의 교육 경험을 찾는 것같이 미래사회를 위한 희망적인 안내문을 제공해 주는 사색적이고 흥미를 불러일으킬 만한 논문으로 영재교육필독시리즈를 구성하였다. 엄격한 검토 후 출판된 영향력 있는 논문들은 영재교육 분야에서 자주 인용되고 중요하게 여겨지기 때문에 선택되었다. 시리즈의 논문들은 우리가 영재교육에 대해 중요한 내용을 배우고 있다는 것을 보여 주고 있다. 우리의 지식은 여러 분야에 걸쳐 확장되고 진보된 것이 무엇인지에 대해 합의를 이끌어 내고 있다. 다소 분리된 영역을 기술한 학자들은 도입 부분에서 아직 남아 있는 질문을 이해하는 데 도움이 된다고 설명하였다. 그러한 대답을 여전히 찾으면서도, 현재 우리는 발전적인 질문을 계속하기 위해 좀 더 나은 준비를 하고 있다. 이번 시리즈의 독창적인 논문들은 어떤 쟁점을 해결하는 데 도움을 주며, 쉽게 답이 나오지 않는 다른 질문도 강조한다. 결국 이 논문은 끊임없이 제기되는 질문에 새롭게 도전하도록 도와준다. 예를 들면, Carol Tomlinson은 영재교육 분야의 상이한 교육과정은 영재교육 분야에서 계속 파생되는 문제라고 하였다.

초기 영재교육 분야의 문제들은 시간이 지남에 따라 해결되어 점차 체계적 지식의 일부로 포함되었다. 예를 들면, 학교와 가정 모두 높은 잠재력을 지닌 개인의 영재성을 육성하는 데 도움이 될 수 있다는 점과, 학교 내부와 외부의 교육 서비스의 연계는 영재성이 발달할 가장 훌륭한 학창시절을 제공해 줄 수 있다는 것이 널리 인정되고 있다. Linda Brody가 도입부에서 지적한 것처럼, 이미 30년 전에 제기된 집단편성과 속진 문제에 대해 논쟁을 벌이는 것은 현재로서는 불필요하다. 예를 들면, 영재학생들에게 적절한 교육 기회를 제공하기 위해 집단편성, 심화, 속진 모두 필요하다는 사실에 일반적으로 동의하고 있다. 이러한 과거의 논쟁들은 영재교육 분야를 발전시키는 데 도움은 되었으나, 사변적이고 상호 관련되는 작업이 아직 남아 있다. 이번 시리즈는 각 장의 편저자가 배워야 할 것을 모으고, 미래에 대해 흥미를 불러일으키는 질문을 끄집어냈다. 이러한 질문은 영재교육 분야에 고민할 기회를 많이 주고, 다음 세대의 학자들에게 연구할 기회를 충분히 제공한다. 서론에는 이번 시리즈에서 강조하는 내용을 간략하게 소개하고자 한다.

제1권 영재성의 정의와 개념

제1권에서는 Robert Sternberg가 영재성의 정의, 아동기와 청소년기에 보이는 재능의 종류에 대한 독창적인 논문들을 소개하고 있다. 일반적으로 가장 널리 사용되는 영재성의 정의는 교육학자들이 제안한 정의가 담긴 미국 연방법의 정의다. 예를 들면, Marland 보고서(Marland, 1972)는 미국의 많은 주나 학회에서 채택되었다.

주나 지역의 수준에 따라 영재성의 정의에 대한 선택은 주요 정책의 결정 사항이었고 지금도 여전히 그러하다. 정책결정이 종종 실제적 절차나 혹은 영재성 정의나 판별에 관한 연구결과와 무관하거나 부분적으로만 관련이 있다는 점은 흥미롭다. 정책과 실제에서 차이가 발생하는 것은 아마도 많은 변인이 있기 때문일 것이다. 불행하게도, 연방법에 따른 영재성의 정의는 포괄적이지만 모호하여 이 정의로 인해 발생하는 문제들이 해당 분야의 전문가들에 의해 밝혀졌다. 최근 영재 프로그램의 현황에 대한 연방정부 보고서인 『국가 수월성』(Ross, 1993)에서는 신경과학과 인지심리학에서의 새로운 통찰력에 토대를 두고 새로운 연방법에 따른 정의를 제안하고 있다. '천부적으로 타고난다(gifted)'라는 조건은 발달하는 능력보다 성숙을 내포하고 있다. 그 결과 재능 발달을 강조한 새로운 정의인 "현재의 지식과 사고를 반영한다."(p. 26)라고 한 아동에 대한 최근 연구결과와는 논쟁이 되고 있다. 영재에 대한 기술은 다음과 같다.

영재는 일반 아이들과 그들의 나이, 경험 또는 환경과 비교했을 때 뛰어난 탁월한 재능수행을 지니거나 매우 높은 수준의 성취를 할 수 있는 잠재력을 보여 주는 아동이다. 이런 아동은 지적, 창의적 분야, 그리고 예술 분야에서 높은 성취력을 나타내고, 비범한 리더십을 지니며, 특정 학문 영역에서 탁월하다. 그들은 학교에서 일반적으로 제공되지 않는 서비스나 활동을 필요로 한다. 우수한 재능은 모든 문화적 집단, 모든 경제 계층, 그리고 인간 노력의 모든 분야에서 아동기나 청소년기에 나타난다(p. 26).

공정한 판별 시스템은 각 학생의 차이점을 인정하고 다른 조건에서 성장한 학생들에 대해서도 드러나는 재능뿐만 아니라 잠재력을 확인시켜 줄 수 있는 다양하고 복잡한 평가방법을 사용한다. Sternberg는 책의 서두에서, 사람이 나쁜 습관을 가지고 있듯이 학문 분야도 나쁜 습관이 있다는 것을 인정하며, "많은 영재 분야의 나쁜 습관은 영재가 무엇인지에 대한 정확한 개념도 없이 영재성에 관한 연구를 하거나, 더 심한 경우는 아동이 영재인지 아닌지 판별하는 것이다."라고 설명하였다. Sternberg는 영재성과 재능의 본질, 영재성 연구방법, 영재성의 전통적 개념을 확장한다면 얼마나 달성할 수 있을까? 다시 말해, 영재성과 재능 사이에 차이점이 존재하는가? 유용한 평가방법의 타당성은 어떠한가, 그리고 아마도 가장 중요한 것으로 우리가 얼마나 영재성과 재능을 계발할 수 있는지에 대해 의문을 가져 봄으로써 영재성의 정의에 대한 중요 논문에서 주요 주제를 요약할 수 있었다. Sternberg는 논문을 기고한 많은 학자가 폭넓게 동의한 요점을 간결하게 정리하였다. 영재성은 단순히 높은 지능(IQ)보다 더 많은 것을 포함하고, 인지적·비인지적 요소를 포함하며, 뛰어난 성과를 실현할 잠재력을 계발할 환경이 있어야 하고, 영재성은 한 가지가 아니라고 하였다. 나아가 우리가 영재성을 개념화하는 방법은 재능을 계발할 기회가 있는 사람에게 큰 영향을 미치고, 독자에게 교육자로서의 책임을 상기시켜 준다고 경고하였다. 또한 영재교육 분야에서 가장 비판적 질문 중 하나는 천부적으로 뛰어난 사람은 그들의 지식을 세상에 이롭게 사용하는가, 아니면 해롭게 사용하는가다.

장애영재와 특수영재

제2권에서는 Renzulli가 영재교육 분야의 연구자가 현재 직면한 가장 비판적인 질문인 어떻게, 언제, 왜 영재를 판별해야 하는지에 대하여 기술하고 있다. 그는 영재성의 개념이 매우 보수적이고 제한된 관점에서 좀 더 융통성 있고 다차원적인 접근까지의 연속된 범위를 따라서 존재한다고 생각한다. 따라서 판별의 첫 단계부터 의문을 가져야 한다. 무엇을 위한 판별인가? 왜 보다 어릴 때 판별해야 하는가? 예를 들어, 미술 프로그램이 재능 있는 예술가를 위해 개발되었다면, 그 결과로써의 판별 시스템은 반드시 미술 영역에서 증명되거나 잠재적인 재능을 가진 아동을 판별할 수 있는 구조여야 한다는 것이다.

Renzulli는 도입 부분에서 판별에 대한 중요한 논문들과 최근의 합의를 요약하였다. 예를 들면, 대부분의 연구자들이 언급하였듯이 지능검사나 다른 인지능력검사들은 대부분 언어적이고 분석적인 기술을 통해 아동의 잠재력의 범위에 대한 정보를 제공한다. 그러나 그것은 우리가 누구를 판별해야 하는지 알아야 할 필요가 있는 모든 정보를 다 설명해 주지는 않는다. 그런데 연구자는 판별 과정에서 인지능력검사를 빼야 한다고 주장하지 않는다. 오히려 대부분의 연구자 (a) 다른 잠재력의 척도들이 판별에 사용되어야 하고, (b) 이러한 척도들은 특별 서비스를 받을 학생을 최종 결정할 때 똑같이 고려해야 하며, (c) 마지막 분석 단계에서 신중한 결정을 내리려면 점수를 매기거나 도구를 사용할 것이 아니라 식견이 있는 전문가의 사려 깊은 판단을 믿어야 한다고 생각한다.

판별에 대한 중요한 논문들의 저자들이 제시한 또 다른 쟁점은 다음과 같다. (a) 수렴적이고 확산적인 사고(Guilford, 1967; Torrance, 1984), (b) 침해주의(entrenchment)와 비침해주의(non-entrenchment)(Sternberg, 1982), (c) 학교 중심의 영재성 대 창의적이고 생산적인 영재성의 차이(Renzuilli, 1982; Renzulli & Delcourt, 1986)다. 학교 중심의 영재성을 정의하는 것은 창의적이고 생산적인 영재성의 잠재력을 가진 아동을 정의하는 것보다 더 쉽다. Renzulli는 영재학생 판별에 대한 발전은 계속되어 왔으며, 특히 지난 25년 동안 인간의 잠재력과 영재성의 개념에 대한 새로운 이론을 고려한 평준화의 문제, 정책, 그리고 실제에 대한 새로운 접근법이 연구되고 있다고 믿는다. 그러나 그는 판별 기법에 대한 끊임없는 연구가 여전히 필요하고, 역사적으로 재능 있는 영재가 다른 이들처럼 항상 측정되지 않는 어떤 특성이 있다는 것을 마음속에 지니는 것이 중요하다고 하였다. 우리는 지금까지 설명하기 어려운 것을 위한 연구를 계속해야 할 필요가 있다. 영재성은 문화적으로나 상황적으로 모든 인간 행동에 고착된다는 것을 깨달아야 하며, 무엇보다 우리가 아직 설명하지 못하는 것의 가치를 매겨야 할 필요가 있다.

제3권 영재교육에서 집단편성과 속진
제4권 영재 교육과정 연구
제5권 영재를 위한 차별화 교육과정

제3, 4, 5권에는 영재 프로그램의 교육과정과 집단편성에 대한 쟁점에 대해 설명하였다. 아마도 이 영역에서 가장 유망한 기법의 일부가 영재에게 실시되고 있을 것이다. 집단편성의 다양한 유형은 영재에게 진보된 교육과정에서 다른 영재와 함께 공부할 기회를 주는 것처럼, 집단편성과 교육과정은 서로 상호작용한다. 수업상의 집단편성과 능력별 집단편성에 대해서 일반적으로 알려진 것처럼 학생을 집단편성하는 방법을 다루는 것이 아니라, 가장 큰 차이를 만드는 집단 내에서 무엇이 일어나는지를 다루는 것이다.

너무도 많은 학교에서, 영재를 위한 교육과정과 수업이 학교에 있는 동안 약간만 다르게 이루어지며 최소한의 기회를 주고 있다. 때때로 방과 후 심화 프로그램 또는 토요일 프로그램이 종합적인 학교 프로그램을 운영하고 있는 박물관, 과학 센터 또는 현지 대학을 통해 제공된다. 또한 학업적으로 매우 재능 있는 학생은 나라를 불문하고 수업을 지루해하고 비동기적, 비도

장애영재와 특수영재

전적으로 수업에 참여한다. 미국에서 빈번하게 사용된 교육방법인 속진은 종종 교사나 행정관료에 따라 시간적인 문제, 월반에 대한 사회적 영향, 그리고 기타 부분에 대한 염려를 포함한 다양한 이유를 들어 부적절한 방법으로 저지되었다. 속진의 다양한 형태—유치원이나 초등학교를 1년 먼저 들어가는 조숙한 아이, 월반, 대학 조기입학 등—는 대부분의 학교에서 일반적으로 사용하지 않는다.

불행하게도, 대안적인 집단편성 전략은 학교 구조의 개편을 의미한다. 그리고 일정, 재정 문제, 근본적으로 변화를 지연시키는 학교 때문에 교육적 변화를 일으키는 데 어려움이 있어서 아마도 매우 늦게 이루어질 것이다. 이렇게 지연되면서, 영재학생은 그들 연령의 동료보다 훨씬 앞서서 더 빠르게 배울 수 있고 더 복잡한 사물을 살필 수 있는 기본적인 기능과 언어 능력에 기초한 특별한 교육을 받지 못하는 것이다. 뛰어난 학생에게는 적절한 페이스, 풍부하고 도전적인 수업, 일반 학급에서 가르치는 것보다 상당히 다양한 교육과정이 필요하지만, 학업적으로 뛰어난 학생이 학교에서 오히려 종종 뒤처져 있다.

Linda Brody는 교육 목적에 맞게 학생을 집단편성하는 가장 좋은 방법을 소개하였다. 연령에 맞춘 전형적인 교육 프로그램이 그 교육과정을 이미 성취하고 인지능력을 지닌 영재의 욕구를 충족시켜 줄 수 있는가에 대하여 염려하였다. 집단편성에 대한 논문은 첫째, 개인의 학습 욕구를 충족시키는 데 교육과정이 갖추어야 할 융통성의 중요성, 둘째, 교육 집단으로 학생을 선정할 때 융통성 있는 교육자의 필요성, 셋째, 필요하다면 집단을 변경해야 할 필요성을 강조한다. 서론에는 영재를 일반학생과 같이 집단편성시키는 것에 대한 논쟁을 싣고 있다. 그리고 소수의 사람이 다른 학습 욕구를 지닌 학생을 위해 차별화된 교육을 허용하는 도구로 속진학습과 집단편성을 이용하고자 하는 요구에 찬성하지 않는다. 좀 더 진보된 교육 프로그램이 발달된 인지능력과 성취 수준을 다르게 하기 위한 방법으로써 이용될 때, 그러한 방법은 모든 학생에게 적절한 교육의 목표를 달성하도록 도와줄 수 있다.

VanTassel-Baska는 영재를 위한 교육과정의 가치와 타당한 요인을 강조하는 중요한 아이디어와 교육과정의 발달, 영재를 위한 교육과정의 구분, 그러한 교육과정의 연구에 기초한 효과와 관련된 교육법을 설명함으로써 영재교육과정에 대한 중요한 논문을 소개하고 있다. 또한 독자에게 교육과정의 균형에 대하여 Harry Passow의 염려와 불균형이 존재한다고 암시하였다. 연구결과를 보면, 영재의 정의적 발달은 특별한 교육과정을 통해서 일어난다고 암시하기 때문이다. 게다가 교육과정을 내면화하려는 노력은 예술 및 외국어 분야에서는 일어나지 않는다. 교육과정의 균형 있는 적용과 인정을 통해서 우리는 Passow가 생각했던 인문학의 개인 유형을 만들 수 있다. VanTassel-Baska는 균형을 맞추기 위해 교육과정의 선택뿐 아니라 다양한 영재의 사회정서적 발달을 위한 요구를 제시하였다.

Carol Tomlinson은 지난 13년 동안 유일하게 영재교육 분야의 차별에 대한 비판적인 논문을 소개하면서, 최근 논문이 '영재교육 분야에서 파생된 쟁점, 그리고 계속되어 재경험되는 쟁점'이라고 하였다. 그녀는 영재교육에서 중요한 것 중의 하나가 교육과정의 차별화를 다룬 주제라고 하였다. 인류학에서 유추한 대로, Tomlinson은 '통합파(lumpers)'는 문화가 공통적으로 무엇을 공유하는지에 대해 더 큰 관심을 가지는 것에 비해, '분열파(splitters)'는 문화 사이의 차이점에 초점을 맞춘다고 말하였다. 통합파는 혼합 능력 구조 안에서 다양한 집단에게 어떤 공통된 문제와 해결방법이 존재하는지를 질문한다. 반면, 분열파는 혼합 능력 구조 안에서 능력이 높은 학생에게 어떤 일이 일어나는지에 대해 물어본다. Tomlinson의 논문에서 주목할 만한 특징은 일반교육과 영재교육의 교육방법을 잘 설명하면서 두 교육과정의 결합을 제시하고 있다는 것이다.

장애영재와 특수영재

제6권 문화적으로 다양하고 소외된 영재학생
제7권 장애영재와 특수영재
제8권 사회적 · 정서적 문제, 미성취, 상담

영재 프로그램에 참여하는 아동의 대부분은 우리 사회에서 다수 문화를 대표하는 학생이다. 그러나 경제적으로 어렵고 장애가 있으며 다른 문화적 배경을 지닌 소수의 학생은 영재 프로그램에 실제보다 적게 참여하는데, 이에 대하여 약간의 의혹이 존재한다. 의혹이 드는 첫 번째 이유는 영재의 판별에 사용되는 쓸모없고 부적절한 판별과 선발 절차가 이들의 추천 및 최종 배치를 제한할지도 모른다는 점이다. 이 시리즈에 요약된 연구는 영재 프로그램에서 전통적으로 혜택을 적게 받은 집단에 대해 다음의 몇 가지 요소가 고려된다면 좀 더 많은 영재가 출현할 수 있을 것이라고 지적한다. 고려될 요소란 영재성의 새로운 구인, 문화적이고 상황적인 가변성, 더욱 다양하고 확실한 평가방법 사용, 성취에 기초한 판별, 더욱 풍부하고 다양한 학습기회를 통한 판별의 기회다.

Alexinia Baldwin은 『Gifted Child Quarterly』에서 지난 50년간 영재교육에 대한 대화와 토론을 진행시켜 온 주요 관심사로, 영재 프로그램에서 문화적으로 다양하면서 영재교육의 혜택이 부족했던 집단에 대해 논의하였다. 이에 대한 3개의 주요 주제는 판별과 선발, 프로그래밍, 위원의 임무와 개발이다. 판별과 선발이라는 첫 번째 주제에서, 영재성은 광범위하면서 많은 판별기법을 통해 표현될 수 있다는 것을 확실하게 하기 위한 교육자의 노력은 아킬레스건과 같음을 지적하고 있다. Baldwin은 판별을 위한 선택을 확장한 Renzulli와 Hartman(1971), Baldwin(1977)의 호의적인 초기 연구를 인용하면서, 해야 할 것이 아직도 많이 남아 있다고 경고하였다. 두 번째 주제인 프로그래밍은 다양한 문화를 가진 학생의 능력을 알아보지만, 그들을 일괄적으로 설계된 프로그램 안에 있으라고 종종 강요한다. 세 번째 주제에서 그녀는 영재교육 프로그램을 담당하는 교사의 다양성뿐만 아니라, 이론을 만들고 그런 관심을 설명하며 조사하는 연구자의 태도나 마음가짐에 대해 관심을 표명하였다.

Susan Baum은 "영재는 일반 사람에 비해 더욱 건강하고 대중적이고 순응적이다."라고 제안한 Terman의 초기 연구를 요약하면서, 영재의 개별적인 특별한 요구에 대해 역사적 근원을 밝히고 있다. 더 중요한 것은 영재가 별다른 도움 없이 모든 영역에서 높은 수준의 성과를 낼 수 있을 것이라고 간주되어 왔다는 것이다. Baum은 영재에 대한 고정관념의 특징에 따라 특별한 요구를 지닌 영재가 특정 집단이 될 수 있는 가능성을 감소시켰다고 하였다. Baum은 이번 시리즈의 중요한 논문에서 영재가 위기에 직면하고 있으며 그들의 가능성을 실현하는 데 방해되는 장애물을 극복하기 위한 전략을 제안하였다. 논문은 세 개의 학생 집단에 초점을 맞추었다. (1) 학습장애와 주의력장애로 위기에 처한 중복-장애(twice-exceptional), (2) 계발되고 성취할 수 있는 능력을 사회적으로나 감정적으로 억제하는 성(gender) 문제에 직면한 영재, (3) 경제적으로 빈곤하고 학교에서 탈락할 위기에 놓인 학생이다. Baum은 이러한 아동 집단이 발달하는 데 하나 또는 그 이상의 장애의 영향을 받는다는 것을 연구하였다. 가장 큰 장애는 판별방법, 프로그램 설계의 결함, 적절한 사회적, 정서적 지원의 부족 등이다. 그녀는 이러한 비판을 통해 미래의 영재교육이 나아갈 방향에 대해 사려 깊은 질문을 던지고 있다.

Sidney Moon은 사회적, 정서적인 쟁점을 설명해 주는 영재학회의 프로젝트 팀이 기고한 영재의 사회적, 정서적 발달과 영재 상담에 대하여 중요한 논문을 소개하였다. 첫 번째 프로젝트는 2000년도에 '사회적, 정서적 문제를 위한 특별연구회(Social and Emotional Issues Task Force)'가 연구하였으며, 2002년에 연구결과를 『영재아동의 사회적, 정서적 발달: 우리는 무엇을 아는가?(The Social and Emotional Development of Gifted Children: What do we know?)』를 출판함으로써 마무리되었다. 이 부분에서는 영재의 사회적, 정서적 발달에 관한 문헌연구를 하였다(Neihart, Reis, Robinson, & Moon,

2002). Moon은 사회적, 정서적 발달과 상담 분야의 중요한 연구가 최근 영재교육 분야의 사회적, 정서적인 쟁점에 대한 연구의 장단점을 잘 설명해 준다고 믿는다. 논문은 영재의 잠재력을 계발하는 데 실패한 미성취 영재 집단 등의 특수영재 집단에 대하여 연구자의 관심을 증대시켰다. 또한 방해 전략과 좀 더 철저한 개입에 따라서, 이러한 학생에 대해 좀 더 경험적 연구를 요구하였다. 그녀는 비록 좋은 영재 상담 모형이 발전되어 왔지만, 아시아계 미국인, 아프리카계 미국인, 특수 아동과 같이 특수한 경우의 영재에 대하여 상담의 중재와 효과를 결정하기 위해 정확하게 평가될 필요가 있다고 하였다. 또한 Moon은 영재교육 분야의 연구자는 사회심리학, 상담심리학, 가족 치료학, 정신의학과 같은 정서 분야의 연구자와 협력해야 한다고 주장한다. 이는 해당 분야의 전문가 집단에게 영재를 가장 효과적으로 중재하는 것을 배우기 위해서이며, 모든 영재가 최상의 사회적, 정서적, 개인적 발달을 할 수 있도록 도와줄 수 있는 좀 더 나은 방법을 배우기 위해서다.

제9권 예술·음악 영재학생
제10권 창의성과 영재성

Enid Zimmerman은 음악, 무용, 시각예술, 공간적·신체적 표현 예술 분야의 재능이 있는 학생에 대한 논문을 고찰하고, 시각과 행위 예술 분야의 재능 발달에 관한 책을 소개하고 있다. 논문에 나타난 주제는 (1) 예술 재능 발달에서 천성 대 양육에 관련된 문제에 관심을 보이는 부모, 학생, 교사의 인식, (2) 예술 재능이 있는 학생의 결정 경험에 관한 연구, (3) 다양한 환경 속에서 예술 재능이 있는 학생을 판별하는 학교와 공동체 구성원 간의 협동, (4) 교사가 예술 재능이 있는 학생을 격려하는 것에 관련된 리더십에 관한 쟁점이다. 이는 모두 어느 정도 예술 재능이 있는 학생의 교육에 관한 교사, 학부모, 학생과 관계되어 있다. 그리고 도시, 교외, 시골 등 다양한 환경에 놓여 있는 예술 재능 학생의 판별에 관한 논의도 포함되어 있다. Zimmerman

은 이러한 특별한 분야에서 교육 기회, 교육환경의 영향, 예술 재능이 있는 학생의 발달에 영향을 미치는 교사의 역할에 대한 연구가 필요하다고 하였다. 판별 기준과 검사도구의 영향, 시각과 행위 예술에 재능이 있는 학생의 교육 관계는 앞으로 연구가 매우 필요한 분야다. 예술 재능이 있는 학생의 교육에 관한 세계적이고 대중적인 문화의 영향과 비교 문화적 관계뿐만 아니라 학생의 환경, 성격, 성 지향성, 기법 개발, 그리고 인지적·정의적 능력에 관한 연구도 필요하다. 이 책에서 그녀가 소개하고 있는 사례연구는 이러한 관점에 대한 연구의 필요성을 제기하고 있다.

Donald Treffinger는 창의성과 관련된 개념적이며 이론적인 연구를 살펴보려는 연구자들이 공통적인 관심과 노력을 기울이고 있는 다음의 5가지 주요 주제, (1) **정의**(어떻게 영재성, 재능, 창의성을 정의하는가?), (2) **특성**(영재성과 창의성의 특성), (3) **정당성**(왜 창의성이 교육에서 중요한가?), (4) 창의성의 **평가**, (5) 창의성의 **계발**에 대해 논의하였다. 창의성 연구의 초창기에 Treffinger는 훈련이나 교육에 따라 창의성이 계발되는 것이 가능한지에 대해서 상당한 논의가 있어 왔다고 하였다. 그는 지난 50년 동안 교육자들이 창의성의 계발이 가능하다(Torrance, 1987)는 것을 배워 왔으며, '어떤 방법이 가장 최선이며, 누구를 위하여, 어떤 환경에서?'와 같은 질문을 통해 이러한 연구 분야를 확장시켜 왔다고 언급하였다. Treffinger는 효과적인 교수법을 통해 창의성을 발달시키고, 어떤 방법이 가장 큰 영향을 줄 수 있는지 탐구하려고 노력한 교육자의 연구를 요약하였다.

제11권 영재교육 프로그램 평가
제12권 영재교육의 공공정책

Carolyn Callahan은 적어도 지난 30년간 영재교육 분야의 전문가가 간과하였던 중요한 요소가 평가자와 참여자 간에 큰 역할을 한다는 평가에 대하여 비중 있는 논문을 소개하고 있다. 그녀는 평가에 관한 연구를 구분하였는데, 그중에서도 영재교육 프로그램의 평가에 관한 연구는 다음의 4가지 범주로 구분하였다. (1) 이론과 실제적인 지침 제공, (2) 평가의 구체적인 프로그램, (3) 평가 과정을 둘러싼 쟁점, (4) 평가 과정에 관한 새로운 연구 제안이다. Callahan은 연구자에 따라 평가 작업이 이미 수행되고 있으며, 재능아를 위한 프로그램의 효율성 증가에 평가가 중요한 공헌을 한다고 하였다.

James Gallagher는 가장 도전적인 질문이 증가하고 있는 공공정책을 소개하면서 전투 준비를 해야 한다고 하였다. Gallagher는 영재교육의 한 분야로, 영재교육의 강력한 개입을 통해 합의를 이끌어 내고, 우리가 어떻게 엘리트주의라는 비난에 대응할 것인지를 생각해야 한다고 제안하였다. 그는 영재교육 분야가 일반교사와 재능 교육 전문가의 개발을 지원하는 추가적인 목표에 노력을 더 기울여야 한다고 하였다. 그리고 부족한 자원을 획득하기 위한 공공의 싸움에 실패한 것은 이미 20년 전에 1990년을 전망하며 Renzulli(1980)가 던진 질문인 "영재아동의 연구동향이 2010년에도 계속 이어질 것인가?"를 다시금 생각하게 한다고 하였다.

결 론

영재교육 분야에 대한 고찰과 최근 수십 년 동안의 독창적인 논문에서 우리는 무엇을 배울 수 있는가? 첫째, 앞으로 영재교육을 계속하여 발전시켜야 하는 우리는 논문이 쓰였던 시기와 과거를 존중해야 한다. 우물에서 물을 마실 때 우물을 판 사람에게 감사해야 한다는 속담처럼, 선행연구가 영재교육 분야를 성장시키는 씨앗임을 알아야 한다. 둘째, 우리의 시리즈 연구가 영재교육 분야에서 매우 신나는 연구이며 새로운 방향 제시와 공통된 핵심 주제임을 알아야 한다. 마지막으로, 우리는 영재에 대한 연구에서 완전히 마무리된 연구결과물이란 없으며, 논문마다 제기한 독특한 요구를 어떻게 최선을 다해 만족시킬 수 있는지를 연구함으로써 미래를 포용해야 한다. 이 시리즈에서 보고된 논문은 앞으로 연구할 기회가 풍부하다는 것을 의미한다. 그러나 아직도 많은 질문이 남아 있다. 미래의 연구는 종단연구뿐만 아니라 양적, 질적인 연구에 기초해야 하고, 단지 수박 겉핥기만 해 온 연구를 탐구할 필요가 있는 쟁점과 많은 변수를 고려하여 완성시켜야 한다. 다양한 학생 중 영재를 판별해 내는 보다 포괄적인 프로그램을 개발하는 연구가 더욱 필요하다. 이것이 이루어질 때, 미래의 영재교육의 교사와 연구원은 교육자, 공동체, 가정에서 포용할 수 있는 답변을 찾을 것이고, 훈련된 교사는 학급에서 영재의 영재성을 보다 효과적으로 발달시킬 수 있을 것이다.

또한 우리는 일반적인 교육 분야가 어떻게 연구되고 있는지를 주의 깊게 고려해 볼 필요가 있다. 연구기법이 발전하고 새로운 기회가 우리에게 유용하게 찾아올 것이다. 이제 모든 학생이 새로운 교육과정을 시작하기 전에 교과과정을 먼저 평가할 수 있게 될 것이다. 그리고 이제는 학생이 많은 학점을 선취득했을 때, 그들을 자신의 학년 수준에 유지시키려는 문제는 사라질 것이다. 왜냐하면 우리는 새로운 기법으로 학생의 능력을 정확히 판별할 수 있기 때문이다. 새로운 기법으로 학생이 이미 알고 있는 것이 무엇인지를 더 잘 판별하게 되면, 학생의 강점과 흥미에 기초한 핵심적인 교육과정뿐만 아니라 다양한 기회에 도전하도록 격려하는 것이 꼭 필요하다. 이러한 특별한 영재 집단에 관심을 갖는 부모, 교육자, 전문가는 영재의 독특한 요구를 충족시켜 주기 위하여 정치적으로 적극적일 필요가 있으며, 연구자는 영재의 건강한 사회적, 정서적 성장을 위한 기회뿐만 아니라 재능 계발의 효과를 증명할 수 있는 실험연구를 수행해야 한다.

어떤 분야가 지속적으로 성장하려면 새로운 주장이 나타나야 하며 새로운 참여자가 있어야 한다. 위대한 기회는 우리 분야에서 활용될 수 있다. 우리가 지속적으로 영재를 위한 주장을 할 때, 우리는 변화하는 교육개혁의 움직임에서 중요한 역할을 해낼 수 있는 것이다. 우리는 영재와 심화 프로그램을 유지하기 위해 싸우는 한편, 모든 학생을 위해 그들이 더 도전적인 기회를 성취할 수 있도록 계속 연구할 것이다. 우리는 지속적으로 선행학습을 통한 차별화, 개별 교육과정의 기회, 발전된 교육과정과 개인별 지원 기회를 지지할 것이다. 이 시리즈의 논문에서 대답하고 제기한 질문은 우리가 영재교육 분야에서 진일보할 수 있도록 도움을 줄 것이다. 우리는 이 시리즈의 독자가 영재교육의 흥미로운 여행에 동참해 주기를 희망한다.

🖎 참고문헌

Baldwin, A. Y. (1977). Tests do underpredict: A case study. *Phi Delta Kappan, 58,* 620-621.

Gallagher, J. J. (1979). Issues in education for the gifted. In A. H. Passow (Ed.), *The gifted and the talented: Their education and development* (pp. 28-44). Chicago: University of Chicago Press.

Guilford, J. E. (1967). *The nature of human intelligence.* New York: McGraw-Hill.

Marland, S. P., Jr. (1972). *Education of the gifted and talented: Vol. 1. Report to the Congress of the United States by the U.S. Commissioner of Education.* Washington, DC: U.S. Government Printing Office.

Neihart, M., Reis, S., Robinson, N., & Moon, S. M. (Eds.). (2002). *The social and emotional development of gifted children: What do we know?* Waco, TX: Prufrock.

Renzulli, J. S. (1978). What makes giftedness? Reexamining a definition. *Phi Delta Kappan, 60*(5), 180-184.

Renzulli, J. S. (1980). Will the gifted child movement be alive and well in 1990? *Gifted Child Quarterly, 24*(1), 3-9. **[See Vol. 12.]**

Renzulli, J. S. (1982). Dear Mr. and Mrs. Copernicus: We regret to inform you... *Gifted Child Quarterly, 26*(1), 11-14. **[See Vol. 2.]**

Renzulli, J. S. (Ed.). (1986). *Systems and models for developing programs for the gifted and talented.* Mansfield Center, CT: Creative Learning Press.

Renzulli, J. S., & Delcourt, M. A. B. (1986). The legacy and logic of research on the identification of gifted persons. *Gifted Child Quarterly, 30*(1), 20-23. **[See Vol. 2.]**

Renzulli, J. S., & Hartman, R. (1971). Scale for rating behavioral characteristics of superior students. *Exceptional Children, 38*, 243-248.

Ross, P. (1993). *National excellence: A case for developing America's talent.* Washington, DC: U.S. Department of Education, Government Printing Office.

Sternberg, R. J. (1982). Nonentrenchment in the assessment of intellectual giftedness. *Gifted Child Quarterly, 26*(2), 63-67. **[See Vol. 2.]**

Tannenbaum, A. J. (1983). *Gifted children: Psychological and educational perspectives.* New York: Macmillan.

Torrance, E. P. (1984). The role of creativity in identification of the gifted and talented. *Gifted Child Quarterly, 28*(4), 153-156. **[See Vols. 2 and 10.]**

Torrance, E. P. (1987). Recent trends in teaching children and adults to think creatively. In S. G. Isaksen, (Ed.), *Frontiers of creativity research: Beyond the basics* (pp. 204-215). Buffalo, NY: Bearly Limited.

장애영재와 특수영재에 대한 소개

Susan Baum(College of New Rochelle)

『천재의 유전 연구(Genetic Studies of Genius)』가 출판된 이후, 많은 사람들은 IQ 검사에서 높은 지능을 보인 사람만이 영재라고 정의해 왔다. 이런 영재는 IQ가 낮은 동료보다 더 잘 적응하고, 더 인기가 있으며, 더 건강하다고 생각하였다. 중요한 것은 이런 영재가 모든 분야에서 높은 능력을 가지고 있기 때문에 노력을 적게 하거나 도움을 전혀 받지 않아도 높은 수준의 과제를 수행할 수 있을 것으로 여겨온 것이다. 이런 전형적인 특성의 수용은 모든 면에서 완벽하지 않은 특별한 영재 집단이 있을 수도 있다는 생각을 차단하였다. 예를 들어, 어떤 사람이 읽을 수 없다면, 그 사람이 읽을 수는 없어도 재능은 있을 수 있다는 생각조차도 못하게 한 것이다. 영재성이 성별이나 문화적·경제적·행동적 문제로 가려질 수도 있다는 생각은 받아들이기가 어려워졌다.

1978년 영재성에 대한 연방정부의 정의가 만들어지고, Renzulli(1978), Sternberg(1986) 및 Gardner(1983)와 같은 연구자들이 영재성의 정의를 확장함에 따라 특수영재 집단의 존재에 대한 가능성이 높아졌다. Joanne Whitmore(1980)와 June Maker(1977)의 연구는 특별한 요구를 가진 학생들이 실제로 영재일 수 있다는 생각을 소개하였다. 비슷한 시기에 Alexinia

Baldwin(1978)과 Mary Frasier(1980)는 소수 민족이나 빈곤층의 청소년들 중에서 나타날 수 있는 영재성에 대해 경각심을 불러일으켰다. 그 이후로 많은 영재교육 분야의 전문가들은 영재 프로그램 참여율이 낮거나 학생의 교육적 요구가 잘 인식되지 않아 학생을 충족시키지 못하는 특수 집단에 주의를 기울이기 시작하였다. 마침내 1988년 미국 의회는 빈곤층이거나, 특별한 교육적 요구가 있거나, 영어 능력이 낮은 집단에 속해 있지만 탁월한 영재성을 가진 학생들에게 관심을 보였다. 의회는 이러한 청소년들의 요구를 연구하고, 영재교육에 접근하기가 어려워 점증하는 불평등을 해결하기 위해 수백만 달러의 예산이 투입되는 Jacob Javits 영재교육법(Jacob Javits Gifted and Talented Students Education Act)을 통과시켰다.

그러나 이런 높은 관심에도 불구하고, 특수영재학생들에게 충분한 종합 프로그램을 제공하지는 못했다(Baum & Owen, 인쇄 중; Grantham, 2002). 특수 집단은 적절한 서비스를 받기도 어려웠다. 뿐만 아니라 이러한 영재 집단의 수도 점차 증가하고 있다. 예를 들어, 성적 불평등, 즉 영재 남학생 또는 영재 여학생, 게이와 레즈비언 학생의 문제는 점차 심각해지고 있다. 영재학생의 잠재력 계발을 방해하는 사회적 · 정서적 문제를 많이 밝혀내고는 있지만, 이런 학생들을 위한 서비스는 아주 미미한 형편이다.

지금까지 밝혀낸 특수 집단 외에도, 특수교사들은 최근까지의 문헌에서 거론도 되지 않던 학생의 영재성을 발견하고 있다. 즉, 아스퍼거 증후군(Aspger's Syndrom, 남의 입장을 이해하지 못하는 질환), 주의력 결핍장애(Attention Deficit Disorder), 적대적 반항장애(Oppositional Defiant Disorder), 혹은 전반적 발달장애(Perversive Developmental Disorder)를 가진 선천적 재능의 학생들이다. 이런 특수 집단은 독특한 교육적 요구를 보이며 복잡한 해법을 필요로 한다.

장애영재와 특수영재

특수영재들이 직면한 문제들

특수 집단에 속한 많은 유아 영재들은 영재를 위한 프로그램에 지속적으로 참여하지 못하고 있다. 이런 유아들은 종종 선별 기준을 만족시키지 못하거나 보충과정을 거쳐야 한다. 이런 학생들의 특별한 요구에 관한 연구가 많이 있음에도 불구하고, 적절한 교육 프로그램은 여전히 부족하다. 『Gifted Child Quarterly』의 논문은 위기에 처한 영재학생이 직면하는 여러 가지 중요한 문제에 대해 설명하고 있으며, 이런 학생들이 자신의 미래를 실현하는 데 방해가 되는 장애물을 극복하는 전략을 제시한다. 이 논문은 세 유형의 영재들에 대해 다루고 있다. 첫째, 장애영재학생들(twice-exceptional students)이다. 이들은 학습이나 주의 집중에 장애가 있어서 잠재력을 계발하는 데 어려움이 있다. 둘째, 성별 차이 때문에 사회적·정서적으로 발달하고 성취하는 능력에 제한을 받는 영재들이다. 셋째, 어려운 경제 사정으로 학교를 중퇴해야 하는 빈곤층 영재들이다. 이러한 장애물이 가장 크게 영향을 미치는 부분은 판별 전략, 양면특수성에 대한 인식 부족, 프로그램 설계 시 배려 부족, 적절한 사회적·정서적 지원 부족 등이다(Baum & Owen, 인쇄 중; Kim, & Sun Noh, 2003; Ford, Harris, Tyso, & Trotman, 2002; Tomlinson, Callahan, & Lelli, 1997). 다음과 같은 질문은 이러한 장애와 관련된 문제를 집중적으로 다룬다.

특수 집단의 영재를 어떻게 판별할 수 있을까? 특별한 학습 요구, 문화적 기대, 가난 등은 영재성과 재능의 판별을 아주 복잡하게 만든다. 전통적 검사 방법을 통해서는 이러한 특수영재를 신뢰하기 어렵고 타당하게 판별하지 못한다. 탁월한 능력과 창의성을 나타내는 특성이 그들을 부정적으로 보이게 할 수도 있다. 또한 경험과 학습자료가 부족하기 때문에 표준화 검사에서 낮은 점수를 보이며 인지발달도 느리다. 전통적 검사 방법은 이러한 개인차에 민감하지 않다. 따라서 이러한 검사결과는 영재로 판별될 수 있는 높은 재능과 학문적 잠재력을 가진 아동들을 배제시킨다. 여러 저자들은 새로운 판별 방법을 제안하고, 비전통적이면서 좀 더 진정한(authentic) 전략을 통해 이러한 판별을 개선할 수 있는 방법들을 제안하였다(Baum, 1988; Baum, Olenchak, & Owen, 1997; Neihart, 2000; Spicker, Southern, & Davis, 1987).

장애영재들은 전통적 중재 방법을 어떻게 극복할 수 있는가? 장애영재들의 두 가지 다른 특성을 이해하지 못하면 불명확하게 판별하고, 종종 부적절한 진단을 내리며, 부적합한 프로그램을 설계하게 된다. 연구자들은 특수영재가 좀 더 전통적인 영재나 비슷한 경험을 하고 있는 동료들과는 다른 요구를 가지고 있다고 생각해 왔다(Baum & Olenchak, 2002; Bernal, 2002). 이러한 특수영재들은 독특한 교육적 요구를 가지며 자신들의 재능과 장애를 극복할 수 있는 교육적 중재를 필요로 한다. 종종 한 가지 특성은 다른 특성을 가릴 수 있다. 그리고 이런 상황에 대한 인식의 부족은 이들의 특성에서 기인하는 문제보다 훨씬 복잡한 문제를 이끌어 낼 수도 있다. 또한 양면 특수성에 대한 무지는 오진뿐만 아니라 잘못된 판별을 유도한다. 이러한 주제는 여러 논문에서 다루고 있다(Baum, Olenchak, & Owen, 1998; Neihart, 2000; Peterson & Rischar, 2000; Reis, 1987; Spicker, Southern, & Davis, 1987).

특수영재를 위한 종합 프로그램을 어떻게 설계할 수 있을까? 일반 프로그램은 주로 교정에 주안점을 두기 때문에 학습장애, 행동장애, 혹은 학업 결손을 가진 영재들은 재능 계발의 대상으로 생각되지 않는다. 대신에 이런 장애에 초점을 두는 제한적인 환경에 배치된다. 다음의 많은 논문들은 특수영재의 특성을 기술하고, 이러한 학생들의 교육적 요구를 충족시켜 줄 수 있는 적절하고 실제적인 프로그램의 실행을 제안한다. 이러한 접근은 심화 교육과정의 맥락에서 자기조절 기능과 보상이 제공되는 재능 계발을 포함한다(Baum, 1988; Neihart, 2000; Reis, 1987; Reis, McGuire, & Neu, 2000; Renzulli

& Park, 2000; Spicker, Southern, & Davis, 1987).

영재학생은 발달에 부정적으로 영향을 미칠 수 있는 문화적 · 환경적 영향이나 편견을 극복하기 위해 상담이 필요한가? 다음의 몇몇 논문은 재능과 장애의 특징이 사회적 · 정서적으로 공존하고 있음을 보여 준다. 저자들은 이런 부류의 학생들은 자기조절 효능감이 부족하고, 자기조절 능력과 동기가 낮으며, 우울증에 시달리고, 자아존중감이 낮으며, 학습부진의 문제를 가진다고 한다. 저자들은 이런 학생들의 사회적 · 정서적인 요구에 주의를 기울이고, 전문적인 상담을 포함하는 구체적인 전략을 제안한다 (Baum, Olenchak, & Owen, 1998; Peterson & Rischar, 2000; Reis, 1987; Renzulli & Park, 2000).

특수영재들이 가진 문제들

이러한 문제들은 다음의 논문들이 관심을 갖는 세 집단과 특별한 관계를 가지고 있다. 이들은 장애영재, 성별 문제를 가진 학생, 빈곤층 학생이다. 다음은 이러한 각 집단의 문제를 살펴보고 저자의 아이디어, 관심, 제안 등을 요약한 것이다.

양면특수성을 가진 학생

첫 번째 논문은 양면특수성을 가진 학생에 관한 것이다. 많은 영재들과 같이 장애영재들은 특별한 분야에 높은 지식과 재능을 가지고 있다. 그들은 비판적으로 생각할 수 있고, 주제를 찾을 수 있으며, 문제의 해답을 구할 수 있다. 그러나 장애영재들은 종종 발달을 방해하는 학습장애에 압도되어 영재성을 밖으로 표출하지 못한다. 이런 학생을 위한 교육 프로그램은 재능 계발보다 장애 치료를 강조하는 교육 실제와 정책 때문에 부적절하거나 부족한 경우가 많다(Baum & Olenchak, 2002). 이러한 문제를 더 악화시키는 것은 재능과 특별한 장애의 공존에 대한 사회적·정서적 의미를 무시하는 데 있다.

다음 두 편의 논문은 영재이면서 동시에 학습장애를 지닌 학생의 교육적 요구를 강조하고 있다. 먼저 Baum(1988)은 초등학교에서 학생의 영재성과 재능을 확인하고 길러 줄 필요성을 탐색하였다. 이 논문은 그러한 아동의 양면적 요구를 만족시키기 위해 고안된 심화학습 프로그램의 결과를 평가한다. 삼부심화학습모형(Enrichment Triad Model)에 기초한 이 프로그램은 학생의 자기조절 능력과 성취를 향상시키는 결과를 가져왔다. 학생들은 관심 있는 분야를 탐구하고 창조하도록 허락받았을 때, 시간을 할애하여 높은 결과물을 산출하려고 스스로 노력하였다. 이들은 창의적인 과제를 추구하는 과정에서 시간 관리, 조직, 자신의 장점을 활용한 의사소통 방법 등과 같은 보상전략을 학습하였다.

나머지 한 연구는 Reis, McGuire 그리고 Neu(2000)의 논문으로, 학습장애를 가진 우수한 학생들이 대학에서 성공하기 위해 사용했던 전략에 초점을 맞춘 양적 연구의 결과를 발표하면서 이 주제를 더 확장하였다. 이 학생들은 모두 학습장애를 가진 학생들을 지원하기 위해 고안된 대학의 프로그램에 참여했다. 이 프로그램은 장애를 상쇄하기 위한 보상방법을 제공하는 등 근본적 지원을 제공한다. 이 연구의 결과는 학습장애를 가진 학생들이 초·중·고의 특수교육 프로그램에서 보상전략을 배우지 않았다는 것과, 또한 대부분의 경우 이들이 영재교육에 포함되지 않았다는 점을 지적하고 있다. 따라서 그들은 학교에 대해 극단적으로 부정적인 태도를 가지고 있었다. 그런데 이런 대학 프로그램에 참가함으로써 자신들에게 도움이 되는 다양한 전략을 발견하였고 장애에 굴복하기보다는 자신의 재능에 초점을 맞춘 능력을 계발했다. 저자들은 학습장애를 가진 영재를 위한 프로그램은 치료보다는 자기조절 능력을 가르치는 데 초점을 맞추어야 한다고 제안한다.

장애영재들의 또 다른 부류는 영재이며, 매우 창의적이지만 동시에 주의

장애영재와 특수영재

력 결핍장애로 고통을 받는 학생들이다. Baum, Olenchak 그리고 Owen(1998)은 ADHD와 영재성의 공존에 관한 문제를 탐구했다. 이런 이중적 분류가 부각되고 있는 것은 영재에게서 ADHD가 많이 나타나고 있기 때문이다. 이러한 문제는 영재 또는 창의적인 학생의 특성과 학습환경에 대한 요구에서 오는 상호작용에서 발생할 수도 있다. 이 논문은 어떤 경우 영재학생을 위한 환경이 다소 적대적일 수도 있고, 결과적으로 외견상 ADHD와 유사한 행동을 보이게 한다고 지적한다. 교사들은 일반적으로 교실수업에서 영재들의 학습 속도와 깊이에 맞추어 개별적으로 지도하는 것을 싫어하는데, 이것이 한 예가 될 수 있다. 이 논문은 이러한 장애영재들을 적절하게 진단할 수 있는 지침과 접근방법을 제공하고, 이들이 성공할 수 있게 도와줄 수 있는 제안을 제공한다. 다시 말하면, 적절한 진단의 첫 번째 문제는 학생의 영재성과 재능에 맞는 학습환경을 보장하는 것이다.

또 다른 장애영재 집단은 아스퍼거 증후군을 가진 영재들이다. Neihart (2000)는 이 특수아 그룹의 적절한 진단에 대하여 논의한다. 그녀는 이런 학생들은 다소 변덕스럽지만 탁월한 영재처럼 보일 수 있다고 말한다. 그러나 그들의 행동이 학습장애나 주의력 결핍장애와 혼돈되어 적절한 진단과 중재를 제공받지 못할 수 있다고 말한다. Neihart는 아스퍼거 증후군을 가진 학생의 전형적인 특성을 보여 주면서 영재의 행동과 구별하였다. 그리고 이 학생들도 학습장애 학생들과 마찬가지로 사회기술 훈련과 여러 가지 학습장애 보상전략을 통해 혜택을 받을 수 있다고 결론짓는다. 마지막으로, 모든 장애영재들의 요구와 같이 이들도 적절한 지원만 받는다면, 그들의 특수한 영재성과 재능에 따라 탁월한 업적을 달성할 수 있을 것이다.

성적 차별에 따른 영재학생의 문제점

이어지는 논문들은 여성 영재의 학습부진과 게이 영재 발달의 힘든 여정을 설명하는 성차에 따른 문제를 다루고 있다. 학습장애를 가진 장애영재들과는 달리, 성차의 문제를 가진 영재는 사회적이고 정서적인 환경에 따라 억압된다(Reis, 1987). 여성 영재와 게이 영재 집단이 직면하는 특별한 도전은 남성 영재에게 유리하지만 비우호적인 환경에서 성공을 위한 길을 만들어야 하는 것이다.

Reis(1987, 1988)는 여성 영재의 학습부진에 기인하는 요인들을 기술하였고, 여성 영재의 학습부진은 학교에서나 미래의 인생에서 기대에 부응하지 못하고 실패하는 원인으로 간주될 수 있다고 했다. 즉, 여성 영재에게 학습부진은 남성 전문가들이 설정한 직업적 기준에 도달하지 못하는 무능력으로 간주되거나, 여성 영재성이 새롭게 정의될 필요가 있다는 사실을 감안하지 않은 채, 남성이 정의한 성취가 직업에서의 성공과 동일하다고 인식되고 있는 것이다. 불합리한 기준은 불합리한 결과를 낳는다. Reis는 문화적 고정관념, 성공에 대한 두려움, 계획성의 부족, 완벽주의, 가치에 따른 목표의 우선순위 설정에 대한 필요성 등이 높은 잠재력을 가진 여성이 학습부진을 보이는 원인이라고 하였다. 이 논문은 여성 영재에 대한 성취와 행복에 영향을 미치는 정서적 · 사회적 · 문화적 영향에 대해 정의를 내리고, 적절한 중재와 지침이 제공되기 위해 후속 연구가 필요하다고 결론지었다.

Peterson과 Rischar(2000)는 게이 영재들이 직면하는 어려움에 대해 요약하고, '이중 차별(doubly different)'이라고 기술하는 정서적 혼란에 대해 설명한다. 세상은 특히 이들에게 적대적이다. 보통 사람들과는 다른 성적 취향을 갖고 있다는 것을 쉽게 받아들이지 않는다. 이들은 개인적 편견 없이 자신의 느낌을 탐색할 안전한 장소가 없다는 것을 안다. 그러므로 이들의 영재성은 안전한 삶을 찾기 위해 이들이 직면하는 문제 때문에 이들을 더욱 민감하게 만들 것이다.

저자들은 게이, 레즈비언 혹은 양성애자로 확인된 18명의 젊은 성인 영재들에 관한 질적 연구에서, 이들이 영재성과 정체성 모두에서 소외되고 있음을 발견하였다. 그들은 대부분 학교에서 교사와 동료 학생 모두에게 매우 큰 상처를 받았던 부정적인 경험이 있었다. 그들은 심각한 우울증과 자기파

장애영재와 특수영재

괴적 행위를 인정했다. Peterson과 Rischar(2000)는 성적 발달 정체성이 다른 분야의 일반적 발달에 어떻게 영향을 미치는지 설명했다. 이 논문은 이러한 학생들을 인정하고, 다양성을 수용하고, 동정하며, 존중하는 학교 풍토를 조성하기 위한 특별 전략들을 제안하는 것으로 결론짓는다.

빈곤층 영재학생

가난과 경험 부족 때문에도 영재성의 발달이 지체되는 경우가 있다 (Oreck, Baum, & McCartney, 2000; Slocum & Payne, 2000). 마지막 부분의 논문들은 개인 발달에 미치는 경제적 영향력에 관한 것이다. 첫 번째 논문은 도시의 빈민으로 가난한 영재학생들을 판별하는 것과 관련된 쟁점들이 포함되어 있으며, 두 번째는 자퇴하는 영재학생들에 관한 것이다. 이런 두 가지 상황은 다양한 상황과 관련되어 있지만, 가장 중요한 것은 바로 경제적 이유다.

Spicker, Southern 그리고 Davis(1987)는 영재들의 판별과 영재성 계발과 밀접한 자원의 활용에 영향을 주는 시골 생활, 낮은 인구밀도, 빈곤, 비도시적 문화, 전통적인 가치와 경험 등에 대해 논의한다. 이들은 경제적 빈곤의 문제가 종종 언어, 지각, 호기심, 자기효능감 등의 발달을 저해한다고 설명한다. 또한 빈곤의 문제는 학생이 학교와 학습에 관해 건전한 태도를 형성하는 것을 방해한다. 이러한 요인들은 표준화 능력검사나 성취검사의 점수를 낮추는 원인이 된다. 설사 이러한 학생이 영재로 확인되더라도 가족과 학교가 제공할 수 있는 자원과 지원이 부족하여 이들의 영재성과 재능의 계발은 늦어지고 만다. Spicker, Southern 그리고 Davis(1987)는 이런 장애에 대처하기 위한 전략을 제안하였다. 이런 전략에는 대안적 판별 절차의 활용, 이런 집단의 특성과 필요에 대한 교사의 인식 고양, 지역사회 자원의 고른 분배, 자원을 공유하기 위해 학군들의 연계, 이런 학생을 절절한 동료와 연결시키기 등이 있다.

시골과 도시의 빈곤층에 속한 영재학생들이 직면한 가장 큰 위기는 학교를 졸업하지 못하여 자신의 잠재력 계발에 실패하는 것이다. 마지막 논문에서 Renzulli와 Park(2000)는 학교를 중퇴하는 영재의 가장 중요한 원인은 빈곤이라고 말한다. 저자들은 학교를 중퇴하는 영재의 대부분이 사회경제적 지위가 낮은 가정 출신이고, 교육 수준이 낮은 부모와 산다고 주장한다. 학교를 중퇴하는 영재들은 학교의 특별활동에 거의 참여하지 않으며, 교육적 포부가 낮고, 학교나 개인과 관련된 문제 때문에 학교를 떠난다. 이러한 청소년들의 대부분은 학교를 싫어했고, 낙제 점수를 받았으며, 임신을 했거나 일을 해야 하는 개인적인 문제들을 가지고 있었다. 저자들은 학교와 교사들이 이러한 영재의 잠재력을 저학년 때 확인하여 장점, 방식, 흥미에 맞는 도전적인 교육과정을 제공할 필요성이 있다고 강조한다. 학교는 심화학습의 기회, 상담 서비스, 다른 가족과 의사소통의 기회를 제공할 필요가 있다.

요구, 도전, 깊이 생각해 볼 질문들

각 집단들은 독특한 문제를 보이고 있지만, 종합적인 주제는 '이중 차별'에 대해 적절한 서비스를 제공하기 위한 본질적인 구성요소로 그런 문제들을 간주한다(Peterson & Rischar, 2000, p. 241). 다시 말해서, 두 가지의 요구(때로는 상충된)를 가진 학생을 효과적으로 돕기 위해서 우리는 그들의 경험을 이중으로 차별할 필요가 있다(Baum, Cooper, & Neu, 2001). 다른 한편으로, 우리는 이런 학생들이 영재이며 그들의 영재성을 기르기 위해서 여러 가지 경험이 필요하다는 것을 기억해야 한다. 그러나 동시에 그들의 학업적·사회적·정서적 발달을 돕기 위해 그들만의 독특한 상황을 수정하고 적응하여야 하며, 때로는 필요한 다른 서비스를 추가할 수 있다. 다음은 어려움에 처한 영재학생이 직면하는 공통적인 요구들을 개괄적으로 보여 줄 것이다. 아래의 각 질문들은 영재학생을 위한 적절한 교육 경험을 제공할 때 반드시 극복해야 하는 도전 과제다.

장애영재와 특수영재

문제 1: 이런 학생들은 재능 계발의 경험을 필요로 한다.

- 영재성에 관한 정의가 이런 집단을 포함할 수 있을 만큼 포괄적인가?
- 이런 집단에 대한 판별 절차가 타당한가?
- 모든 재능이 가치 있게 여겨지고 표현되어 있는가?
- 재능을 기를 수 있을 만큼 충분한 자원이 있는가?

문제 2: 이런 학생들은 학업적 · 사회적 · 정서적 요구에 맞는 학습환경을 받을 자격이 있다.

- 이런 학생들이 일반학급에서 적절하게 도전적이 되고 있는가?
- 그들은 자신들의 학습양식에 맞는 방법으로 배우고 있는가?
- 이런 학생들의 학습 요구가 적절하게 진단되는가?
- 적응을 위한 중재나 수정이 적절하게 제공되는가?
- 자기조절 전략을 배울 기회가 있는가?
- 학생이 유사한 문제와 능력을 가진 동료 학생과 함께하는 경험을 가지고 있는가?
- 학생들이 그들의 독특한 문제를 해결하기 위한 적절한 상담의 기회가 있었는가?
- 이런 학생들에게 그들이 동일시할 수 있는 역할 모형이나 멘터가 있는가?

문제 3: 이런 학생들의 가족은 그들의 독특한 요구를 알아야 하고 요구를 만족시키는 방법을 알아야 한다.

- 학부모 후원 단체가 있는가?
- 학부모들은 자녀의 독특한 영재성과 재능을 알고 있는가?
- 학부모들은 자녀의 재능 계발을 돕기 위해 지역사회의 자원을 제공받는가?
- 학부모들은 학습이나 정서적 요구에서 발생하는 학생들의 독특한 어

러움을 도와주기 위해 지역사회의 자원을 제공받는가?

문제 4: 교사와 학교 관계자는 특정 집단에 속한 영재들의 독특한 요구를 알아야만 한다.

- 교사와 상담자가 이런 학생들의 요구에 관해서 배울 수 있는 전문적인 연수 기회가 있는가?
- 교사가 적절한 중재를 설계하고 수행하도록 도와주는 인적·물적 자원을 가지고 있는가?
- 교사가 이런 특수아의 요구를 만족시키기 위해 아이디어를 공유하고, 전략을 개발시킬 수 있는 시간을 가지고 있는가?

미래의 방향

'뒤처지는 아동 없애기(No Child Left Behind)'라는 시대가 시작되면서, 특수영재의 요구가 만족될 것으로 보였다. 그러나 불행하게도 이것은 사실이 아니다. 연방정부의 정책으로 추진된 전략들은 학생의 성취를 높이기 위해 과학적으로 그 효과가 입증된 것들이다. 그러나 이런 전략들은 최소화되고, 재능 계발보다는 기초 기능 획득에 초점을 맞추고 있다. 뿐만 아니라 재능 계발을 위한 예산은 항상 빈약하다. 제한된 예산은 종종 전통적인 영재들에게만 서비스를 제공하도록 배정된다. 이미 심각한 장애를 가진 학생을 위한 예산을 제외하면 이런 학생들의 지도와 상담을 위한 것은 거의 없다.

현재 특수 집단의 우수한 학생들은 독특한 특성 때문에 전통적인 판별 기준을 통과하기 어려워 영재로 판별되지 못하고 있다. 심각한 학습문제, 행동문제, 주의력 집중 문제를 가진 것으로 진단된 학생들은 영재 프로그램이나 재능 계발 지원 대상에서 제외되는 것이다. 이런 일들은 특수교육 전문가들이 영재학생의 특징적 행동을 잘 인식하지 못하거나, 치료 활동이 재능 계발을 대체했을 때 일어나는 일에 대해 잘 모르기 때문에 발생하는 것이다

장애영재와 특수영재

(Baum & Olenchak, 2002). 설상가상으로 학습장애나 다른 학습문제를 가진 영재학생을 확인하고 적응시키는 절차들이 변화하고 있다. 우수하지만 자신의 학년 수준 정도로만 수행하는 학생들은 특별한 교육 지원을 받기 어려울 것이다.

이런 계획을 지지하는 사람이 적어 보이기는 하지만, 이것은 정치적 힘을 필요로 한다. 우리가 이런 학생들의 요구를 지지하는 것은 필수불가결한 것이다. 이런 특수 집단을 걱정하는 학부모, 교육자 그리고 전문가들은 서로 단결하여 당당하게 맞서야 할 필요가 있다. 이들은 이런 학생들의 독특한 요구에 관심을 끌기 위해 정치적 활동을 해야 한다. 또한 연구자들은 어려움에 처한 특수 학생에게 재능 계발과 상담 지원의 효율성을 입증할 만한 실험연구를 수행해야 한다.

참고문헌

Baldwin, A. (1978). Curriculum and Methods—What is the difference? IN A. Y. Baldwin, G. H. Gear, & L. J. Lucito (Eds.), *Educational planning for the gifted: Overcoming cultural, geographic, and socioeconomic barriers* (pp. 37-49). Reston, VA: Council for Exceptional Children.

Baum, S. (1988). An enrichment program for gifted learning disabled students. *Gifted Child Quarterly, 32*(1), 226-230. [**See vol. 7, p. 1.**]

Baum, S., Cooper, C., & Neu, T. (2001). Dual differentiation: An approach for meeting the curricular needs of gifted students with learning disabilities. *Psychology in the Schools, 38,* 477-490.

Baum, S., Olenchak, F. R., & Owen, S. Y. (1998). Gifted students with attention deficits: Fact and/or fiction? Or, can we see the forest for the trees? *Gifted Child Quarterly. 42*(2), 96-104. [**See vol. 7, p. 35.**]

Baum, S., & Olenchak, F. R. (2002). the alphabet children: GT, ADHD and more. *Exceptionality, 10*(2) 77-91.

Baum, S., & Owen, S. V. (in press). *Alphabet children: Gifted students with learning disabilities and more.* Mansfield Center, CT: Creative Learning Press.

Bernal, E. (2002). Three ways to achieve a more equitable representation of culturally and linguistically different students in GT programs. *Roeper Review, 24*(2), 82-88.

Chae, P. K., Kim, J. H., & Sun Noh, K. (2003). Diagnosis of ADHD among gifted children in relation to KEDI-WISC and T.O.V.A. performance. *Gifted Child Quarterly, 47*(3), 192-201.

P. L. 95-561, title IX, Part A. (1978). *The jacob Javits giifted and talented children education act of 1978.*

Ford, D. Y., Harris, J. J., Tyson, C. A., & Trotman, M. F. (2002). Beyond deficit thinking: providing access for gifted African American students. *Roeper Review, 24*(2), 52-58.

Frasier, M. (1980). Programming for the culturally diverse. In J. B. Jordan, & J. A. Grossi (Eds.), *An introductory administrator's handbook on designing programs for the gifted and tallented* (pp. 56-65). Reston, VA: Council for Exceptional Children.

Gardner, H. (1983). *Frames of Mind.* New York: Basic books.

Grantham, T. C. (2002). Underrepresentation in Gifted Education: How Did We Get Here and What Needs to Change? Straight Talk on the Issue of Underrepresentation: An Interview with Dr. Mary M. Frasier, *Roeper Review, 24*(1), 50-51.

Maker, J. (1977). *Providing programs for the gifted handicapped.* Reston, VA: Council for Exceptional Children.

Neihart, M. (2000). Gifted children with Asperger's Syndrome. *Gifted child Quarterly, 44*(4), 222-230. [See vol. 7, p. 51.]

Oreck, B., Baum, S., & McCartney, H. (2000). *Artistic talent development for urban youth: The promise and the challenge.* (Research Monograph No. RM00144). Storrs: University of Connecticut, The National Research Center on the Gifted and Talented.

Peterson, J. S., & Rischar, H. (2000). Gifted and gay: A study of the adolescent experience. *Gifted Child Quarterly, 44*(4), 231-246. **[See vol. 7, p.]**

Reis, S. M. (1987). We can't change what we can't recognize: Understanding the special needs of gifted females. *Gifted Child Quarterly, 31*(2), 83-89. **[See vol. 7, p.]**

Reis, S. M. (1998). *Work left undone.* Mansfield Center, CT: Creative Learning Press.

Reis, S. M., McGuire, J. M., & Neu, T. W. (2000). compensation strategies used by highability students with learning disabilities who succeed in college. *Gifted Child Quarterly, 44*(2), 123-34. **[See vol. 7, p. 13.]**

Renzulli, J. S. (1978). What maakes giftedness: Reexamining a definition. *Phi Delta Kappan, 60,* 180-184.

Renzulli, J. S., & Park, S. (2000). Gifted dropouts: The who and the why. *Gifted Child Quarterly, 44*(4), 261-271. **[See vol. 7, p. 117.]**

Sears, P. (1979). The Terman genetic studies of genius, 1922-1972. In A.H. Passow (Ed.), *The gifted and talented* (pp. 75-96). Chicago: National Society for the Study of Education.

Slocumb, P., & Payne, R. (2000). *Removing The mask: Giftedness in poverty.* Highlands, Texas: RFT Publishing.

Spicker, H. S., Southern, W. T., & Davis, B. I. (1987). The rural gifted child. *Gifted Child Quarterly, 31*(4), 155-157. **[See vol. 7, p.109.]**

Sternberg, R. (1986). Identifying the gifted through IQ: Why a little bit of knowledge is a dongerous thing. *Roeper Review, 8*(3), 143-147.

Terman, L. (1925). *Genetic studies of genius: Volume 1. Mental and physical traits of a thousand gifted children.* Stanford, CA: Stanford University Press.

Terman, L., & Oden, M. (1947). *Genetic studies of genius: Volume 4. The gifted child grows up.* Stanford, CA: Stanford University Press.

Tomlinson, C. A., Callahan, C. M., & Lelli, K. M. (1997). Challenging expectations: Case studies of high potential, culturally diverse young children. *Gifted Child Quarterly, 41*(1), pp. 5-18.

Whitmore, J. (1980). *Giftedness, conflict and underachievement.* Boston: Allyn & Bacon.

01

학습장애 영재를 위한 심화학습 프로그램[1]

Susan Baum(College of Rochelle)

학습장애 영재에 관심이 있는 전문가들은 이들이 일반 학습장애 아동과는 다른 교육적 요구를 필요로 한다는 것을 알고 있다. 이 글은 그들의 요구에 맞게 디자인된 시험 프로그램에 대한 설명과 평가다. 4학년과 5학년인 7명의 학습장애 영재학생들이 자신의 강점과 흥미를 계발할 수 있는 도전적인 심화학습 활동을 위해 9개월 동안 1주일에 2시간 30분씩 만남을 가졌다. 그중 6명은 긍정적인 자기평가와 학습 행동 및 창의적 생산력을 보여 주었다.

지미(Jimmy)는 아직 장난기 많고 공부하기 싫어하는 9세 아동으로 한껏 신이 나서 이야기를 했다. "곧 내가 할 연구 계약에 사인을 할 거고, 아이들에게 자전거 헬멧을 쓰도록 하는 캠페인에도 참가할 거예요. 어렵기도 하고 하기 싫을 때도 있겠지만 굉장히 중요한 일이에요."

데브라(Debra)는 'Drusella Webster의 인생의 어느 하루'라는 자신의 역사 연구 프로젝트에서 자신의 역할이 감독이자 작가, 배우라고 이야기하며 눈을 반짝였다. "내가 슬라이드와 비디오 쇼를 직접 만들 수 있으리라고는 생각해 본 적이 없어요. 정말 내 작품들이 노아 웹스터 하우스에서 상연되

---

1) 편저자 주: Baum, S. (1988). An enrichment program for gifted learning disabled students. *Gifted Child Quarterly*, *32*(1), 226-230. © 1988 National Association for Gifted Children. 필자 승인 후 재인쇄.

는 거예요?” 지미와 데브라는 모두 학습장애 영재아동의 강점과 흥미를 계발하기 위해 특별히 계획된 프로그램에 참여한 아동들이다.

실제 능력과 성취 수준에 큰 차이를 보이는 아동은 학습장애로 진단할 수 있다. 학습장애 아동으로 판별되고 나면, 이런 학생의 강점은 무시되고 취약점에 대해서만 치료 서비스가 실시되었다. 심지어 뛰어난 능력을 보이는 학생이라도 학습장애로 진단되면 같은 치료 서비스만 제공받았다. 이 서비스가 이런 학생들에게 과연 적합한가? 아니면 학습장애 영재아동은 독특한 특성을 가지고 있어서 대안적 교육방법이 필요한가?

학습장애 영재아동들은 학업과 관련이 적은 환경에서 좀 더 생산적인 것으로 조사되었다(Baum, 1984; Schiff, Kaufman, & Kaufman, 1981; Whitmore, 1980). 학교에서 성취도가 낮은 것에 비해, 학교 밖에서는 열정과 창의적 사고가 필요한 취미나 흥미를 가지고 있었다. Schiff와 동료들(1981)은 ‘능력 수준이 고르지 않은 영재(uneven gifted)’들이 종종 가정에서 예술이나 과학 분야의 창의적 생산력을 보여 준다고 말했다. Hokanson과 Jospe(1976) 역시 이런 학생들은 비학업적 환경에서 “흥미로운 자료를 빠르게 배우고 구성하고 조직하는 능력”(p. 32)이 있다고 하였다.

최근의 연구에 따르면(Baum, 1985), 영재, 학습장애 영재, 학습장애 아동을 비교했을 때, 학습장애 영재는 학습장애 아동보다 창의성이 뛰어난 것으로 나타났다. 사실, 학습장애 영재는 다른 두 집단보다 좀 더 생산적인 외부 프로그램에 흥미를 보이고 있다. 그러나 학교 내에서는 많은 어려움을 겪을 뿐만 아니라 스스로를 학습 효율성이 낮은 학습 낙오자로 인식하고 있었다. 반면, 다른 두 집단은 상대적으로 학교에서의 수행에 스스로 만족했다.

학습장애 영재가 학습장애 아동보다 지적, 창의적 잠재력이 훨씬 뛰어남에도 불구하고, 자기효능감이 낮은 것에 대해서는 좀 더 면밀한 연구가 필요하다. Bandura(1982)에 따르면, 자기효능감이란 무언가를 조직하고 수행할 수 있다는 자기지각이다. 이런 자기지각은 또한 사고와 행동, 감정에 영향을 미치기도 한다. 이런 것들은 상황에 따라 달리 일어나기 때문에 그런 자

장애영재와 특수영재

기지각은 행동 범위와 환경을 선택하는 데 영향을 미친다. 성공한 경험들을 통해 얻게 되는 높은 자기효능감 또한 좀 더 나은 수행을 위한 의욕을 갖게 하는 것이다.

치료 프로그램의 과정은 성취 가능한 과제들로 이루어진 전형적인 구성 학습이 기본이다. 이런 성취를 통해 학생의 자기효능감이 높아지도록 해야 하며 결과적으로 미래의 성취도도 향상될 수 있다. 만약 자신을 학교의 낙오자로 인식하지 않는 평범한 학습장애 학생이라면, 이런 접근방법은 효과적일 수 있다. 그러나 학습장애 영재학생들에겐 그렇지 않다.

Bandura(1982)는 개인이 그 과제를 도전적이라고 여겼을 때만, 과제 성취로부터 자기효능감을 얻을 수 있다고 단언했다. 성취는 학생의 내적 기준에 얼마나 잘 부합하느냐에 따라 성공으로 인식된다. 집에서 복잡한 작업을 자주 완성해 본 학습장애 영재학생에게 단순히 판에 박힌 과제는 성취라고 보기 어렵다. 예를 들어, 그저 알파벳 'a'를 익히는 것은 읽기가 아닌 것처럼 말이다. 실제로, 학교에선 의미 있고 도전적인 산물의 배출구가 없다. 이것은 학교 밖에서나 가능하다. 이런 상황이 학교 환경에서 보이는 잘못된 행동들과 열등감을 설명해 줄 수도 있다.

이 글에서 다루어질 비교 행동에 대한 연구결과를 통하여 학습장애 영재를 위한 특별 심화 프로그램을 만들 수 있었다. 이 프로그램은 네 가지 설정에 근거하여 만들어졌다. 첫째, 잠재성 실현을 위해서는 학생의 우수한 능력 발달을 위해 디자인된 특별 심화활동이 요구된다. 둘째, 이러한 활동은 영재성을 자극하기 위한 복잡한 도전 과제들과 함께 학생의 흥미와 강점도 포함하고 있어야 한다. 셋째, 심화활동 과제는 문제가 되는 약점을 피해 추상적 사고와 창의적 산물을 강조하도록 디자인되어야 한다. 마지막으로, 창의적 행동이 생산적으로 유지되려면 학교 환경 내에서 평가되고 강화되어야 한다. 여기서는 이 프로그램에 대한 설명과 그 결과에 대해 논의한다.

시험 프로그램

준 비

7명의 학습장애 영재들이 매주 수요일에 2시간 30분 동안 영재학생을 위한 지역 자원 센터에서 만났다. 프로그램을 위해 선택된 시간은 지역 교사 교육을 위해 할당된 시간이어서 학생들이 수업을 빠지는 일은 없었다. 영재교육과 특수교육 전문가들인 교사와 인턴 한 명이 프로그램을 계획하고 수행했다.

판 별

판별 과정은 지역의 4~6학년 학습장애 학생 99명 중 영재 행동을 보이는 학생을 골라내는 일부터 시작했다. 이 지역의 학습장애 학생들은 능력과 성취도에서 많은 차이를 보였다. 영재 행동은 다음과 같은 잠재력으로 정의했다. "세 가지 특성들의 역동적 상호작용이다. 즉, 평균 이상의 능력, 창의성, 과제집착력 등의 특성들은 한 개인이 한 특정 분야에 영향력을 발휘하게 한다."(Renzulli, 1978) 이상적으로, 특별 프로그램을 위한 판별은 우수한 학생들의 재능을 찾아내는 데 초점을 맞추어야 하며, 프로그램의 목적은 이러한 학생들의 창의성과 과제집착력의 발달을 강조해야 한다(Renzulli & Reis, 1985). 그러나 우수한 학습장애 아동의 재능 탐색을 하는 데는 프로그램 모형이 제한적이었기 때문에, 이미 창의성과 과제집착력을 보였던 학생들을 선택하기로 결정했다. 이들은 개개인의 고립된 특성을 창의적 산물로 변화시키고 개성을 완성하도록 도울 높은 수준의 심화 프로그램에 참여할 후보자가 되었다.

이 학생들에 대한 정보를 얻기 위해 검사점수와 교사 인터뷰를 이용하였다. 평균 이상의 능력은 개정판 Wechsler 아동용 지능검사(Wechsler Intelligence

장애영재와 특수영재

Scale for Children: WISC-R)로 검사했다. 14명의 학생이 첫 기준을 통과했다. 이 학생들의 창의성과 과제집착력을 평가하기 위해 학급교사와 학습장애 담당 교사들은 우수학생 행동특성 평가척도(Scales of Rating Behavior Characteristics of Superior Students)(Renzulli, Smith, White, Callahan, & Hartman, 1976)를 이용하여 인터뷰를 했다. 사용된 질문들은 학습, 창의성 그리고 동기의 하위 범주 안에서 20개의 개방형 문제들로 이루어졌다. 예를 들어, 한 가지 질문으로 교사에게 학생이 언제 특정 과목에 완전히 몰두하는가에 대한 예를 들어 볼 것을 요구했다. 설문 결과들은 학교 심리학자, 특수교육 코디네이터, 대학 연구자들이 속한 팀이 분석하였다. 각 학생들에겐 지속적이고 깊이 있는 관심사, 창의적 행동, 그리고 창의적 인물이 드러내는 특성을 기호로 점수가 매겨졌다. 그리고 학생들의 최종 점수는 개별 점수의 평균으로 나타냈다. 시험 프로그램을 위한 선발은 14명의 학생 중 상위 7명으로 정해졌다(이들의 공통적 특성인 과잉행동 문제와 주의력 결핍 문제 등을 고려하여 7명을 최적의 학생 수로 결정했다).

7명의 학생 중 5명은 남학생, 2명은 여학생이었다. 또한 4명은 4학년, 3명은 5학년이었다. 종합 IQ, 언어 IQ, 수행 IQ 점수는 각각 113~134, 139~197, 112~132였다. 모든 학생들은 각자의 흥미, 선호하는 프로젝트, 쓰기와 읽기 과제에 대한 실험 등을 뚜렷하게 밝혔다. 그들의 창의성은 영리한 방법으로 과제 회피하기, 유머 감각, 과학, 예술, 이야기하기 등의 프로젝트 완성을 통하여 증명되었다.

프로그램

이 프로그램을 위하여 삼부심화학습모형(Enrichment Triad Model)(Renzulli, 1977)이 채택되었다. 이 모형은 학생의 흥미와 학문적 강점을 기본으로 집단 연구 혹은 개인 연구를 통하여 새로운 지식 생산과 기술 개발을 통합하도록 하고 있다. 아동들은 흥미 분야를 밝혀 연구로 해결이 가능한 현실적 문제에 초점을 맞추게 된다. 이 모형은 세 가지 형태의 활동으로 이루어져 있다. 일반 탐색, 집단 훈련, 개인 또는 소규모 집단 연구 활동이다.

첫 번째 일반 탐색 활동(Type I)은 일반학교 교육과정에서는 찾을 수 없는 잠재적 흥미 분야를 경험해 보는 것이다. 이 분야들은 강의, 직접 보여 주기, 영화, 흥미 센터, 혹은 다른 접근방법 등을 통해 학습장애 학생의 약점인 읽기를 피할 수 있다. 이렇게 낙제 점수가 없는 활동은 학생이 자유롭게 탐구할 수 있는 분위기 안에서 새로운 아이디어에 접할 수 있도록 한다.

두 번째 심화 활동(Type II)은 비판적 사고, 창의성, 문제해결과 같은 분야의 훈련을 하도록 한다. 종종 학습장애 아동들은 단순한 암기나 지각 수용보다는 높은 수준의 사고기술을 사용하는 활동에서 좀 더 나은 능력을 보이기 때문에(Maker, 1977) 이런 유형의 활동이 매우 적합하다.

세 번째 활동(Type III)은 학교 과제와 완전히 다른 현실 문제의 탐구자가 되게 함과 동시에 학교 밖의 환경에서 이들에게 영향력을 줄 만한 산물을 개발하도록 유도한다. 학생들은 학습에 초점을 맞추면서도 선택한 문제를 해결하기 위해 연구방법을 사용하는 '예비 전문가'로서 활동한다.

주간 수업에서는 Type I 과 Type II 활동을 한다. 이 활동들은 탐구활동 안에서 학생의 흥미를 증폭시키고, 읽기와 쓰기의 약점을 보완할 수 있는 효과적인 의사소통 수단을 배울 수 있도록 디자인되었다. 사진, 컴퓨터 프로그래밍, 벽돌 쌓기 등의 특정 활동들이 포함되어 있다.

학생을 창의적 생산 과정에 참여시키기 위해 학생 스스로 시작한 집단 프로젝트가 시행되었다. 이들은 풍선을 이상하게 터뜨리는 방법을 다룬 독특한 동화책을 쓰고 삽화를 그렸다. 또한 아이디어를 표현하기 위해 장면들을 디자인하고 사진을 찍었으며 그 삽화들과 운율이 맞는 단어들을 써 내려갔다. 작업을 좀 더 전문적으로 보이기 위해 학생들은 쓰기 힘들더라도 활자체를 사용하기로 했다. 이 프로젝트를 통해 학생들은 과제에 집중하고, 문제를 해결하며, 새로운 의사소통 기술을 익히고, 눈앞의 만족을 다음으로 미루는 경험을 했다.

공동 작업이었던 동화책을 완성한 후, 프로그램에 따라 학생들에게 개인 연구를 시작하도록 유도했다. 연구 주제를 밝히고, 연구 목적과 예상되는 청중들을 규정하고, 작업을 선택하는 것을 돕기 위해 학생 개개인과 회의를 했다. 작품의 완성을 용이하게 하기 위해 각 학생들과 단계적인 관리 계획과 명확한 기대치를 밝힌 협약을 각 학생들과 맺었다. 두 명의 학생은 컴퓨터 프로그램을 디자인했다. 한 프로그램은 5학년 학생들에게 'Monitor'와 'Merrimac'에 관한 것을 가르쳤고, 또 다른 프로그램은 게임 'Dungeons'와 'Dragons'에 나오는 캐릭터의 특성을 밝히기 위해 무작위 숫자를 사용했다. 읽기와 쓰기 능력이 부족한 9세의 한 여학생은 'Drusella Webster의 인생의 어느 하루(A Day in the Life of Drusella Webster)'라는 제목을 붙인 질적 연구를 하여, Noah Webster 기념관에 영구히 전시되기로 한 슬라이드 테이프 쇼를 제작해 냈다. 다른 한 학생은 자전거 헬멧 착용에 대한 성인과 아동의 태도를 비교하는 연구를 했다. 이 학생은 자전거 가게에 전시할 계획으로, 헬멧 착용을 장려하는 내용의 멋진 포스터를 만드는 데 그 연구결과를 이용했다. 또 다른 학생은 핵 전쟁에 대한 5학년 학생들의 생각을 인상적인 슬라이드 테이프 쇼로 제작하여 주 상원의원에게 보냈다. 멸종 위기의 동식물에 대한 각성을 연구한 학생도 있었고, 중세 시대 성채의 모형을 레고로 제작해 그 쓰임새에 대해 일련의 강의를 한 학생도 있었다.

학생들은 자신의 연구 작업을 도와줄 전문가들도 만났다. 측정과 평가 분야의 대학 교수는 몇 학생들에게 조사의 구성과 조사대상자 선택에 대해 가르쳤다. 박물관 큐레이터는 역사와 환경 문제를 조사하는 학생을 만나 도움을 주었고, 레고 협회의 상담자는 어린 건축가를 위해 조언을 해 주었다. 컴퓨터 분야의 전문가는 컴퓨터 프로그램을 제작하는 두 학생들을 도와주었다. 한 프로젝트를 제외한 모든 프로젝트가 완성되었고 예정대로 발표되었다. 학생들은 프로젝트를 완성하는 데 4~10주를 소요했다.

연구결과

프로그램의 성과는 프로그램 목표가 어느 정도 달성되었느냐에 따라 평가되었다. 각 목표는 다음과 같았다.

목표 #1 각 학생이 창의적 산출물을 성공적으로 완성하는 것이며 7명 중 6명의 학생이 프로젝트를 완성했다. 그 결과물은, 완성한 학생이 학습장애 영재라는 것과 이 시험 프로그램에 대한 사전 지식이 없는 노련한 영재교사들이 학생산출물평가서(Student Product Assessment Form, Renzulli & Reis, 1981)을 이용하여 평가하였다. 이 평가도구는 영재 프로그램에서 학생의 프로젝트 완성도를 측정하기 위하여 디자인된 것으로, 전반적인 작품의 질과 관련해서 7가지를 측정하는 것과 함께 8가지의 세부적인 질적 지표에 대해 개별 평가를 하는 것이다. 평가방법을 설명하는 학생 작업의 예시와 항목의 설명 이후 각 지표들이 뒤따른다. 8개 지표들의 평가는 1~5점의 측정 범위 내에서 이루어진다. 〈표 1-1〉은 각 개별 프로젝트의 평균점수를 보여 준다. 4점과 5점은 뛰어난 작품이라는 것을 나타낸다(Reis, 1984). 〈표 1-1〉에서 보이는 것처럼 7명 중 5명의 학생들이 일반 영재학생에 필적할 만한 작품을 완성했다.

목표 #2와 목표 #3을 평가하기 위해서 외부 평가자가 영입되었다. 정보를 얻기 위해 학생을 관찰하고, 부모에게 설문과 인터뷰를 하였다.

표 1-1 학생의 프로젝트(산출물)에 대한 평균점수

학 생	프로젝트	평균점수
1	핵 전쟁	4.1
2	Dungeons & Dragon 프로그램	4.0
3	성 채	미완성
4	Merrimac & Monitor 프로그램	4.0
5	자전거 조사	4.2
6	역사 연구	4.42
7	멸종 위기 동식물 포스터	2.8

장애영재와 특수영재

목표 #2　과제에 집중하는 시간의 증가와 과제 완성을 위한 지속적인 노력을 통해 학생들의 학습 행동이 향상되는 것이었다. 프로그램 초기에는 개별 과제를 위해 학생들이 노력하는 시간이 10~20분이었다. 좀 더 정성을 들이라고 요구하면 학생들은 다음과 같이 대꾸하며 종종 불만을 토로하곤 했다. "이거 해야만 해요? 이 프로그램은 재미있을 걸로 생각했는데."

집단 프로젝트를 진행하는 동안, 각 학생들이 과제에 들이는 시간과 열정이 증가하는 것을 관찰할 수 있었다. 학생들은 과제의 성격에 따라 한 시간까지 노력을 지속할 수 있었다. 학생들은 어려움을 느낄 때 주어진 과제를 그만둘 것을 요청할 수 있었으나, 이들은 자신에게 좀 더 쉽지만 똑같이 중요하고 시간이 많이 드는 다른 과제를 완성할 것을 자원했다. 동작 협응에 장애가 있는 한 학생은 활자체를 사용하는 데 어려움을 겪었다. 그 과제에 완전히 낙담한 이 학생은 대신 도서관에 가서 동화책을 출판해 줄 출판사를 조사하고, 그 주소 목록들을 기록하는 일을 했다. 그가 독립적으로 이 일을 완성하는 데는 한 시간이 걸렸다. 이 학생은 8주 동안 내내 책 만들기에 관심을 기울였다.

학생들이 자신의 개인 연구를 할 때, 과제에 투자하는 시간은 매우 빠르게 늘어났다. 자료를 모으고 분석하고 발표 준비를 하는 몇몇 수업에서 학생들이 2시간 반까지 과제에 시간을 투여하는 것으로 관찰되었다. 몇몇 학생들은 집에서도 자발적으로 프로젝트 작업을 했다. 한 학생의 부모는 자녀가 마지막 프로젝트 때 3시간 30분 동안 작업했다고 이야기하기도 했다. 개별 프로젝트를 완성하는 데 요구된 시간은 4~10주였다.

목표 #3　학생의 자아존중감이 향상되는 것이었다. 자아존중감의 향상 정도는 교사나 부모 인터뷰를 통해 기록되었다. 프로젝트를 완성하지 못한 한 학생을 제외하고는 모든 학생들의 자아존중감이 높아졌다. 몇몇 부모와 일반학급 교사는 인터뷰에서 다음과 같이 이야기했다.

- 내 아들이 마침내 자신도 뭔가를 성취할 능력이 있다는 것을 느꼈다.
- 뛰어난 프로젝트를 완성한 이후 일반학급 학생들이 다른 눈으로 그 학생을 보기 시작했다.
- 지금은 이 여학생이 훨씬 자주적이 되었다. 다시 살아 돌아온 듯 완전히 다른 학생처럼 행동한다.
- 그 학생은 올해 많은 것을 해 보려 시도하고 있다. 학급 회장 선거에 나갈 용기까지 가지고 있다.
- 이 학생은 이것저것 흥미를 지니고 있었지만 결코 제대로 해 본 적이 없었다. 지금 그는 자신의 성취를 매우 자랑스러워한다.

목표 #4 학습장애 영재학생을 위한 삼부심화학습모형의 수행 전략을 개발하는 것이었다. 이에 따라 학습장애 영재학생과 함께 작업하는 과정이 개발되었다. 우리는 학생의 성공에 중요한 구성요소인 특정 교수전략을 이 학생들과 함께 작업하는 동안 적용했다. 그 전략은 세 가지의 범주로 이루어져 있다. 1) 적절한 활동 선택, 2) 행동 관리, 3) 학생의 약점 보상을 위한 조력이다. 이 전략을 위한 자세한 예는 다음과 같다.

적절한 활동 선택하기:
1. 토론과 실험이 포함된 적극적 탐구활동을 이용한다.
2. 특히 소규모 그룹 활동에서 발산적 사고를 요구하는 개방형 도전 과제들을 제공한다.
3. 학생의 학습 유형, 흥미, 강점을 고려한다.
4. 학생이 자신의 관심사에 근거하여 실제 청중들을 위한 현실적 주제를 연구할 기회를 갖도록 한다.
5. 학생이 어떤 방해 없이 작업할 수 있도록 충분한 시간을 제공한다.

행동 관리:

1. 학생이 책임감을 갖도록 고무한다.
2. 선호하지 않는 과제를 선호하는 과제보다 선행하도록 하여 동기를 강화한다.
3. 선택을 제한한다. 너무 많은 선택은 결정을 방해한다.
4. 기대치에 대한 명확한 정보를 제공한다. 협약서는 학생이 수행할 각 단계를 이해하는 데 도움을 준다.
5. 주변 환경을 바람직한 행동을 위한 계기로 이용한다. 개별 작업을 위해서는 개인 사무실을 만들 수 있다. 자유로운 집단 토론을 위해서 학생들을 작은 테이블 주위에 모이게 할 수 있다. 활동이 바뀌면 주변 환경도 바꾼다.

학생의 약점 보상을 위한 조력:
1. 서로의 약점을 보완해 줄 수 있게 짝을 짓는다. 예를 들어, 읽기를 잘하는 학생과 쓰기를 잘하는 학생을 짝 짓는다.
2. 학생에게 적절한 정보의 자원을 찾아 준다. 읽지 못하는 학생을 위해 강의 테이프나 그림책을 제공하고, 쓰지 못하는 학생을 위해 워드 프로세서를 제공한다.
3. 학생 각자의 강점과 약점을 깨닫도록 한다. 약점 대신 강점을 크게 보이게 하는 활동을 선택하도록 격려한다.
4. 학생의 좌절감 수준을 각별히 신경 쓴다. 학생이 상처 없이 그만둘 수 있는 적절한 출구를 제공한다.

요약과 결론

학습장애 영재아동을 위한 이 시험 프로그램은 삼부심화학습모형에 기초한 심화 프로그램이 단기간에 긍정적인 효과를 드러낸다는 것을 보여 주었다. 학생이 자신의 관심 분야를 택해 그 작업에 스스로 참여하고 목표를 향해 나아갈 때, 학습 행동, 과제 시간, 동기가 눈에 띄게 향상된다는 것도 밝혀졌다.

학생들의 프로젝트는 모두 학생들 자신의 학습 유형, 흥미, 강점 등을 반영한 것이었다. 그들은 인터뷰, 방문, 설문, 실물 평가 등의 주요 방법을 통해 정보를 얻어 냈다. 또한 학생들은 슬라이드 쇼, 컴퓨터 프로그램, 설문과 차트를 통해 자신의 아이디어를 이야기했다. 그 후 부모와 교사들은 기대하지 않았던 결과를 전해 주었다. 한 학생은 더 이상 지원이 필요치 않게 되었고, 또 다른 학생은 1년 동안 읽기 과목에서 4학년 수준에 올라선 것이다. 다른 두 명의 학생은 모든 과목에서 고른 향상을 보여 주었다.

교육적 함의

이 연구의 결론은 일반학급과 특수학급에서 학습장애 영재와 함께하는 교육자를 위한 중요한 지침을 제공하고 있다. 이 지침이 어떻게 수행되어야 하는가에 대해 자세한 예시를 들어 보았다.

학생의 영재성과 재능에 정당하게 초점이 맞춰져야 한다. 이 프로그램이 성공적이었던 이유는, 처음으로 이 학생들의 장애가 아닌 영재성에 초점을 맞추었기 때문일 것이다. 이 프로그램은 치료가 아닌 심화 프로그램이었다.

학습장애 영재학생은 개개인의 능력에 가치를 두고 평가를 하는 지원적인 환경을 요구한다. 심화 프로그램에서 학생들은 개인의 강점에 근거한 창의적인 방법으로 정보를 얻고, 자신들의 아이디어를 표현하도록 고무되었다. 학생의 정보 획득을 돕기 위해 초청 강연, 시범, 적극적 탐문, 방문과 동영상 등의 방법들이 수업 듣기와 읽기 대신 이용되었다. 결과물 역시 보고서 작성보다는 슬라이드 쇼, 모형, 컴퓨터 프로그램, 드라마, 그리고 동영상 등의 형태로 표현되었다. 학생의 강점을 강조한 반면, 장애는 최소화했다.

기본 학습 기술을 직접 지도하는 동시에 학생의 학습상의 문제를 보완할 전

장애영재와 특수영재

략도 만들어야 한다. 이 프로그램 모형은 목표를 달성하기 위해 학생이 자신의 약점을 피해 나갈 수 있도록 했다. 쓰기와 철자에 어려움을 겪는 학생에게 워드 프로세서를 제공하고 철자 프로그램을 사용할 수 있도록 했다. 사진을 통해 본 학생들의 작업은 인상적이면서도 효과적이었다. 정보를 얻어 조직하고, 수학과 철자에서 정확도를 높이고, 표현의 질을 높이는 등 학습장애 영재아동이 어려움을 겪는 부분을 돕기 위해 여러 가지 기술들이 효과적인 수단으로 제공되었다. 이 학생들이 '쓰기'라는 신체 활동 때문에 좌절하지 않고도 글을 쓸 수 있도록 해 줘야 하며, 완벽히 습득할 수 없는 수학 명제들 때문에 괴로워하지 않고도 추상적인 수학 문제를 풀 수 있도록 해 줘야 한다.

  마지막으로 가장 중요한 것은, 학습장애 영재학생도 자신의 강점과 약점을 제대로 자각하고 그 차이에 잘 대처하기 위한 조력을 받아야 한다는 것이다. 이 프로그램 모형에서 학생들의 학습장애 프로그램이 치료 지원을 위해 지속되는 동안 이 프로그램은 그들의 특별한 능력에 초점을 맞추어 디자인되었다는 것이 공지되었다.

  학습장애 영재학생들은 약점 분야에서 지속적인 도움을 받아야 한다고 하지만, 성취는 동기와 정서적 요구를 필요로 한다는 것을 이해하는 것과 동시에 그들의 영재성을 파악하고 계발하는 것을 도와줄 특별 시간도 반드시 마련되어야 한다. 영재아동을 위해 만들어진 프로그램이나 이 글에서 설명된 학습장애 영재학생을 위한 프로그램은 그러한 지원을 제공할 것이다.

📝 참고문헌

Bandura, A. (1982). Self-efficacy mechanism in human agency. *American Psychologist, 37*, 122-147.

Baum, S. (1984). Meeting the needs of learning disabled gifted students.

Roeper Review, 7, 16-19.

Baum, S. (1985). *Learning disabled students with superior cognitive abilities: A validation study of descriptive behaviors.* Unpublished doctoral dissertation, University of Connecticut.

Hoakanson, D. T., & Jospe, M. (1976). *The search for cognitive giftedness in exceptional children.* Hartford, CT: Connecticut State Department of Education.

Maker, C. J. (1977). *Providing programs for gifted handicapped.* Reston, VA: Council for Exceptional Children.

Reis, S. (1984). Personal communication, July, 19.

Renzulli, J. S. (1977). *The enrichment triad model: A guide for developing defensible programs for the gifted and talented.* Mansfield Center, CT: Creative Learning Press.

Renzulli, J. S. (1978). What makes giftedness? Reexamining a definition. *Phi Delta Kappan, 60,* 180-184.

Renzulli, J. S., & Reis, S. M. (1981). *Student product assessment form.* In J. Renzulli, S. Reis, and L. Smith, *Revolving door identification model.* Mansfield Center, CT: Creative Learning Press.

Renzulli, J. S., & Reis, S. (1985). *The schoolwide enrichment model: A comprehensive plan for educational excellence.* Mansfield Center, CT: Creative Learning Press.

Renzulli, J. S., Smith, L. H., White, A. J., Callahan, C. M., & Hartman, R. K. (1976). Scales for rating the behavioral characteristics of superior students. Mansfield Center, CT.: Creative Learning Press.

Schiff, M., Kaufman, N., & Kaufman, A. (1981). Scatter analysis of WISC-R profiles for LD children with superior intelligence. *Journal of Learning Disabilities, 14,* 400-404.

Wechsler, D. (1974). *Wechsler intelligence scale for children, revised.* New York: Psychological Corporation.

Whitmore, J. R. (1980). *Giftedness, conflict and underachievement.* Boston: Allyn and Bacon.

대학에서 성공한 학습장애
영재학생들의 보상전략[1]

Sally M. Reis, Joan M. McGuire(University of Connecticut)
Terry W. Neu(Sacred Heart University)

중등학교 이후 학문적 환경에서 학습장애를 가진 우수한 학생들이 어떻게 성공할 수 있었는지에 대해 조사하기 위해 대학에서 성공한 학습장애를 가진 12명의 대학생들을 연구했다. 이 대학생들과의 폭넓은 인터뷰를 통해 학습장애를 가진 우수한 학생들이 직면한 문제들뿐만 아니라 이러한 문제를 극복하고 처리하는 데 사용된 보상전략의 실례를 제공하였다. 연구에 참여한 대상자 중 4명은 초등학교에서, 6명은 중·고등학교에서 학습장애를 가진 것으로 진단되었으며, 2명은 대학 때까지 진단되지 않았다. 초·중등학교 인사위원회(elementary or secondary school personnel)는 학습장애를 평균 이하의 능력을 가진 것과 같은 의미로 여긴다고 연구 참가자들은 생각하였다. 그들은 교육적 보상전략보다는 오히려 교육 내용의 교정(content remediation)이 초·중등학교의 학습장애 프로그램에서 제공된다고 하였다. 이 논문에서는 대학에서 학문적으로 성공한 영재학생들이 사용했던 보상전략이 논의되었다. 여기에는 연구 전략, 인지/학습 전략, 보상적 지지, 환경 시설, 상담 기회, 자기옹호, 상위인지와 실행 기능에 초점을 둔 통합적 개별 계획의 개발이 포함된다.

---

1) 편저자 주: Reis, S. M., McGuire, J. M., & Neu, T. W. (2000). Compensation strategies used by high-ability students with learning disabilities who succeed in college. *Gifted Child Quarterly, 44*(2), 123-134. ⓒ 2000 National Association for Gifted Children. 필자 승인 후 재인쇄.

많은 연구자들이 학습장애를 가진 영재는 비학문적 환경에서 만들어지고 있다고 보고했지만(Baum, 1984; Brody & Mills, 1997; Fox, Brody, & Tobin, 1983; Reis, Neu, & McGuire, 1995; Schiff, Kaufman, & Kaufman, 1981; Whitmore, 1980), 몇몇 연구에서는 학습장애를 가진 우수한 학생들이 학교에서 어떻게 성공할 수 있었는지에 대해 살펴보았다. 그리고 일부 소수의 연구에서는 학습장애를 가진 대학생 중 일부가 영재성과 관련된 특성을 보이고 있는 것으로 나타났다. 최근 들어 중등과정 이후의 교육과정에 입학한 학습장애 학생의 수가 증가하고 있다는 자료에 따르면(Henderson, 1995), 학습장애를 경험한 우수한 학생들이 이러한 추세를 대표하는 듯하다. 중등학교 이후의 학문적 상황에서 이러한 학생들의 성공 요인을 밝히는 데 도움을 주는 정보가 없다면, 중등학교와 그 이후의 인사위원회에서는 추측을 통해서만 다양한 요구에 따라 효과적인 변화를 촉진할 수 있도록 개입할 것이다.

학습장애를 가진 우수한 학령기 학생들을 조사한 몇몇 연구 중에서, Baum과 Owen(1988)은 학습장애를 가진 우수한 학생들이 지속적이고 개인적인 흥미와 관련된 독특한 개성을 가지고 있다는 것을 알게 되었다. 그들은 영재성과 학습장애가 없는 다른 동급생과 비교해 볼 때, 학문적 자기효능감이 더 낮은 것에 주목했다. Bandura(1986)에 따르면, 자기효능감은 한 인간이 어떤 행동을 실행하고 조직할 수 있는 자기지각이다. 많은 연구에서 자기효능감이란 직업 선택뿐만 아니라 학문적 성취를 결정하는 자신의 개인적 효능에 대해 개별적으로 소유하는 신념이라고 했다(Bandura, 1997). 만약 소수의 학습장애 영재학생들이 자신의 학문적 과제를 성취하는 데 어려움을 느낀다면, 학습장애를 가지고도 성공한 우수한 학생들이 사용한 전략들을 동일시함으로써 "평범한 사고를 하지 않는 평범한 학생이라는 패러독스"를 다루는 방법을 학생들이 배울 수 있게 도움을 줄 수 있을 것이다(Vail, 1989, p. 136).

다른 연구자들(Shore & Dover, 1987; Sternberg, 1981)은 '인지에 대한 인지(cognition about cognition)'로써, Flavell, Miller 그리고 Miller(1993)가 정

장애영재와 특수영재

연구의 활용도

학습장애를 가진 많은 우수한 학생들은 나이가 들고, 교육 내용이 점차 어려워짐에 따라 학교에서 좌절과 곤란을 겪는다. 학습장애 영재학생들은 학습장애가 영재성을 숨기고, 영재성이 학습장애를 가리기 때문에 쉽게 드러나지 않는다. 현재 학습장애 프로그램들은 학습장애로 판별된 학생을 위해 학교에서 성공적으로 지도하는 데 필요한 특수한 기능을 제공하지 않고 있다. 이 연구에서는 학습장애를 가지고도 성공적인 대학생활을 했던 학생들이 이용한 보상전략들을 기술하였다. 이들의 대부분은 학습장애를 가진 학생을 위한 대학 프로그램에 참가하여 학문적으로 성공할 수 있는 방법과 특별 보상전략을 배울 수 있는 기회를 가졌다.

소수의 학습장애 프로그램들은 학습장애 영재학생을 위한 특별 보상전략을 가르치는 데 초점을 맞추고 있다. 그리고 몇몇 지역에서는 학습장애를 가진 영재를 위한 보상전략에 전문적인 훈련을 제공하고 있다. 대부분의 학습장애 프로그램들은 보상전략을 가르치는 대신에, 특수한 내용과 숙제를 해결하는 데 필요한 도움, 그리고 내용 교정과 같이 학생들이 당면한 교육과정 요구에 초점을 맞추고 있다. 이 연구의 참가자들은 만약 학생들이 초·중등학교에 다닐 때 이 논문에서 기술된 보상전략을 배웠더라면, 특히 중등학교에서 훨씬 더 성공적인 학생이 되었을 것이라고 생각하였다. 특수교육자와 영재교육자들은 현재 많은 학교에서 시행 중인 학습장애 프로그램들을 재검토해야 한다. 학습장애를 가진 우수한 학생은 이 논문에 기술된 특별한 보상전략을 습득함으로써 도움을 받을 수 있을 것이다. 이러한 보상전략들은 학습장애를 가진 우수한 학생들의 학문적이고 개인적인 성공을 위해서 꼭 필요하다.

의한 상위인지의 사용과 좀 더 빠르고 효과적으로 정보를 처리하는 문제해결 기술이 영재학생과 관련되어 있다는 것을 발견하였다. 학습장애를 가진 영재학생의 몇몇 사례연구(Baum, Owen, & Dixon, 1991; Daniels, 1983; Vail, 1987; Whitmore & Maker, 1985)에서, 복잡한 정보를 이해하는 것과 정보처리에 장애를 가지는 것 사이의 괴리감은 학생의 자기효능감뿐만 아니라 중재(intervention)와 밀접한 관련이 있음이 밝혀졌다. 대학에서 요구하는 것은 학생의 자율성, 자기점검, 그리고 문제해결을 포함하여 다양한 환경과 과제

수행에 필요한 요구에 적응할 수 있는 능력이다. 그리고 이러한 기술들을 강화하기 위한 전략의 개발은 학습장애를 가진 우수한 학생에게 특히 적합하다(Miller, Rzonca, & Snider, 1991).

Gerber와 Reiff(1991), Gerber, Ginsberg 그리고 Reiff(1992)의 연구는 학습장애를 가지고 있으면서 성공한 성인들로부터 얻은 설득력 있는 관찰 결과를 통해 그들이 직업적으로 성공하고 성인으로 적응하는 데 반드시 필요로 했던 전략을 보여 준다. 이처럼 성공한 학습장애를 가진 성인들은 장애로 스트레스를 받기보다는 오히려 성취를 위한 그들의 잠재력을 강조한다. 일관성, 자기확신, 역경을 이겨 내는 의지, 그리고 강한 품성과 같은 요인들은 장애를 가진 이들이 성공하는 데 기여하는 것으로 알려져 왔다(Maker, 1978). 몇몇 연구에서는 이들이 직업적으로 성공할 가능성이 높아지고 있는 것으로 나타났으며, 그 연구자들은 한 가지 결정적인 요인, 즉 개인의 삶을 통제하기 위한 노력과 의지에 이러한 요인들을 통합하였다. 개인 삶의 통제 정도가 크면 클수록 인생에서 성공 가능성은 더 컸다. 미국의 24개 주와 캐나다에서 학습장애를 가지고 크게 성공한 성인들과 인터뷰한 결과를 살펴보면, 자신의 삶을 담당하고 통제하는 것, 성공에 대한 동기, 목표 지향, 긍정적 사고를 통한 장애에 대한 재구성과 재해석, 일관성, 장단점, 직업 선택의 적합도, 학문적 창의성 또는 확산적 사고력, 가족과 친구들을 포함하는 지원 체계의 사회 생태학적 요인을 포함하고 있다. 학습장애의 치료는 성공한 성인의 삶에서 그다지 중요한 요소가 아니었다.

전문 지식을 얻기 위해 반복을 통해서 이루어지는 기본적인 기능 결핍에 대한 치료는 학습장애를 가진 우수한 학생들에게 효과적이지 않은 것으로 드러났다(Baum, 1984; Baum & Owen, 1988; Daniels, 1986; Jacobson, 1984; Whitmore, 1980). 교육자들은 이러한 학생을 위해서 제공되는 중재를 이론적 근거에 기초하여 검토해야 한다. 특히 더 높은 수준의 교육적 요구를 위해 보상적 접근이 잘 준비되어야 하는 중등학교에서는 더욱 그러하다. 다른 방식으로 과제를 수행하기 위한 보상전략이나 대처 방안의 개발은 학습장

장애영재와 특수영재

애 영재학생들에게 도움을 준 것으로 알려졌다(Adelman & Vogel, 1993).

보상전략

Crux(1991)는 학습전략, 인지전략, 보상적 지원(녹음기와 워드 프로세서), 그리고 시험 편의(시험 시간의 연장, 차분한 시험 환경)와 같은 환경적 편리함을 포함한 보상전략에 관심을 가졌다. 다른 연구자들(Garner, 1988; Mayer, 1988)은 학습 전략이 정보처리능력을 높이기 위해 의도된 학습자의 행위들로 이루진다는 것에 주목했다. 인지전략 교육은 무엇을 배워야 되는지에 초점을 맞추기보다는 오히려 어떻게 배워야 되는지에 대한 학습을 강조한다. 구체적 학습 전략(반복, 언어 합성, 조직화 기법, 환언, 연합)은 집행 기능 과정이나 자기조절을 통해서 점차적으로 효과적인 학습자의 통제하에 놓인다. 유능한 학습자들은 과제의 요구, 점검 전략의 사용, 문제해결 패러다임에 이용되는 전략적 행위의 적응 또는 수정에 따라 전략을 선택할 수 있는 충분한 능력이 있다(Borkowski & Burke, 1996). 초 · 중등학교에서 학습장애를 가진 영재학생을 위한 보상전략에 대한 연구는 매우 드물다. Baum과 동료들(1991)은 학습장애를 가진 우수한 학생들이 장애를 극복하면서 동시에 관심 분야를 탐구할 수 있도록 해야 한다고 제안했다. 초 · 중등학생들을 위한 소수의 보상전략들이 제안된 이후, 구체적 보상전략 지원의 전달 체계가 사용된 우수 사례는 학습장애를 가진 대학생의 교육에서 발견할 수 있다(Adelman & Vogel, 1993; Brinckerhoff, Shaw, & McGuire, 1993; Shaw, Brinckerhoff, Kisrler, & McGuire, 1992).

공부, 수행, 상담 전략

Crux(1991)가 언급하였던 학습 전략은 이런 성인 학습자를 위해서 매우 중요한 보상전략의 구성요소다. 학습장애를 가진 대학생들과의 모임 활동을 기록했던 학습 전문가들의 기록에 대한 연구에서, McGuire, Hall 그리고 Litt(1991)는 학습장애를 가진 학생을 위한 성공적인 대학 프로그램에서 일반적으로 다루었던 구체적인 영역들을 발견하였다. 여기에는 학습 전략, 교육과정과 관련된 수행 전략(예, 독해와 쓰기 표현), 상담, 그리고 자기 지지 훈련 등이 포함되었다. 학습장애를 보상하기 위한 학습 전략과 구체적 기능, 즉 노트 필기(메모) 전략, 시간 관리, 시험 대비, 그리고 도서관 활용 기능에 대한 구체적인 유형들은 학습장애 학생들의 요구에 따라 나타났다. 노트 필기 전략은 일반적으로 정규대학 교육과정에서는 가르치지 않지만 수업에서 전달된 정보를 조직하기 위해서는 매우 중요하다.

시간 관리는 학습 전략 중에서 가장 흔하게 등장하는 것이다. 학생들의 시간 사용을 극대화하기 위해 한 달 그리고 한 학기 전체 일정표의 사용은 매주, 때로 매일 분석을 통하여 더 강화되거나 지속적으로 설계되었다. 시간 관리는 활동을 스스로 감시하는 학생들의 능력에 달려 있고, 상황에 맞는 적절한 결정은 구체적 장애 영역에서 학문적 과제를 완성하는 데 요구되는 별도의 시간에 대한 인지에 근거해서 이루어진다는 것을 알게 되었다.

시험 기술에 대한 실제적 내용은 학생의 교육에서 잘 다루어지지 않는다(Bragstad & Stumpf, 1987). 학습장애를 가진 성공한 대학생을 위해서 학습 전문가들은 대개 시험 대비를 위한 계획을 하였고, 다양한 선택형 질문에 대한 분석을 통하여 전략을 설계하였으며, 시험 불안 감소를 위한 방법을 제시하였다. 그리고 답안을 검토하고 오답에 대한 이유를 정확하게 알아내기 위해서 오답분석접근을 활용하도록 학생들을 훈련하였다(McGuire et al., 1991).

쓰기 표현, 독해, 수학적 접근과 같은 교실 학업수행과 관련된 전략들은 학습 전문가가 촉진하고 설계하였다(McGuire et al., 1991). 쓰기 표현 교육은 쓰기 과제의 조직, 교정, 그리고 문장 구조와 기법 같은 기능을 개발하도록 학생들에게 도움을 주었다. 또한 학습 전문가들은 몇몇 개인을 위해서 워드 프로세서와 다른 소프트웨어 패키지를 활용하는 보상전략을 다루었다. 학습 전문가들은 학생의 독해를 돕기 위해서 환언하기, 문장 강조하기,

주제 확인하기, 설명 뒷받침하기, SQ3R(조사, 질문, 읽기, 암송, 검토)과 같이 잘 알려진 기법 훈련에 대한 연습과 모델링을 제공하였다. 이러한 전략은 쓰기 정보를 받아들이기 위해 조직된 접근을 촉진하는 읽기 형식을 제공한다(Bragstad & Stumpf, 1987). 또한 학생들이 수강한 교육과정의 내용 소재들은 전략을 적용하고 전이를 강화하기 위한 기회를 제공하는 데 사용되었다(McGuire et al., 1991).

학습장애 영재 대학생을 위한 상담은 전체 교육 시간의 1/3을 차지한다(McGuire et al., 1991). 그리고 학문적, 인성적, 직업적 관심사를 포함하고 있다. 예를 들어, 학생들은 학습 장단점에 비추어 자신들의 학문적 학습량의 균형을 고려하여 학습을 촉진시킨다. 만약 읽는 속도에 문제가 있다면, 많은 양의 읽기를 요구하지 않는 수업을 선택하도록 권하고 있다. 또한 학생들이 대학교에서 이용할 수 있는 다른 상담 서비스를 받도록 권하고 있다.

자기 지지

학습장애 영재학생들은 학문적 적응을 지지하고 적당한 전략을 활용하기 위해서 자신들의 장단점을 이해하는 데 필요한 지침을 요구한다. 자기지지(self-advocacy)는 자신의 장단점에 대한 인지와 능력을 나타내는 기술, 그리고 자신의 능력과 관련한 약점까지도 모두 포함한다. 이러한 자기인식은 학생들에게 시험에서 별도의 시간, 대안적 시험 환경, 또는 할당된 과제 해결을 위한 시간의 연장과 같은 편의를 요구할 수 있게 해 준다. 다시 말하지만 자기점검이 반드시 필요하다는 것이다.

수행 기능과 상위인지

수행 기능과 상위인지는 우수한 학생의 보상전략에 기여한다. Stuss와 Benson(1986)은 수행 기능에 대해 다음과 같이 정의하였다. 수행 기능이란 복잡한 행위들의 배열과 설계, 한번에 여러 요소에 집중하는 능력, 복잡한 상황의 핵심을 포착하는 능력, 산만함과 주변 간섭에 대한 저항, 부적절한 반응 억제, 그리고 상대적으로 오랫동안 행위의 발산을 지속하는 능력이다(p. 158).

상위인지는 자신에 대한 자기인식과 자기조절을 포함한다. Denckla (1989)는 수행 기능 영역에서 학교와 관계 있는 행위에는 시작, 이동, 금지, 유지, 계획, 조직, 전략과 규칙 개발을 위한 사전 행동 조직 능력을 포함한다고 제안하였다. Denckla에 따르면, 이러한 능력의 유무는 학습장애를 증명하는 데 분명하게 기여한다.

몇몇 연구는 학습능력의 향상이 상위인지와 수행 기능의 사용을 포함하고 있다고 제안하였다(Denckla, 1989; McGuire et al., 1991; Miller et al., 1991; Sternberg & Davidson, 1986). 그리고 숙달된 학습자와 학습장애를 가진 학생은 상위인지 행위에서 차이가 나기 때문에(Graham & Harris, 1987; Wong, 1987) 학습장애를 가진 학생의 사고, 자기반성, 의문에 대한 훈련은 중등학교 이후의 프로그램에서 성공하기 위해 특히 중요하다.

연구방법

이 연구의 주된 목적은 학습장애 영재 대학생들의 학문적 경험에 맞는 다양한 쟁점에 관해서 그들의 인식을 탐구하는 것이다(Reis et al., 1995). 이 논문은 학습장애 영재 대학생이 장애를 극복하고 성공적으로 학문을 수행하기 위해서 사용했던 보상전략과 관련된 통찰력 등의 폭넓은 연구의 한 단면을 다룬다. 질적 연구방법은 학습장애를 극복하는 것과 관련된 보상전략에 대해서 참여자들의 인식을 조사하는 데 사용되었다. 연구 주제에 대한 경험과 인식의 가장 정확한 이미지를 얻기 위해 실시한 자유로운 질문과 면밀한 인터뷰는 연구 참가자들과 부모들의 관점과 경험을 탐구하는 데 사용되었다. 질문지법은 인구통계학적 정보와 초·중등 및 대학교의 학문적, 사회적 경험에 초점을 맞춘 폭넓은 추수(follow-up) 인터뷰 질문을 위해서 사용되었다.

연구대상

이 연구의 대상은 학습장애를 가진 12명의 학생이었다(〈표 2-1〉참조). 학습장애를 가진 대학생을 위한 교육 프로그램 전문가들이 학습장애를 가진 140명의 대학생들로부터 참여자를 선발하였다. 선발 기준은 다음과 같다. 1) 현재 대학에 등록되어 있거나 이 연구가 진행되는 동안 대학을 졸업한 자, 2) 대학교육 적격 여부를 입증하기 위해서 요구되는 서류에 학습장애를 가지고 있는 것으로 확인된 자(McGuire, Shaw, & Anderson, 1992), 3) IQ, 학업성취 그리고 다른 수행(예, 시각예술과 같은 분야에서의 뛰어난 재능) 지표에 대한 점수에 근거하여 영재로서의 자격이 있는 자, 4) 대학교육에서 학문적 성공을 거둔 자 등이다. 이러한 사람들은 초등학교 또는 중등학교에서 뛰어나거나 평균 이상의 IQ(125~158)를 가진 것으로 판별되었지만, 일반적으로 영재로는 인정받지 못했다. 왜냐하면, 학습장애로 학업성취가 낮았기 때문이다. Wechsler 성인용 지능검사(WAIS-R)로 알아본 연구 참가자들의 IQ는 〈표 2-1〉에 나타나 있다. 그러나 이 연구에 참여한 몇몇 참가자의 IQ가 초등·중등·대학으로 갈수록 점점 떨어진다는 것을 간과하였다. 이 연구를 위한 대상을 선발할 때 영재라는 것을 입증하는 데 사용되는 정보로는 IQ를 비롯해서 성취도검사 결과, 학업 수상, 학년, 한 가지 이상의 학문적

표 2-1 참가자가 작성한 질문지 자료와 WAIS-R 점수

참가자	LD의 종류	LD로 판별된 시기	영재로 판별된 시기	WAIS-R 점수		
				언 어	수 행	전체 척도
아서	읽기장애, 느린 정보처리	대학	아니요	128	118	126
콜린	철자쓰기, 글씨쓰기, 단기기억결핍, 읽기, 해석	7학년	7학년	132	139	139
다이안	난독증, 언어문제	대학	아니요	101	118	109
에반	철자쓰기, 추상적 수학문제	11학년	아니요	136	106	124
프레드	수학, 철자쓰기, 사회문제	8학년	아니요	120	126	126
포레스트	난독증, 처리(조작)	7학년	아니요	120	139	133
제이크	난독증, 운동기능	6학년	아니요	117	124	121
조	언어와 쓰기 표현, 청각	3학년	6학년	142	132	140
케이트	언어, 철자쓰기, 읽기	2학년	아니요	103	143	123
마이크	처리, 주의력 결핍	10학년	아니요	106	122	133
마틴	난독증	1학년	아니요	107	129	118
페기	느린 사고처리, 철자쓰기, 서예, 독해	5학년	아니요	133	104	121

영역에서의 뛰어난 수행, 교사지명, 초·중등학교의 기록, 폭넓은 학문적 포트폴리오 등을 활용하였다. 대략 20명의 학생들이 초기 연구 참여자로 결정되었으며 그들의 기록은 주의 깊게 심사되었다. 그 결과에 따라 18명의 학생에게 초청장을 보냈고, 그중 이 연구에 참여하기 위해 필요한 시간과 흥미에 근거하여 최종 12명을 선발하였다.

자료 수집

현상에 관한 다양한 관점을 통하여 얻은 객관적 자료는 개인적 숙고로 얻은 자료보다 더 정확하게 해석할 수 있다(Guba, 1978; Jick, 1983; Van Maanan, 1983). 이 연구의 자료는 가능하면 정확도를 높이기 위해서 세 가지 방법, 즉 광범위한 기록과 검사결과에 대한 정보의 검토, 자유롭게 작성된 질문지에 나타난 반응, 그리고 연구 참가자와 부모와의 인터뷰를 통해 수집되었다.

먼저 인터뷰가 진행되기 전에 두 명의 연구자가 주제에 대한 사전 자료로 쓰일 질문지 조사를 실시하였다. 인터뷰 시작 전, 각각의 참여자들과 부모에게 이 연구와 그들의 역할에 대한 정보를 제공하였다. 각각의 인터뷰는 참가자의 반응을 부연 설명하고, 증명하며, 분명하게 하기 위해서 활용되었다. 모든 인터뷰는 테이프에 녹음하고 노트에 기록되었으며, 인터뷰와 동시에 이루어졌던 현장 메모와 관찰은 연구자들이 추가로 기록하였다. 제시된 인터뷰와 자료 수집 절차에 대한 지침은 Spradley(1979), Strauss(1987), Strauss와 Corbin(1990)이 제시하였다. 참가자와 부모에 대한 인터뷰는 두 사람의 연구자가 수행해야 하며, 참가자들이 중복되는 정보만을 제공하고 이전에 수집된 정보가 더 이상 유용한 강화를 제공할 수 없을 때 인터뷰를 마친다(Spradley, 1979).

자료 분석

자료 분석은 Strauss(1987), Strauss와 Corbin(1990)이 고안한 기법을 사용하여 이루어졌다. 이들이 제시한 자료 분석은 자료 수집과 동시에 이루어졌고 추가 자료 수집에 영향을 미쳤다. 자료 분석 기법은 Strauss, Strauss와 Corbin이 개발한 코딩 패러다임을 이용하였는데, 이들이 제시한 코딩의 세 가지 수준, 즉 개방 코딩, 축 코딩, 선택 코딩을 포함하고 있다. 모든 자료의 자유로운 코딩, 즉 개방 코딩으로 알려진 초기 코딩의 형태는 현장에서의 기록, 인터뷰, 그리고 다른 관련 서류를 포함하였다. 개방 코딩에서 자료는 분석되고 부호화된다. 연구자들이 코드 사이의 관계를 결정하고 이를 확인함으로써, 하나의 범주에 대한 결정은 그 범주에 대한 한 가지 코드의 관계에 대해서 결정이 이루어졌다. 초기에 범주가 결정된 후, 축 코딩은 개방 코딩에서 나타난 많은 범주 사이의 관계에 대한 설명을 가능하게 하고, 궁극적으로 하나 또는 그 이상의 핵심 범주를 개념화하는 역할을 한다. 핵심 범주는 행동양식의 변화를 대부분 설명하고 있다. 그러므로 이론의 일반화는 핵심 범주의 주변에서 발생한다(Strauss, 1987, p. 34). 코딩의 마지막 단계인 선택 코딩은 핵심 범주의 판별을 결정하기 위해서 범주들 사이의 관련성을 검토하였다.

연구결과

　학습장애 영재 대학생의 초기 교육적 경험은 학습장애를 보상하기 위한 접근방법에 상당한 영향을 미쳤다(Reis et al., 1995). 인터뷰를 하는 동안 모든 참가자들은 자신들의 능력과 장애 때문에 초·중등학교 때 교사들이 나태하다고 비난했던 경험을 떠올리면서 고통스러워했다. 몇몇 학습장애 프로그램은 구성이나 질에서 차이가 있었다. 그리고 대부분의 학생들은 이러한 학습장애 프로그램에 대해 비판적이었다. 특수교육 학습장애 프로그램의 질이 변하는 데는 많은 이유가 있다. 매년 바뀌는 교사, 뚜렷하지 않은 프로그램의 목표, 그리고 일관성 있는 프로그램의 부족 때문이다. 응답자들의 대부분은 불명확하고 조직화되지 않은 학습장애 프로그램에서의 활동이 산만하다고 기술했다. 이 학생들 중에서 몇몇이 학습장애를 가진 학생을 위한 새로운 프로그램에 참여했다는 것에 주목하였다. 경우에 따라서 학생들은 많은 다른 학생들과 함께 하나의 프로그램에 참여하였고, 그 속에서 그들이 이전에 경험했던 것보다 더 심각한 학습문제를 가지고 있다는 것을 알았다.

대부분의 참가자들은 초등학교 또는 고등학교의 학습장애 프로그램에서 경험했던 것이 무엇인지에 대해 설명하기 힘들어했다. 케이트(Kate)는 아래와 같이 자신이 참여했던 프로그램을 설명했다.

> 나는 특별한 교육을 받지 않은 것 같다. 나는 보통 학생들과 함께 일반학급에 배치되었다. 그리고 그들은 분명치는 않지만 매일 한 시간 동안 나를 제외시켰다. 또한 나는 학습치료사나 자료실 담당 선생님(resource teacher)에게 가서 공부를 하고 게임을 하였다.

제이크(Jake)는 학습장애를 가진 학생을 위한 공립학교 프로그램에 대해 다음과 같이 회고했다.

> 그 프로그램들은 그렇게 앞서 있지 않았다. 지금 그 프로그램에 대해 생각해 보면 매우 뒤떨어졌던 것 같다. 우리는 단지 어휘와 철자법을 공부했고, 그 프로그램을 통해서 우리가 철자를 잘 쓰게 되면 장애가 없어질 거라고 생각했던 것 같다.

일반적으로 이런 프로그램들과 초ㆍ중등학교 때 겪은 참가자들의 부정적인 경험은 보상전략이나 효과적 학습 전략을 얻는 데 별 도움이 되지 못했다. 그런데 대학의 학습장애 프로그램에 참여한 후, 연구 참가자들은 만약 좀 더 일찍 어떤 대응 기술이나 전략을 학습했더라면 많은 도움이 되었을 것이라고 생각했다. 마틴(Martin)은 다음과 같이 이야기했다.

> 나는 오늘 고등학교에서 학습 기능을 가르쳐 주지 않은 것에 대한 불만을 이야기하려고 한다. 나는 학습방법의 종류로 SQ3R을 사용한다는 것을 대학교 1학년 때 처음 알았다. 내가 다녔던 고등학교에서는 전혀 그런 것을 가르쳐 주지 않았다. 이런 전략을 몰랐다면, 나는 한 시간 이상 걸려 숙제를 했을 것이다.

다른 참가자들의 이야기도 앞에서 언급한 내용과 다르지 않았다. "나는 그때 학습 기능에 대해 알지 못했다. 그래서 고등학교 때 학습 기능의 사용을 요구하지 않았다는 것을 지금 돌이켜 보면서 알았다."

보상전략

〈표 2-2〉에서 제시된 것처럼, 이 연구의 모든 참가자들, 즉 학습장애를 가진 영재학생들은 힘든 대학교육에서 성공하기 위해 필요한 전략을 다양하게 사용하였다. 각각의 참가자는 〈표 2-2〉의 목록에 있는 모든 보상전략을 사용한 후 이를 보고했는데, 각 범주 안에 개별 전략의 사용은 참가자들 간에 차이가 있었다. 모든 참가자들은 그들의 능력이 발휘되는 학문적 환경에서 이러한 전략들을 사용함으로써 성공할 수 있다고 생각하였다. 공부와 시간 관리 전략에는 다음과 같은 방법들이 있다. 즉, 노트 필기 방법, 시험을 준비하고 독서할 때 핵심 파악 요령, 도서관 활용 기술, 일별·주별·월별 달력의 사용 등이 있고, 이미 보고된 보상적 지원(Crux, 1991) 중에는 컴퓨터, 워드 프로세서나 테이프에 녹음된 책 등을 사용하는 방법들이다. 수행 기능은 시간 관리, 상위인지, 일의 순서 배정, 힘든 학문적 상황에서 도움을 청할 수 있는 자발적 화법과 같은 계획 기법을 포함하고 있다. 이 연구의 참가자들은 대다수가 초·중등학교에서 형식적이고 구조화된 학습장애 프로그램을 통해 비록 많은 혜택을 받지는 못했지만 이미 어느 정도의 보상전략을 학습한 상태였다. 페기(Peggy)는 다음과 같이 이야기하였다.

나는 학습문제들을 보상하기 위해서 공부했다. 그리고 아직도 그것을 해결하고 있는 중이다. 나는 나에게 학습장애가 있다는 것을 알았다. 그리고 왜 내가 다른 사람들과 같은 방법으로 문제를 해결할 수 없는지 알고 있다. 그러나 그것을 어떻게 해결해야 하는지에 대한 방법을 알지 못했다.

다이안(Diane)은 그녀가 대학에 입학할 때까지 자신이 가진 학습문제의 원인과 이에 대한 보상방법에 대해 잘 몰랐다. 그녀는 연구 논문(어떤 주제를 바탕으로 여러 학문적 자료를 이용하여 토론 수필을 쓰는 것)의 소재 중 어떤 것이 가장 좋은지를 판단하기 위해서 사용한 보상전략 중 하나를 설명하였다. 그녀는 교수들과 약속을 하였다.

> 교수들은 이야기하는 것을 좋아한다. 그래서 연구 논문의 소재를 찾지 못하면 해당 분야에서 중요한 연구 영역이 무엇인지에 대해 교수에게 묻곤 했다. 그런 다음, 나는 다시 교수를 찾아가 앞서 물어보았던 것과 같은 분야에서 가장 중요한 영역이 무엇인지에 대해 묻는다. 그리고 나는 다섯 명의 동일한 분야 교수를 찾아가 같은 질문을 한다. 그리고 그들이 준 목록을 보면서 해당 분야에 적합한 영역을 판단한다.

또한 그녀는 친구들을 점심에 초대하여 친해지려고 노력하였다. 점심 식사 중이나 후에 자신의 학습장애에 대한 이야기를 하면서, 현재 수업시간에 다루는 학습내용과 그 학습내용에서 필요로 하는 읽을거리에 대해서 이야기하도록 대화를 유도하였다. 그러면서 그녀는 수업시간에 놓쳤던 부분을 기록하거나 이해하지 못했던 부분에 대해서 배웠다.

대부분의 참가자들은 들으면서 필기하는 것을 어려워한다. 마이크(Mike)와 다른 참가자들은 비슷한 보상전략을 사용하였다. 필기하는 것을 어려워하였던 마이크는 자신의 경험을 다음과 같이 이야기하였다.

> 나는 무엇인가를 쓰기 시작했다. 그리고 내가 쓰려고 했던 것을 잊어버렸을 때 쓰는 것을 그만두었다. 그리고 '내가 쓰려고 하는 게 뭐지?'라고 생각했다. 운 좋게도 우리 학급에 나와 같은 기숙사를 쓰고 있는 한 아이가 있어서 나는 그 아이의 공책을 보았다. 그리고 말했다. "와, 애는 내가 쓰지 못한 것들을 모두 다 써 놨구나." 나는 그의 공책을 이용했고 그것이 장점으로 작용했으며, 다른 친구들에게도 공책을 복사할 수 있냐고 물었다. 최근까지 한 명 이상의 학급 친구들이 도와주고 있다. 당신은 많은 사람들을 만날 수 있으므로 사교 모임에 가입하는 것도 도움이 될 것이다. 그리고 당신은 이미 함께했거나 현

재 함께하는 많은 친구를 가지고 있다.

다른 사람의 공책을 복사함으로써, 그리고 참가자 자신의 공책과 비교함으로써, 참가자들은 수업을 듣는 동안 중요한 것을 놓쳤는지 아닌지에 대해서 판단할 수 있었다.

몇몇 학생은 자신이 사용했던 다른 보상전략이 수업의 부담을 줄인다고 이야기하였다. 일반적으로 대학교에서 한 학기에 5과목을 수강하는 것과 비교해 볼 때, 이 전략을 사용했던 학생들은 대개 한 학기에 3~4과목을 수강하였다. 이 전략은 학생들의 장애를 보상하기 위해 학습에 좀 더 노력을 기울여야 하는지, 아니면 별도의 시간을 투자해야 하는지에 대한 중요한 융통성을 제공하였다.

또한 대부분의 학생들은 자신들이 학습장애를 가지고 있고, UPLD(학습장애를 가진 대학생을 위한 대학 프로그램; Brinckerhoff et al., 1993)에 참여한 경험을 가지고 있기 때문에 시험 시간을 연장하거나 컴퓨터를 사용하여 시험을 치르는 것과 같이 그들이 활용할 수 있는 많은 보상전략을 사용하였다. 많은 전략들을 위해 학습장애를 가진 학생이 어떤 편의를 요구했을 때 자신의 어려움이 노출되기 때문에, 학생이 학습문제를 가지고 있다는 것을 잘 알고 있는 교수의 도움이 필요하였다. 케이트는 다음과 같이 이야기하였다.

> 나는 교수들과 함께 공부한다. 내가 공책을 가지고 교수를 찾아가면 교수는 내 공책을 자세히 읽고 내가 놓친 부분을 보충해 준다. 또한 나는 다른 교수를 찾아가 그와 함께 이야기를 나누면서 그 내용을 나뭇가지 모양으로 연결하여 시각적으로 다시 기록한다.

대부분의 참가자들은 Crux(1991)가 제안한 보상적 지원인 컴퓨터, 테이프 레코더, 프랭클린 스펠러와 같은 맞춤법 검사기, 또는 테이프에 녹음된 책과 같은 다양한 형태의 도구들을 사용한다. 또한 많은 참가자는 SQ3R에서 묘사된 다양한 학습 전략, 즉 미리 읽어 보기, 구조적 읽기(예, 화제의 제목

장애영재와 특수영재

표 2-2 학습장애를 가진 영재학생들이 성공하기 위해서 사용한 보상전략

전 략	구성요소
연구와 수행 전략	노트 필기 시험 대비 방법 시간 관리 일별, 주별, 월별 과제 및 활동 관리 시간 활용의 극대화를 위한 주간, 월간 조직표의 사용 (작업할 수 있도록 과제를 일정 단위별로 묶는 것) 도서관 활용 기능 쓰기표현 읽기 수학적 처리
인지/학습 전략	플래시 카드(수업 중 교사가 단어·숫자·그림 등을 순간적으로 보여 주는 순간 파악하는 연습용 카드)를 활용한 암송, 암기법과 같은 기억 전략 숙달하기 위해서 좀 더 작은 단위로 정보를 묶는 것
보상적 지지물	워드 프로세서 컴퓨터 테이프에 녹음된 책

을 이용하여 내용의 초점이 무엇인지 미리 살펴보기), 주요 정보의 상세한 계획을 제공하는 단원 요약이나 개요 읽기, 그리고 많은 독서 시간을 계획하는 등의 전략을 이용했다. 읽기 문제를 해결하기 위해서 다양한 전략을 사용했던 마틴은 문제를 해결하기 위한 접근방법을 다음과 같이 기술하였다.

> 나는 책을 읽는 데 충분한 시간이 필요한데, 그 시간이 주어지면 많은 것을 얻어 낼 수 있을 것이다. 천천히 책을 읽으면, 그 책에서 이야기하려는 것이 무엇인지 이해할 수 있다. 그러나 만약 짧은 시간 동안(목요일에 책을 받고 다음 화요일까지) 책을 읽어야 한다면, 그 책에서 많은 것을 놓칠 것이다.

또한 그는 대부분의 참가자들이 했던 것처럼 책의 여백에 필기를 한다고 이야기하였다.

나는 본문의 중요한 정보들을 책의 여백에 기록한다. 그런 다음 본문에서 이야기하려는 것이 무엇인지에 대해 질문으로 고쳐 쓰고, 그 질문에 대한 답변을 기록한다. 나는 그것을 활용해서 언제나 스스로를 시험할 수 있다.

또한 참여자들은 자신들이 사용했던 개요 짜기, 메모장, 그리고 암기 방법에 대해 말하였다. 에반(Evan)은 그 방법을 다음과 같이 설명하였다.

나는 사용할 하위 범주 또는 용어들의 목록을 가지고 기억법을 활용한다. 각 용어의 첫 글자를 사용해서 말을 만들어 부족한 말하기를 보충하거나 한 단어를 바르게 쓸 수 있는지 알아본다. 그런데 이것은 내가 공부하려는 내용이 무엇인지에 따라 달라진다. 상황에 따라 나에게 최선의 방법이 무엇인지를 발견했다.

참가자들은 다양한 학습 및 보상전략을 언급했지만 그것은 그들 각자가 성공하기 위해서 할 수 있는 개별 전략들을 개발해 낸 것이다. 몇몇 참가자들을 위해서, 이러한 시스템은 참가자들이 읽기를 끝마치는 데 요구되는 큰 틀을 발견할 수 있는 시간을 조직하는 것, 그리고 자신의 어려움을 극복할 수 있도록 그 어려움을 분석하는 것과 같은 다양한 학습전략을 포함한다. 아서(Arthur)는 UPLD에서 사용하기 위해 학습했던 계획 세우기(planning)를 정교화하여 자신의 방식을 설명하였다.

나는 계획 세우기에 익숙하다. 학교에서 내가 학습을 향상시키기 위해 사용한 전략 중에는 시험에 잘 적응하기 위해서 평상시 늘 시험 준비를 계획하는 상시 시험 준비(untimed test time) 전략이 있다.
나의 학습 전략에는 계획과 조직화가 있다. 나는 달력을 가지고 다니면서 일정을 확인한다. 그리고 언제 시험을 보는지 그리고 시험을 치루기 위해 무엇을 읽어야 하는지에 대해 면밀한 계획을 세운다. 나는 항상 모든 것을 제대로 끝내지 못한다. 그래서 몇몇 수업에서는 뒤처져 있다. 그러나 학습에 필요한 것이 무엇인지를 알고 있고, 기억을 돕기 위해 내용들을 작은 단위로 묶는 방식인 청킹법을 잘 알고 있다. 다음 주 토요일까지 읽어야 될 여덟 단원의 목록은 나에게 큰 부담이 된다. 그래서 읽기를 나누어 한다. 나는 하나의 단원부터 시작해야 한다. 만약 그 단원이 너무 길다면, 소단원부터 읽어 나간다. 여기서 내가 중요하다고 생각하는 것은 자기인식이다. 이것은 어떤 것을 하는 데 얼마 동안의 시간이 걸리는지를 아는 것이다. 나는 프로그램을 시작했을 때 한 장을 읽는 데 얼마만큼의 시간이 필요한지에 대해 면밀한 계획을 세울 수 없었다. 어떤 일을 할 때는 꽤 오랜 시간이 걸렸다. 지금은 어떤 일을 할 때 걸리는 시간에 주의한다. 그래서 계획을 어떻게 세우는지에 대한 좋은 아이디어를 얻었다.

또한 대부분의 참가자들은 학문적 과제를 수행하는 데 많은 시간이 필요하기 때문에 학기 중에는 취직하여 일하기 어렵다고 이야기하였다. 자전거 타기에 열정과 취미를 가지고 있어서 이와 관련된 직장에서 일하던 한 참가자는 자신의 학습장애에 비추어 과목의 특성상 여러 학기에 걸쳐 단지 두 개의 과목만 수강할 수밖에 없었다. 그리고 대부분의 다른 참가자들도 여름에만 일을 하고 있었다.

또한 몇몇 참가자는 수강한 과목의 교수에 대한 정보를 다른 학생들과 함께 점검하는 '교수배경 네트워크(underground network)'라는 시스템이 무엇인지에 대해 언급했다. 그들은 공정한 교수, 학습장애 학생을 위해 필요한 편의를 제공하는 교수, 그리고 본문 내용에 맞추어 강의하는 교수를 찾으려고 노력했다. 이러한 교수에 관한 선택권은 참가자들이 큰 규모의 대학에 다녔기 때문에 가능했다. 작은 규모의 대학에서는 소수의 선택만 할 수 있었다. 조(Joe)는 교수 선택을 중요한 성공 전략의 하나로 삼았다. 조는 "나는 좋은 교수들을 만나서 어려움을 극복하는 것을 배웠고, 그들은 나의 학습장애를 보상해 주었다."라고 말했다.

다음의 세 가지 논지는 학습장애를 가진 우수한 대학생이 성공하기 위해서 사용했던 보상과 학습 전략에 관한 것이다. 첫째, 각각의 참여자들은 장애, 개인적 방법과 선호, 그리고 가장 적절한 보상전략에 따라 독특한 하나의 방식을 개발했다. 둘째, 그들은 학습에 많은 양의 시간, 노력, 에너지를 쏟아 부었다. 포레스트(Forrest)는 화학 시험 대비 전략을 다음과 같이 기술했다.

> 최근 화학 시험기간 동안 나의 공책은 책과 별로 다르지 않았다. 나는 책을 다 읽고 난 후 화학 시험에서 중요하다고 생각되지 않는 것, 즉 주요 이론과 같은 모든 것을 공책에 필기해 두었다. 나는 여섯 단원을 공책 12쪽으로 정리해 두었다. 그런 다음 그것을 다시 읽고 내가 했던 것이 무엇인지에 대해 복습하였다. 그리고 나서 처음에 내가 중요하다고 생각하지 않았던 것들을 다시 썼다. 나는 앞뒤 내용을 다 알 때까지 그것을 계속했다. 그런 다음 공책에 쓴 것을 다시 보았다. 그리고 아직 책이나 공책에서 공부하지 않은 내용을 다시 공부했다. 나는 단지 공부할 것이 무엇인지에 대해 적는 것에 불과했지만 그것을 하는 데도 여러 날이 걸렸다. 그것은 단순한 공책 필기가 아니었다. 나는 이런 시간을 시험공부를 하는 시간으로 계산하지 않았다. 나는 시험 보기 약 일주일 전에 그 내용들을 다 읽고 그 책에서 시험에 출제될 것들을 필기하는 데 며칠을 소비했다. 나는 아마도 그 시험을 위해서 30시간 이상 공부했다. 적어도 4~5일 동안 하루에 3~5시간을 투자했다.

셋째, 참가자들은 다양한 보상전략을 사용함으로써 정신적 편안함(confort)을 얻었다. 학생들이 학습문제를 위해 보상전략을 사용했을 때 경험했던 적응과 정신적 편안함에 관련해서 상당한 차이가 있었다. 포레스트와 다이안은 시험 시간을 연장하고 워드 프로세서를 사용하는 등 적당한 편의를 활용하였지만, 그들은 규정을 어겼다고 생각하거나 정말로 열심히 공부하지는 않았다고 생각하였다. 다이안은 초등학교와 중등학교 때 최선을 다해 열심히 공부했다면, 자신의 학습문제를 극복할 수 있었을 것이라고 이야기하였다. 그러므로 대학에서 주는 편의에 도움을 요청하는 것은 그녀가 열심히 공부하지 않았다는 것을 인정하는 것과 같은 것이라고 생각했다. 포레스트도 처음에는 같은 생각이었다.

만약 내가 A를 받았다면, 다른 사람들과 같은 상황에서 얻기를 원했을 것이

장애영재와 특수영재

다. 왜냐하면, 내가 다른 학생들이 받지 못하는 편리를 받는 것은, 그 시험에 대해서 규정을 어기는 것 같다고 생각했기 때문이었다. 하지만 얼마 후 다른 학생들과 비교했을 때 나는 어느 정도 학습에 대한 문제를 가지고 있고 시험에 대한 편의를 제공받는 것은 그들과의 형평성을 고려한 것이라는 것을 알았다. 나는 더 이상 괴로워하지 않는다. 오히려 나는 시험을 치를 때 추가 시간을 더 줄 것을 요구하고 이를 활용한다. 나는 일찍 시험을 시작하거나 늦게까지 시험을 볼 수 있는 편의를 항상 활용할 준비가 되어 있다.

대체로 참가자들 중 절반은 ULPD에서 제공된 서비스와 다양한 학습 보상전략을 쉽게 사용했다. 반면에 다른 학생들은 왜 도움이 필요한지, 그리고 왜 도움을 요청하는 것이 어려운지에 대해 곰곰이 생각하였다. 페기는 이렇게 언급했다.

나는 언제 도움이 필요한지, 그리고 그것을 언제 받을 수 있는지를 아는 것이 가장 어렵다. 나는 대단히 독립적이다. 그래서 다른 사람과 무엇을 같이 하거나, 누군가가 나를 위해서 어떤 편의를 제공해 주는 것을 좋아하지 않는다. 그래서 "나는 어떤 것을 암기하는 방법에 대한 도움이 필요하다."라고 말하는 것을 굉장히 어려워했다. 나는 스스로 할 수 있기를 원했고 그것을 할 수 있을 만큼 충분히 똑똑하다고 말해 왔다. 그리고 그것은 다른 사람들이 책을 읽고 얻어 낼 수 있는 것과 동일한 것을 내가 얻어 내려면, 특별한 학습 전략이 필요하다는 것을 인식하지 못하게 하고 있다.

많은 참가자가 다양한 학습 보상전략을 언급했지만, 분명한 것은 그들 각자가 자신에게 맞는 독특한 전략을 선택했다는 것이다. 각각의 참가자들을 위해 수행 기능으로서 Denckla(1989)가 정의한 개인별 시스템은, 때로는 개별 학생이 직관적으로, 때로는 학생과 학습치료사가 협력적으로 개발하였다. 그리고 개별 시스템은 보상과 학습전략을 함께 사용함으로써 그들을 성공시킬 수 있었다.

공부습관 및 융통성과 같은 자기지각 강점

거의 모든 참가자들이 개발한 성공 전략은 학습 곤란을 해결하기 위해서 필요한 좋은 공부습관을 획득하는 것이다. 장애 학생에게 특별한 혜택을 제공하는 것은 힘든 대학 체제에서 성공하기 위해 필요했다. 그리고 많은 학생들은 자신의 잠재성에 대한 강한 신념과 그 잠재성을 실현하기 위해 필요한 시간을 오랫동안 기꺼이 투자할 수 있는 의지를 강조했다. 참가자 대부분은 어려운 공부를 하기 위해서는 자신의 능력이 훌륭한 자산이라고 생각했다. 아래 설명에서 분명하게 나타나듯이 학습장애를 가진 학생들은 그들의 장애 때문에 어떻게 공부해야 하는지에 대하여 배워야 했다.

> (페기) 나는 열심히 공부했다. 나는 매일 밤 몇 시간씩 과제를 하곤 했지만 고등학교에서 과제를 하는 방법을 배울 수 있어서 좋았다. 지금은 대학에서 과제를 하는 방법을 알고 있다.
> (마틴) 나는 항상 나에 대해서 생각해 보고, 때때로 불평을 했지만, 맡겨진 일을 성실하게 하는 사람이었다. 나는 항상 원예와 조경, 청소, 설거지를 했다.

참가자들 각자의 결정과 동기부여는 참가자와의 인터뷰, 그리고 부모와의 인터뷰에서 분명하게 나타났다. 열심히 공부해야 하는 것에 대한 책임, 성취를 위해 요구되는 것을 하는 것에 대한 책임, 그리고 자기주도성은 이들을 지치게 만들었다. 참가자 중 절반이 이런 느낌을 경험했다. 아서는 다음과 같이 이야기했다.

> 나는 세 개의 큰 시험을 치렀다. 나는 새벽 4시까지 공부를 했고 6시에 일어나 또 공부를 했다. 그래서 나는 휴식이 필요하다.

참가자들이 묘사한 노동관은 직업 선택에 영향을 미쳤다. 그리고 각자 대학 교육비를 벌기 위해서 여름에 한 가지 이상의 직업을 가졌다. 그들이 고된 일을 할 수 있었던 동기는 대개 대학 학위를 획득하는 데 초점이 맞추어

장애영재와 특수영재

져 있었다. 사실, 많은 참가자들은 자신의 학습장애 때문에 대학 졸업을 위해서 더 많은 노력을 했다고 말했다.

몇몇 참가자들은 대학교에서 성공하기 위해 전공을 선택하거나 바꾸는 것에 융통성이 있어야 한다고 했다. 왜냐하면, 일반학생이 몇 분 안에 읽을 수 있는 것을 그들은 몇 시간을 읽어야만 하기 때문이다. 또한 보상전략을 사용하더라도 인문학 학위를 얻는 것은 쉽지 않았다. 이 논문에서는 인문학을 전공하면서 많은 보상전략을 사용했던 몇몇 참가자들에 대해 논의하였다. 그러나 다른 학생들은 인문학 교육과정에서 요구하는 것처럼 많은 양의 독서 없이도 성공할 수 있고, 자신의 장점을 활용할 수 있는 영역의 전공을 선택하라고 배웠다. 수학, 공학, 과학, 물리 치료, 음악 등은 일반적으로 학습장애를 가진 학생이 전공으로 선택하는 영역들이다. 에반은 수학 학습장애였다. 그래서 그는 법학으로 전공을 바꾸었다.

나는 경영학부에 입학했는데, 학습장애 때문에 수학과 회계학을 공부하기가 어렵다는 것을 알았다. 두 과목 모두 나에게는 어려운 과목이어서 항상 뒤떨어져 있었다. 나는 경영학의 수학적 측면보다는 법을 다루는 것이 더 좋겠다고 생각했다.

상 담

이 학생들 중 절반은 특정 분야의 학습장애와 다른 분야의 높은 능력 불일치 때문에 어린 시절 겪었던 경험을 통해 많은 영향을 받았다. 또한 복합감정(complex emotions)은 많은 참가자에게 계속해서 영향을 미쳤다.

상담은 학습장애와 영재성의 교차점과 관련하여 발생하는 유사한 문제들을 가지는 다른 학생들을 위한 배려일 수 있다. 다섯 명의 학생들은 학습장애와 영재성이 그들의 교육 경험에서 서로 상충되었던 혼합된 메시지와 문제를 조정하기 위해서 상담을 시도했다. 케이트는 능력과 장애 사이에서 발생하는 문제를 가지고 있었다. 그리고 그녀는 대학을 졸업한 것을 자랑스러워했다. 케이트의 학습장애를 결코 이해하지 못했던 아버지는 케이트가 고등학교 3학년 때 그녀와 함께 특수교육 프로그램에 참가했고, 그녀가 학교생활에서 가졌던 문제들을 이해할 수 있었다.

내가 고등학교를 졸업했을 때, 아버지는 아버지의 눈에 비친 나의 모습을 다음과 같이 말했다. "나는 네가 고등학교를 졸업한 것이 굉장히 자랑스럽다. 왜냐하면, 단지 고등학교를 졸업해서가 아니라, 학습장애를 가지고 있으면서 졸업을 했기 때문이다." 지금 나의 목표는 우리 가족 중에서 최초로 대학에 가는 것이다. 오빠는 게을러서 대학에 가지 못했고, 언니는 대학에 가려고 하지 않았다. 하지만 나는 그렇지 않다. 그래서 나는 아마도 우리 가족 중에서 대학을 졸업하는 첫 번째 사람이 될 것이다. 나는 단지 부모님을 위해서 그렇게 하고 싶지는 않다. 내가 대학을 졸업한다는 것은 놀랄 만한 일이다. 남보다 앞서기 위해서는 여전히 공부를 해야만 한다. 그러나 나는 할 수 있다. 나는 학습장애가 있는 한 소녀를 알고 있는데 그녀는 공부를 할 수 없었기 때문에 대학에 가지 못했다. 그러나 나는 잠재성을 가지고 있으며 그렇게 할 수 있다. 그래서 나는 공부를 해야만 한다.

논 의

이번 연구에서 수집된 자료는 학습장애를 가진 몇몇 우수한 학생들이 다양한 보상전략의 도움을 통하여 힘든 대학교육에서도 성공할 수 있었다는 것을 보여 준다. 그들은 성공적인 대학 생활을 위하여 이러한 전략들을 활용하였는데 이것은 이번 논의를 정당화한다.

학습장애를 가진 학생을 위한 초·중등 프로그램에 참여했던 참가자들은 비록 전부는 아니지만, 그들이 성공하도록 도움을 주었던 보상전략과 학습전략의 대부분을 대학에 다니는 동안 배웠다고 생각하였다. 불행하게도, 이 연구에 참여한 참가자들과 부모들의 인식에 따르면, 그들이 초·중등학교에서 참여했던 학습장애 프로그램들은 그들이 필요로 했던 보상전략을 가르치는 대신에, 수업시간에 놓쳤던 학습내용을 보충하거나 숙제를 하기 위한 기회 또는 수업내용과 관련된 결손 부분을 교정하는 것에 초점을 맞추었다. 학습장애를 가진 학생을 위한 대학 프로그램에서는 처음으로 보상전략에 대한 체계적인 기회를 제공하였다. 그리고 그들은 중등교육 이후에 이러한 프로그램들에 참가하는 것이 자신의 학문적 성공을 위해서 필수적이라고 생각하였다.

참가자들은 능력과 장애 사이의 불일치를 해결할 수 있었다. 몇몇 참가자들은 학습장애를 다루는 데 필요한 보상전략을 배웠고 처음에는 어려운 것처럼 생각했던 분야에서 성공할 수 있었다. 예를 들어, 에반은 읽기와 쓰기에서 지체를 보이는 학습장애를 가졌음에도 불구하고 정치학을 전공하였다. 몇몇 참가자들은 학문의 진로를 선택하는 데 신중하였다. 그들은 장점을 가지고 있었으며, 그들의 성공 여부는 보상전략을 획득하는 것이나 학습장애에 직접적으로 영향을 미쳤던 학문 내용을 숙달하는 것에 달려 있지 않았다. 예를 들어, 페기의 음악적 재능은 성악을 전공하도록 이끌었다. 따라서 그녀는 언어능력이 요구되는 학문 분야에서 생길 수 있는 많은 학습문제를 보상하기 위해서 지속적인 노력을 하지 않아도 되었다. 이 두 가지 방법은 학교에서 극히 한정된 학문 분야를 선택하거나 전혀 선택의 여지가 없는 초·중등학교에서 이용할 수 없는 방법들이다. 셋째, 이번 연구의 참가자들은 학습장애를 보상하기 위해서, 그리고 학문적 수행을 강화하는 장점을 촉진시키는 전공 분야를 선택하기 위해서 위에 언급된 두 가지 방법들을 결합시켰다. 예를 들면, 읽기와 쓰기에서 명백한 학습장애를 가진 콜린은 자신의 재능에 초점을 맞추어 전기 시스템 공학을 전공하였다. 그가 대학에서 성공하기 위해서는 아직도 보상전략을 학습해야만 한다. 그러나 주로 읽기와 쓰기가 요구되는 분야를 전공했을 때 반드시 필요로 하는 내용이나 기술의 확장을 위해서 보상전략을 사용하지 않아도 된다. 보상전략을 개발하는 것과 동시에 재능 계발에 초점을 맞추는 것의 중요성을 설명한 Baum(1984)의 연구결과는 학습장애를 가지고도 성공한 이런 대학생들을 통해 분명히 입증되었다.

결 론

학문적 성공을 위한 참가자들의 개별적인 계획은 다양했지만 항상 다음과 같은 요소들, 즉 신중하게 선택하고, 개별적으로 필요한 보상전략을 사용하고, 학생들이 원하는 방향과 그들의 결정을 인도하는 일정한 수행 기능들의 통합을 포함한다. 이번 연구와 비슷한 Gerber와 Reiff(1991)의 연구에 참여한 모든 참가자들은 장애보다는 재능을 계발하는 데 집중하는 능력을 공유하였다. 그들의 대학 경험은 교과목과 전공을 선택할 수 있게 했으며, 그런 전공에서 재능이 계발되었다.

이번 연구에서 학문적 성공을 얻는 과정은 각 참가자들 사이에 약간의 차이가 있었다. 비록 비슷한 점(모두 백인이고, 대부분 중간 이상의 사회경제적 배경을 가지고 있다)도 있었지만 12명 모두 다른 형태의 가정에서 태어났다. 한 가지 놀라운 것은 문화적으로 다른 배경이나 경제적으로 어려운 환경에서 학습장애를 가진 우수한 학생들이 나올 수 있었다는 것이다. 참가자들이 성공할 수 있도록 대학의 학문적 환경이 조성되어 있었지만, 초·중등학교에서는 이런 형태의 환경이 거의 제공되지 않았다. 우리는 초·중등학교 학습장애 프로그램과 영재 프로그램에서 보상전략을 배우지 못했던 많은 우수한 학생들이 초·중등 또는 중등학교 이후의 교육에서 성공하는 데 필요한 기술들을 배우지 못했다고 가정해야만 한다. 교육자들은 초·중등학교 수준에서 학습장애를 가진 우수한 학생들이 요구하는 특수교육을 다루기 위한 접근법을 재검토해야만 한다. 치료에 초점을 둔 풀 아웃 프로그램은 이런 집단에게 해로울 수 있다. 대신에 보상전략과 자기 지지의 프로그램은 대학교육에서 필수적인 요소인 자립심을 촉진하는 통합교육 속에 포함되어야만 할 것이다.

장애영재와 특수영재

📑 참고문헌

Adelman, P. B., & Vogel, S. A. (1993). Issues in program evaluation. In S. A. Vogel & P. B. Adelman (Eds.), *Success for college students with learning disabilities* (pp. 323-343).

Bandura, A. (1986). *Social foundations of thought and action.* Englewood Cliffs, NJ: Prentice-Hall.

Bandura, A. (1997). *Self-efficacy: The exercise of control.* New York: W. H. Freeman.

Baum. S. (1984). Meeting the needs of the learning disabled gifted student. *Roeper Review, 7,* 16-19.

Baum, S., & Owen, S. V. (1988). High ability/learning disabled students: How are they different? *Gifted Child Quarterly, 32,* 321-326.

Baum, S., Owen, S. V., & Dixon, J. (1991). *To be gifted and learning disabled: From definitions to practical intervention strategies.* Mansfield Center, CT: Creative Learning Press.

Borkowski, J. G., & Burke, J. E. (1996). Theories, models, and measurements of executive functioning: An information processing perspective. In G. R. Lyon & N. A. Karsnegor (Eds.), *Attention, memory, and executive function.* (pp. 235-261). Baltimore: Paul H. Brookes.

Bragstad, B. J., & Stumpf, S. M. (1987). *A guidebook for teaching: Study skills and motivation* (2nd ed.). Newton, MA: Allyn and Bacon.

Brinckerhoff, L. B., Shaw, S. F., & McGuire, J. M. (1993). *Promoting postsecondary education for students with learning disabilities: A handbook for practitioners.* Austin, TX: PRO-ED.

Brody, L. E., & Mills, C. J. (1997). Gifted children with learning disabilities: A review of the issues. *Journal of Learning Disabilities, 30,* 282-296.

Crux, S. C. (1991). *Learning strategies for adults: Compensation for learning disabilities.* Middletown, OH: Wall & Emerson.

Daniels, P. R. (1983). *Teaching the learning-disabled/gifted child.* Rockville,

MD: Aspen.

Daniels, P. R. (1986). Educator urges schools to identify plan for gifted/learning disabled. *Hilltop Spectrum, 4*(2), 1-6.

Denckla, M. B. (1989). Executive function, the overlap zone between attention deficit hyperactivity disorder and learning disability. *International Pediatrics, 4*(2), 155-160.

Flavell, J. H., Miller, P. H., & Miller, S. A. (1993). *Cognitive development.* Englewood Cliffs, NJ: Prentice-Hall.

Fox, L. H., Brody, L., & Tobin, D. (1983). *Learning-disabled/gifted children: Identification and programming.* Baltimore: University Park Press.

Garner, R. (1988). Verbal-report data on cognitive and metacognitive strategies. In C. E. Weinstein, E. T. Goetz, & P. A. Alexander(Eds.), *Learning and study strategies: Issues in assessment, instruction, and evaluation* (pp. 63-74). New York: Academic Press.

Gerber, P. J., Ginsberg, R., & Reiff, H. B. (1992). Identifying alterable patterns in employment success for highly successful adults with learning disabilities. *Journal of Learning Disabilities, 25,* 475-87.

Gerber, P. J., & Reiff, H. B. (1991). *Speaking for themselves: Ethnographic interviews with adults with learning disabilities.* Ann Arbor, MI: University of Michigan Press.

Graham, S., & Harris, K. (1987). Improving composition skills of inefficient learners with self-instructional strategy training. *Topics in Language Disorders, 7,* 66-77.

Guba, E. G. (1978). *Toward a methodology of naturalistic inquiry in educational evaluation.* Los Angeles: University of California Press.

Henderson, C. (1995). *College freshmen with disabilities: A triennial statistical profile.* Washington, DC: American Council on Education.

Jacobson, V. (1984). *The gifted learning disabled.* Calument, IN: Purdue University. (ERIC Document Reproduction Service No. ED 254 981).

Jick, T. D. (1983). Mixing qualitative and quantitative methods: Triangulation in action. In J. Van Maanen (Ed.), *Qualitative methodology* (pp. 135-148). Beverly Hills, CA: Sage Publications.

Maker, C. J. (1978). *The self-perceptions of successful handicapped scientists* Washington, DC: U. S. Department of Health, Education, and Welfare, Office of Education, Bureau of the Education for the Handicapped (Grant No. G00-7701[905])

Mayer, R. E. (1988). Learning strategies: An overview. In C. E. Weinstein, E. T. Goetz, & P. A. Alexander (Eds.), *Learning and study strategies: Issues in assessment, instruction, and evaluation* (pp. 11-22). New York: Academic Press.

McGuire, J. M., Hall, D., & Litt, A. V. (1991). A field-based study of the direct service needs of college students with learning disabilities. *Journal of College Student Development, 32*, 101-108.

McGuire, J. M., Shaw, S. F., & Anderson, P. (1992). *Guidelines for documentation of a specific learning disability*. Storrs, CT: University of Connecticut Program Guidelines.

Miller, R. V., Rzonca, C., & Snider, B. (1991). Variables related to the type of postsecondary education experience chosen by young adults with learning disabilities. *Journal of Learning Disabilities, 24*(3), 188-191.

Reis, S. M., Neu, T. W., & McGuire, J. M. (1995). *Talents in two places: Case studies of high ability students with learning disabilities who have achieved*. Storrs, CT: The National Research Center on the Gifted and Talented.

Schiff, M., Kaufman, A. S., & Kaufman, N. L. (1981). Scatter analysis of WISC-R profiles for learning disabled children with superior intelligence. *Journal of Learning Disabilities, 14*, 400-404.

Shaw, S. F., Brinckerhoff, L. C., Kistler, J. K., & McGuire, J. M. (1992). Preparing students with learning disabilities for postsecondary education: Issues and future needs. *Learning Disabilities, 2*(1), 21-26.

Shore, B. M., & Dover, A. C. (1987). Metacognition, intelligence and giftedness. *Gifted Child Quarterly, 31*, 37-39.

Spradley, J. P. (1979). *The ethnographic interview*. New York: Holt, Rinehart, and Winston.

Sternberg, R. J. (1981). A componential theory of intellectual giftedness. *Gifted*

Child Quarterly, 25, 86-93.

Sternberg, R. J., & Davidson, J. E. (Eds.). (1986). *Conceptions of giftedness.* New York: Combridge University Press.

Strauss, A. L. (1987). *Qualitative analysis for social scientists.* New York: Cambridge University Press.

Strauss, A. L., & Corbin, J. (1990). *Basics of qualitative research.* Newbury Park, CA: Sage.

Stuss, D. T., & Benson, D. F. (1986). *The frontal lobes.* New York: Raven Press.

Vail, P. (1987). *Smart kids with school problems.* New York: E. P. Dutton.

Vail, P. L. (1989). The gifted learning disabled student. In L. B. Silver (Ed.) *The assessment of learning disabilities: Preschool through adulthood* (pp. 135-160). Austin, TX: PRO-ED.

Van Maanen, J. (1983). Reclaiming qualitative research methods for organizational research. In J. Van Maanen (Ed.), *Qualitative methodology* (pp. 9-18). Beverly Hills, CA: Sage.

Whitmore, J. (1980). *Giftedness, conflict, and underachievement.* Boston: Allyn and Bacon.

Whitmore, J. R., & Maker, J. (1985). *Intellectual giftedness in disabled persons.* Rockville, MD: Aspen.

Wong, B. Y. L. (1987). How do the results of metacognitive research impact on the learning disabled student? *Learning Disability Quarterly, 10,* 189-195.

03

주의력 결핍 영재: 실제인가 아니면 허구인가?[1]

또한 나무를 보고 숲을 볼 수 있는가?

Susan Baum(College of New Rochelle)
F. Richard Olenchak(University of Alabama)
Steven V. Owen(University of Connecticut)

Gordon(1990)에 따르면, 많은 우수한 학생들이 충동성, 과잉행동, 주의력 문제를 보인다. 주의력 결핍에 대한 연구는 많이 이루어지지 않고 있지만, 최근 들어 영재아의 과잉행동과 주의력 문제에 대한 대안적인 가설을 제시하는 연구들이 소개되고 있다. 이러한 연구들은 영재아의 정서발달과 흥분성(Dabrowski, 1938; Piechowski & Colangelo, 1984), 우수한 학생에게 맞지 않는 교육과정(Reiff, 1993), 다중지능 패러다임의 시사점(Gardner, 1983), 과도한 조숙함에 대한 성인의 반응(Rimm, 1994)을 포함하고 있다. 이러한 문제들은 ADHD의 발현과 관련된 Barkley의 억압이론을 바탕으로 하고 있다. 본 연구에서는 영재학생이 보이는 ADHD와 같은 행동에 영향을 끼치거나 원인이 되는 환경 요인을 다룰 것이며, 문제의 원인이 되는 환경 요인을 줄이는 방향으로 진단과 중재 전략을 제시할 것이다.

---

1) 편저자 주: Baum, S., Olenchak, F. R., & Owen, S. V. (1998). Gifted students with attention deficits: Fact and / or Fiction? Or, can we see the forest for the trees? *Gifted Child Quarterly*, 42(2), 96-104. © 1998 National Association for Gifted Children. 필자 승인 후 재인쇄.

레고에 능통하고, 조숙한 언어를 사용하는 크리스(Chris)는 학교생활에
어려움을 겪고 있다. 지능지수가 172임에도 불구하고, 크리스는 또래들에
비해 사회적 기술과 운동능력이 떨어지고 과제를 완성하는 것을 어려워해
서 1학년에서 재교육을 받았다. 2학년 때, 크리스의 선생님은 그의 충동적
행동 때문에 특수교육 진단을 받아보도록 권고하였고, 그는 결국 주의력 결
핍 과잉행동장애(Attention Deficit Hyperactivity Disorder: ADHD)로 진단받
았다.

이렇게 영재 중에서 주의력 장애로 판별되는 경우는 크게 증가하고 있다
(Webb & Latimer, 1993). 이러한 증가 자체가 문제이기도 하지만, ADHD, 영
재성, 창의성, 다양한 다른 행동 특성에 대해 전문가들이 명확한 정의를 내
리지 못하고 있어서 부가적인 문제들도 발생하고 있다(Cramond, 1994;
Jardan, 1992; Piechowski, 1991). ADHD의 진단은 충동성과 과잉행동뿐만 아

연구의 활용도

영재나 창의적인 학생들이 주의력 결핍 과잉행동장애(ADHD)로 과잉 판별되
는 경우를 왜 고려해야 하는가? ADHD와 영재성이 동시에 나타나는 것에 대
한 조사가 거의 없었고, 특히 학습환경의 요구와 학생들의 특성 사이에 있는
미묘한 상호작용의 관점에서 이루어진 조사는 거의 없었다. 어떤 특성과 행
동들이 다른 장애를 진단하는 중요한 기본 준거가 될 때, 이러한 특성과 행동
들은 잘못 판단될 수 있다. 게다가 ADHD인 영재아에 대한 많은 연구들은
영재에 대한 전문 지식이 없는 의학과 특수교육 분야에서 나온 것이다.
이 장에서는 주의력에 문제가 있는 영재아들의 행동을 해석하고 고려하기 위
한 다양한 관점을 개괄적으로 제시한다. 또한 학생들의 욕구를 좀 더 총체적
으로 이해하고, 학교가 이러한 욕구를 충족시킬 수 있도록 관찰된 행동들에
대한 다양한 해석을 제공할 것이다. 결론부터 말하면, 교사와 부모는 아동의
행동을 ADHD로 판단하기 앞서 대안 가설을 확인해 가는 단계적인 절차를
따라야 한다. 교실활동과 수정된 교육과정 및 속도, 개인의 능력과 창의성을
강화시키려는 학교의 노력 등을 전반적으로 관찰함으로써 환경 양식과 전략
이 행동에 미치는 영향을 고려하고 평가해야 한다.

장애영재와 특수영재

니라 과제에 대한 집중과 유지, 사고의 조직, 주의력 결핍과 같은 많은 문제 행동과 관련하여 이루어진다. 이러한 ADHD의 다양한 측면 때문에 일부 연구자들은 학습장애가 있는 영재아들의 대부분이 ADHD와 관련된 행동을 보인다고 주장하고 있다(M. Cherkes-Julkowski, Personal communication, March 9, 1993).

가장 자주 사용되는 ADHD에 대한 중재는 메틸페니데이트 종류, 특히 Ritalin-AE를 사용한 약물치료다. 약물치료는 행동을 통제하는 데 효과적일지 모르지만, 영재아의 지적 호기심과 창의성을 저해하는 것으로 의심되고 있다. 일화적 보고에 따르면, 영재학생의 학교활동 참여를 돕기 위한 조치가 '영재성을 치료해 버렸다'고 한다. Cramond(1994)는 이러한 현상에 빗대어 "약물치료가 Robert Frost와 Frank Lloyd Wright의 백일몽을 멈추게 하지 못한 것은 우리에게 행운일지 모른다."(p.205)라고 말하였다. 아직까지는 약물치료가 잠재된 창의성과 생산적 사고를 포함한 다양한 사고과정에 어떤 영향을 끼치는지 설명하는 결정적 연구가 없었다. 게다가 더욱 염려되는 것은 장애의 신호로 여겨지는 여러 행동이 영재아에게 지루하고 느린 교육과정을 수행하라고 강요한 환경 때문일 수도 있다는 점이다.

부주의한 영재아가 겪는 어려운 상황은 몇 가지 중요한 시사점을 가지고 있다. 첫째, 사회가 미래의 문제를 해결하기 위해 가장 유능하고 창의적인 젊은이에게만 주목할 때 다른 유능한 인적 자원들은 손실될 수 있다는 점이다. 만약 우리가 인간의 잠재력을 키워 주는 적절한 중재를 제공하지 않는다면, 사회의 가장 우수한 인력들은 잠재성을 발휘할 수 없을 것이다. 둘째, 학습부진의 문제다. 불행하게도 약물치료가 행동 관리를 돕기 위해 적절히 사용될 때도 학습부진은 계속된다(Lind & Olenchak, 1995). 학교 관계자가 ADHD를 단지 의학 문제로 취급함으로써 상황은 더 악화되고, 결국 학교 관계자나 교사, 학교의 교육과정은 책임을 면제받는다. 부모 역시 자녀가 학업을 수행하고, 행동에 대한 자기통제를 할 수 있도록 지원해 주기보다는 단지 부적절한 행동에 대해 너그럽게 봐 준다(Zimmerman, Bonner, &

Kovach, 1996). 의학 전문가들은 학교가 학생의 개별적 학습 욕구에 대해 더 수용적이고 ADHD와 관련된 다양한 치료법을 좀 더 알고 있다면, 많은 아동은 약물치료가 필요하지 않을 것이라고 말한다(Barkley, 1990). 능동적인 영재학생을 성공적으로 가르친 교사는 학교가 이러한 학생에게 적절한 교육을 제공할 의무가 있다고 주장한다(Reiff, 1993). 의학이냐 교육이냐 하는 딜레마는 가족이 ADHD 영재아를 양육하면서 직면하는 큰 문제다. 미성취 영재교육협회(Association for the Education of Gifted Underacheiving Students)의 대변인은 부모로부터 받는 문의 중 대부분이 ADHD 영재 자녀를 도울 수 있는 전략과 정보를 찾는 것이라고 말한다(L. Baldwin, personal communication, November 12, 1996). 다음의 두 발췌문은 학교생활에 실패한 영재 자녀를 둔 부모들의 좌절과 고통을 설명한 것이다.

나의 아들은 15세로 과잉행동이 없는 주의력 결핍장애로 진단받았다. 그는 IQ가 130인데도 불구하고 7학년 이후 과제를 수행하는 데 계속 실패해 왔다. 우리는 아이의 자아존중감과 자신감을 회복시켜 줄 수 있는 도움이 필요하다. 아이는 어렸을 때, 레고 만들기와 같은 공간 설계 활동과 예술 활동에서 천재성을 보여 주었다. 그러나 아이 자신이 실패감을 느끼고, 교사, 상담자 그리고 부모로부터 게으르다는 말을 들으면서 천재성의 꽃은 시들어 버렸다. 우리는 어떻게 하면 아들을 힘들게 하지 않고 도와줄 수 있는지 그 방법을 알고 싶다.

나는 15세의 딸과 12세의 아들을 두었다. 두 아이의 지능검사 결과, 영재이면서 학습장애와 주의력 결핍장애를 가진 것으로 진단받았다. 딸은 조직화하는 기술이 부족하며, 기억력이 낮고, 소근육 운동을 통합하는 기술이 약하다. 아들 역시 문자를 해독하는 데 문제가 있어 읽기를 어려워한다. 나는 아이들이 장애를 극복할 수 있도록 지적 능력을 자극할 수 있는 방법을 찾고 있다. 그러나 학교 당국에 우리의 어려움을 인식시키기는 쉽지 않았다. 일부 교사들은 협력적이었지만 그렇지 않은 교사들도 있었고, 학교 체제는 우리 아이들의 주의력 결핍 문제를 장애로 인식하지 않았다. 그래서 도움을 줄 사람을 찾는 데 많은 시간을 허비하고 있다. 지금까지 시행착오만 계속 겪어 오고 있다

장애영재와 특수영재

(L. Emerick, personal communication, April 17, 1994).

최근 교사들은 주의력에 문제가 있는 영재아에게 적절한 교육을 제공하는 데 필요한 전략과 지식, 그리고 자신감이 없는 듯하다. 위의 한 부모가 언급하였던 것과 같이 일부 교육기관은 이런 학생에게 적절한 교육을 제공하는 데 법적 책임을 회피하고 있다. 의학 전문가는 문제에 대한 주요 접근으로 장기간의 약물치료를 추천하고 있지만, 교사는 필요한 교육적 해결책의 방향을 제시하지 않고 있다.

가장 심각한 문제는 ADHD 약물치료를 받는 창의적이고 우수한 학생들의 경우, 이들의 영재성이 문제행동 때문에 희생된다는 점이다. 주의력, 과잉행동, 자기통제에 문제가 있는 영재아는 자신의 잠재성을 발달시키기가 어렵다. 그러나 이러한 주의력 결핍 행동이 학습에 영향을 끼치는 신경학상의 문제 때문인지, 특수한 학습자에게 부적절한 학습환경의 결과인지, 아니면 두 요인이 혼합된 것인지 명확하지 않은 채로 남아 있다. 이러한 문제의 복합성은 이론, 연구, 교육을 개선할 수 있는 생물-심리-사회학적 체계 모형의 발전을 촉진시키고 있다. 이러한 체계를 통해 많은 영재학습자들이 현행 교육제도가 받쳐 주지 못해 틈새로 떨어져 실패하는 일이 없도록 해야 한다.

본 연구에서는 영재학생 중 주의력 결핍장애라는 특별한 주제에 대해 탐구하고, 이러한 행동에 대한 대안적인 설명을 한다. 먼저 ADHD와 관련된 행동을 보이는 학생들을 세 집단, 즉, a) 주로 신경화학물질 장애 때문에 학습과 주의력에 문제가 있는 학생들, b) 학습환경 때문에 ADHD와 관련된 행동이 심해진 학생들, c) 앞의 두 가지 범주 모두에 속하는 학생들로 구분하였다.

덧붙여, 문제행동의 주요 원인이 환경적인 부분인지, 신경학적인 부분인지, 둘 다인지를 결정하는 몇 가지 제안을 제시할 것이며, 마지막으로 환경으로 촉진된 ADHD와 유사한 행동을 다루는 데 유용한 접근을 제안한다.

주의력 결핍장애란 무엇인가?

『정신장애 진단 및 통계 편람(Dignostic and Statistical Manual of Mental Disorders; DSM-IV)』(American Psychiatric Association, 1994)에 따르면, ADHD 아동은 상황에 맞는 적절한 주의력을 유지하는 데 문제가 있다. 여기에는 과잉행동, 부주의, 각성, 주의산만의 문제가 포함된다. 몇몇 연구자들은 주의력 문제는 지루하고 반복적이며 단조로운 과제를 할 때 더욱 악화된다고 주장한다(Barkley, 1990; Luk, 1985). ADHD 아동은 충동성, 학업수행의 어려움, 운동 수행의 미숙함을 특징으로 보이며, 학교와 집에서 과제를 완성하는 것과 친구를 사귀는 것을 어려워한다. ADHD 아동의 대다수는 철자, 수학, 읽기, 쓰기 영역에서 학습문제를 가지고 있다(Barkley, 1990).

최근 들어 ADHD가 언론의 관심을 받고 있지만, 이 장애는 최근에 생긴 것이 아니다. 1800년대 중반부터 일찍이 정신과 문헌에 언급되어 있었고, 특히 1947년 Strauss와 Lehtinen의 『정신병리학과 뇌손상 아동의 교육(Psychopathology and Education of the Brain-Injured Child)』이라는 책이 발간되면서 이 용어가 사용되기 시작했다. 1950년대와 1960년대에는 이러한 증상을 보이면서 적어도 평균 지능을 보이는 아동을 스트라우스 증후군(Strauss' Syndrome)이나 미세뇌손상 아동으로 분류하기도 했는데, 이것은 이 영역의 연구자들이 이런 행동들은 뇌손상 때문에 나타난다고 믿었기 때문이다. 스트라우스 증후군은 다음의 행동을 보인다(Steven & Birch, 1957).

1. 가벼운 자극에 대한 이상하고 부적절한 반응
2. 과도한 신체 활동
3. 행동을 조직하는 것에 대한 어려움
4. 일반적인 상황에서 평균 이상의 주의산만
5. 지속적인 부적절한 지각

장애영재와 특수영재

6. 지속적인 과잉행동

7. 미숙하고 일관되게 낮은 운동 수행

    1970년대 전문가들은 뇌손상과 행동의 관련성을 실제로 검증하는 것이 불가능하였기 때문에 이것에 대한 논의를 중단하였다. 대신 과잉행동증후군처럼 일련의 행동에 대한 명칭을 붙이는 데 초점을 두었다. 1980년대 초반에는 심리학자들이 주증상으로 과잉행동 대신 충동성을 조절하고, 주의를 유지하는 능력의 중요성을 강조함으로써 이 장애를 다시 정의하였다. 이미 언급했듯이 어떤 학생은 특별히 과잉행동을 보이지는 않지만, 수업시간에 읽고 쓰는 과제를 하는 동안 '졸고 있는' 것처럼 보인다. 이러한 점 때문에 과잉행동이 있는 주의력 결핍장애(ADD)와 과잉행동이 없는 주의력 결핍장애라는 두 용어가 출현하게 되었다(American Psychiatric Association, 1980).

    오늘날 연구자들은 ADHD를 증후군으로 다시 명명함으로써 초기의 관심으로 되돌아가고 있고, 이러한 경향은 주의를 유지하고 충동을 조절하는 문제와 더불어 과잉행동이 이 장애의 주요 증상이라는 입장을 반영하고 있다. 이론가들은 일부 아동들이 과잉행동 없이 주의력 결핍 증상을 나타낼 수 있다는 것에 동의한다. 하지만 그런 아동들은 완전히 다른 종류의 증후군일 수 있다고 주장하고 있다(Carlson, 1986).

    이 장애의 원인을 밝히기 위해 많은 이론가들이 현재까지 조사하고 있고, 유전적·생리학적 경향성에 관하여서는 의견의 일치를 보고 있다(Barkley, 1995; M. Cherkes-Julkowski, personal communication, Februarry, 1995). 그러나 개인과 환경이 어떻게 상호 작용해서 이 장애가 발현되는지에 대해서는 현재까지 다양한 가설로 검증되고 있다. 몇몇 이론은 ADHD인 사람들이 자극에 독특한 욕구를 가지고 있거나(Zental, 1985), 활동적이고 매우 창의적인 사람과 쉽게 혼동된다는 점에 주목한다(Cramond, 1994). 이러한 가설들은 행동과 환경의 관계에 초점을 맞춘다. 즉, 환경 자극이 적으면, '지루한 환경(boring environment)'을 보상하기 위한 자기자극의 수단으로 과잉행동과 부주의가 증가한다. 또 다른 이론가들은 행동에 동기가 되는 원인을 언급한다(Haenlein & Caul, 1987). 이런 연구자들은 주의력을 지속적으로 유지하지 못하는 것이 종류와 빈도에서 과도한 수준으로 강화하려는 개인적인 욕구가 있고, 이것이 충족되지 못하기 때문이라고 주장한다. 또한 과제가 내부적으로 강하게 흥미를 끌지 못하면, ADHD 학습자의 주의력을 끌 수 없다고 말하고 있다. 일부는 ADHD 아동이 행동에 대한 자기관리가 부족하고, 이 때문에 어떤 상황에서 기대되는 요구 사항을 충족시키는 데 실패한다고 주장한다(Routh, 1978). 일반적으로 이런 상황들은 아주 구조화되어 있고, 특정 사회적 역할을 담당하도록 요구한다(Barkley, 1990).

각각의 가설들은 ADHD 영재아를 중재하는 데 시사점을 줄 수 있다. 하지만 중요하게 논의되어야 하는 것은 이러한 가설들이 영재아의 독특한 특성을 설명하는 이론 없이 설정될 수 없다는 점과, 어떻게 기존의 ADHD 개념이 영재아의 특성으로 수정되는가 하는 점이다. 공교롭게도 대부분의 ADHD 관련 전문가들은 영재아의 사회적·정서적 발달에 대한 전문가들과의 교류가 거의 없으며, 의학, 특수교육, 정신의학 이론을 잘 아는 영재교육 이론가나 실천가도 드물다. 이렇게 패러다임이 공유되지 못함으로써 전문가들이 ADHD 영재아의 문제점에 대해 완전하고 적절한 진단을 내리고 효과적인 전략을 제공하는 데 한계가 있을 수밖에 없다.

대안적인 관점

Gorden(1990)에 따르면, 많은 영재아들이 과잉행동과 주의력의 문제를 의뢰하고 있다. 일부 영재아들이 왜 전통적인 학교교육에 적용하는 데 어려움이 있고, 주의력에 문제가 있는지를 설명하는 중요한 관점들은 ADHD 관련 문헌에서는 거의 논의되고 있지 않다. 다양한 새로운 연구물과 연구 중심의 이론들, 영재아에 대한 고전이론의 적용은 ADHD와 영재아의 관계를

장애영재와 특수영재

더 잘 이해할 수 있는 기회를 제공한다. 여기에는 영재아의 정서발달, 교육 과정과 속도에 대한 논의, 지능 특성, 아동의 조숙함에 대한 성인의 반응 등이 포함된다. 다음은 이러한 대안적인 관점에 대한 논의다.

영재아의 정서발달

영재아의 정서발달과 발달적 잠재성에 관련된 이론(예, Dabrowski & Piechowski, 1977; Piechowski & Colangelo, 1984; Olenchak, 1994; Piechowski, 1991; Silverman, 1993)은 영재아의 과잉행동과 주의력 문제가 증가하고 있다는 것을 다른 시각으로 보고 있다. Dabrowski의 긍정적 붕괴 이론은 인간 발달의 질적 차이를 설명하는 것이다. 즉, 영재아는 '심리적 흥분 상태가 최고조에 이르는 경향성'을 가지고 있으며, 이는 높은 성취를 예견한다고 제안하였다(Nelson, 1989). 그는 과잉흥분(overexcitabilities)이라는 개념을 다음과 같이 설명하였다.

> 과잉흥분은 심리운동적, 감각적, 지적, 창의적, 정서적 영역에서 광범위하게 나타나는 강렬한 상태다. 개인적 특성으로서의 과잉흥분은 사회적으로 가치를 인정받지 못한다. 과잉흥분은 타인에게 신경질적이며, 과도하게 활동적이고, 너무 감성적이거나 격렬한 정서 상태를 보이는 것으로 간주되며, 대부분의 사람들은 불편을 느낀다(Piechoski & Colangelo, 1984, p. 81).

이러한 논의와 관련해서, Piechoski와 Colangelo(1984)가 심리운동의 과잉흥분에 관해 설명하였다. 그들은 이러한 특성을 '기질적인 과잉 에너지 또는 신경근육체계의 흥분성'이라고 정의하였다. "과잉흥분은 움직임 자체를 즐기는 것, 빠른 말, 강한 신체 활동 추구, 충동성, 쉬지 않고 움직이고 질주하는 것, 활동적이고 활기찬 성향으로 나타난다." (p. 81)

Piechoski와 Colangelo(1984, p. 83)는 심리운동적인 과잉흥분에 대한 욕구를 설명하기 위해 영재학생의 예를 제시하였다. 한 소년은 "나는 친구들과 함께 있을 때, 어디로부터 오는지 알 수 없는 에너지에 사로잡힌다. 지루할 때도 나는 갑작스런 충동과 많은 에너지를 느낀다. …(학교에서) 나는 이런 에너지를 빈둥거리는 데 사용한다."라고 했다. 또 다른 학생은 "나는 시간이 많이 소요되는 숙제를 하고 있으면, 갑자기 농구를 하거나 자전거를 타고 싶은 충동을 느낀다."라고 말했다.

이러한 에너지는 지루할 때뿐만 아니라 새롭게 흥분되는 생각을 할 때도 나타나는 것 같다. 어떤 학생은 새로운 생각에 대해 쓰려고 앉을 때나 복잡한 악보를 숙달하기 직전에 음악에 맞추어 춤을 추고 싶은 욕구를 느낀다고 한다. 과잉행동 학생에 대한 중요한 연구를 했던 Cruickshank(1963, 1967, 1977)는 과도한 민감성과 과잉행동을 문제행동으로 보지 않고 영재아동의 긍정적인 특성으로 평가하였다. 영재아의 충동적인 행동은 단지 세상을 탐구하려는 특별한 욕구로 여길 수 있다(Piechoski, 1991). 이러한 아동들의 호기심과 열의가 시간, 순서, 공간에서 폐쇄적인 기존의 학교 교육과정을 앞서간 것일 수도 있다. 이런 점에서 일반교실은 '과잉흥분'이 있는 학생들에게 매우 제한적일 수 있다.

부적절한 교육과정과 속도

영재아의 학교생활에 영향을 주는 또 다른 요인은 학교 교육과정과 수업이다. 앞서 보았듯이, 교육과정이 단조롭고 지루할 때 영재아의 과잉행동과 주의력, 충동성의 문제가 증가되며, 결과적으로 학교생활에 실패할 위험에 놓인다. 연구들은 많은 영재아가 자신의 수준에 맞는 교육을 받지 못하고 있으며, 영재아는 여러 번 반복하지 않아도 많은 기술을 숙달할 수 있다고 보고하고 있다(Gallagher, 1990; Reis et al., 1993; Stanley, 1978).

국가 수준에서 수행한 연구결과에 따르면, 많은 일반 교육과정이 영재학생에게 불필요한 것으로 나타났다(Reis et al., 1993). 교육과정의 60% 정도가 삭제되었을 때, 영재아들은 일반 교육과정을 이수한 또래들과 동일한 성취를 보이거나 더 높은 성취를 보였다. 하지만 이런 점은 영재학생이 다른 환경에서 더 높은 수준의 자극을 찾게끔 만드는 좋지 않은 징조가 된다. 이런 아동은 수업시간에 조용히 유순하게 과제를 잘하기 바라는 학교의 기대에 부합하지 못한다.

앞서 언급한 크리스라는 아동은 이에 적절한 사례가 될 수 있다. 크리스는 종종 수업시간에 불쑥 대답을 해서 벌을 받았다. 예를 들어, 교사가 칠판에 적힌 문제의 답을 물으면, 크리스는 누군가에게 대답할 기회를 주기 전에 자리에서 벌떡 일어나 칠판으로 달려가 문제를 풀어 버린다. 크리스의 선생님은 과도한 충동성의 한 예로 이 이야기를 하였다. 크리스의 욕구에 대한 이해가 부족한 교사는 크리스의 행동을 오해할 수 있다. 간단히 말해서, 활동적인 영재아는 이중 위험에 놓인다. 즉, 이런 아동은 교육과정을 탐색하고 이해하며 성취하려는 지적 욕구를 가지고 있고, 매우 활동적으로 학습에 참여하기를 원한다. 그러나 다른 한편으로 학교에서 과제가 불만스럽거나 의미가 없고 환경이 친숙하지 못할 때, 학생은 그 상황을 피해 다른 곳에서 자신이 만족할 수 있는 최적의 자극을 찾으려고 한다. 종종 여기서 말하는 '다른 곳(elsewhere)'은 학교수업보다 훨씬 더 많은 공상을 할 수 있는 그들의 마음속이 된다(Baum, Owen, & Dixon, 1991). 어떤 때는 똑똑하고 지적인 학생들과 긍정적이고 고무적인 관계를 발전시킬 수 있는 양호교사가 필요한 경우도 있다. 또한 일부 학생에게는 학교 일과를 변화시키는 것이 주의집중과 각성을 위한 좋은 주요 수단이 될 수 있다(Baum, 1985; Lind & Olenchak, 1995).

다중지능이론의 적용

Gardner의 다중지능이론(1983, 1993)은 주의력 장애의 복잡성을 이해하기 위한 또 다른 가설을 제시한다. Gardner는 지능의 단일 개념을 부정하면서 학생의 잠재력은 8가지 영역 중 하나 이상에서 나타난다고 주장하였다.

그 8가지 영역은 논리-수학적, 언어적, 공간적, 신체운동적, 음악적, 자연적, 개인내적, 대인관계다. 학교에서는 대부분 언어적, 논리-수학적 지능을 다루기 때문에 다른 종류의 지식과 의사소통은 제한적이며, 종종 그 가치가 낮게 평가된다. 학교에서 수행능력이 떨어지는 많은 영재아들은 특별한 공간적 능력을 가지고 있다(Baum et al., 1991; Dixon, 1983; Olenchak, 1995; Silverman, 1989). 교사들은 이런 학생들이 반항적이고, 과제를 이탈하며, 싫은 과제를 회피하는 데 능숙하다고 묘사한다. 그러나 이런 학생들이 레고를 만들거나 만화 캐릭터를 그리거나 운동기구를 고칠 때는 조용히 집중하고 끈기를 보인다(Baum et al., 1991).

과잉행동을 보이는 일부 학생들은 자신이 강점을 보이는 영역(일반적으로 비언어적 지능)에서 말하거나 학습을 하도록 하면, 지루한 과제도 문제행동을 보이지 않고 수행한다. 예를 들어, 음악이나 무용에 잠재력이 있는 심각한 주의력 결핍장애 학생은 그 분야의 영재아를 발굴하는 정부 지원 프로그램에 선발되기도 한다(Baum, Owen, & Oreck, 1996). 이러한 학생을 가르치는 특수교사는 음악과 무용 수업에 참여하는 학생의 능력에 놀라기도 한다. 교사가 주의력에 문제가 있고 집중하는 데 어려움이 있다고 말한 4학년생 레이(Ray)는 무용 수업에서는 완전히 다른 학생이었다. 레이의 교사는 "나는 레이가 무용 선생님에게 집중하며 활동을 계속하고, 본인 스스로 바르게 할 때까지 특정 움직임을 반복 연습했다는 것을 믿기 힘들었습니다."라고 말하였다. 주의력 관련 장애를 가진 학생이 대안적인 사고와 의사소통의 가치를 높게 인정하고 사용할 수 있는 환경을 제공받을 수 있을까? 아마도 주의력 결핍은 아직 연구되지 않은 특정 지능과 연관이 있는 듯하다.

아동의 조숙함에 대한 성인의 반응

교사나 부모와 같은 성인은 영재아의 조숙함에 당황해하고 두려워하는 것으로 나타났고, 그 결과 아동의 행동을 통제하는 데 실패하기도 한다

장애영재와 특수영재

(Rimm, 1994). 또한 성인들은 이런 학생의 자기조절 능력을 과소평가하기도 한다. 이런 경우 아동의 잘못된 행동이 허용되거나 어른들의 결정으로 문제 행동이 강화될 수 있다.

가설 검증하기: 쟁점 이해하기

실제로 영재아가 어떤 행동을 하거나 통제하는 동안 생기는 문제는 다양한 요인들이 서로 결합해서 생기는 것으로 보인다. Barkley(1995)는 환경의 요구와 학생의 특징 사이의 미묘한 상호작용을 암시하는 이론을 제안해 왔다. 그는 ADHD를 억압이라는 용어로 가장 잘 이해할 수 있다고 보았다. 모든 사람들은 억압이 과도한 상태에서 없는 상태까지의 연속선상에 위치한다([그림 3-1]). 과도한 억압은 일상적인 활동을 하는 인간을 무기력하게 만든다. 반면 억압이 없으면 무모한 행동, 충동성 조절의 부족, 욕구를 참지 못하는 것과 같은 결과로 나타날 수 있다. Barkley는 주의력 결핍을 후자의 경우로 정의하고, 결과적으로 ADHD를 억압이라는 특성의 일부라고 주장하였다. 우리는 그런 특성들을 영속적인 성질로 보지만, 환경에 따라 인간 행동에서 나타나거나 없어질 수 있다는 점을 강조한다. 간단히 말해서, 특성은 표면 아래에 놓여 있지만, 나타나는 행동은 부분적으로 환경에 의존한다. 예를 들어, 보통 때는 자기조절이 되는 학생도 중요한 시험이 있을 때는 평소보다 더 억압되거나 두려워할 수 있다.

에너지가 많고 능력이 있는 창의적인 사람은 억압을 덜 받는 대신, 더 큰 위험을 감수하는 경향이 있다. 이런 사람은 자신의 목표를 성취하려는 동기가 높기 때문에 자신만의 규칙을 만들고 계획을 미루지 않는다. 창의적인 사람은 자극에 대한 호기심과 충동성 때문에 일반적인 경우보다 훨씬 더 많은 위험을 감수하면서 결과를 생각하지 않고 일해 나간다. 이러한 특성들 때문에 영재 또는 창의적인 사람은 연속선에서 억압이 낮은 쪽에 위치하게

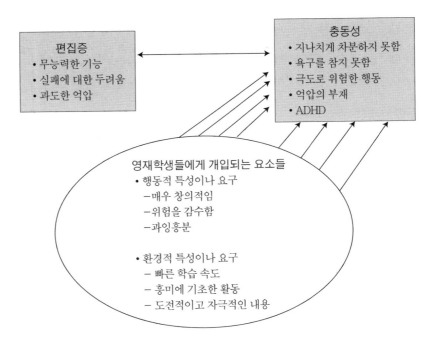

[그림 3-1] ADHD에 대한 Barkley 특성이론을 영재성에 적용한 해석

된다([그림 3-1]). 만약 환경이 아주 제한적이고, 이런 학생의 자연적인 에너지를 억압한다면, 이들은 연속선의 극단에 내몰리게 된다. 이런 관점에서 보면, 실제로 신경학적 또는 화학적 불균형 때문에 ADHD를 겪는 학생과 영재학생 간의 행동 유사점은 더 적을지도 모른다. 원인과 상관없이(환경적 또는 신경학적) 한 개인의 행동이 연속선의 끝을 가리키면, 그 사람은 의학적, 인지적, 심리적 중재 없이는 자신의 행동을 조절하는 최소한의 기술과 능력만 가지게 된다.

따라서 ADHD 행동을 적절하게 의뢰하기 위해서는 환경이 학생의 행동에 미치는 영향을 고려하는 것이 중요하다. 다시 말해, 우리는 전통적 학교 환경과 교육과정의 어떤 부분이 주의력 결핍과 같은 행동을 나타나게 하는지 평가해야만 한다. 그렇게 할 때만이 우리는 ADHD 행동의 주요 원인이 신경학적 또는 화학적 불균형이라고 확신할 수 있을 것이다.

이제껏 살펴본 대안적인 가설들을 배제하기 위해서는 행동을 촉발시키는 환경을 분석하고 수정할 필요가 있다. 교육과정과 수업을 포함해 학교가 변해서 결과적으로 학생들의 주의력과 행동이 개선된다면, 강제적이고 비효과적인 많은 중재를 피할 수 있을 것이다. 본 연구자들은 이러한 평가를 지지해 줄 수 있는 전략을 다음과 같이 제안한다.

1. 아동이 과제에 참여하고 수용하는 데 어려움이 있는 상황을 관찰하고 기록하라.
2. Gardner의 다중지능이론을 고려하라. 교육 내용을 제시하는 방식(언어적 제시보다는 시각적, 신체운동적 제시)을 수정하면 학생의 주의를 끌 수 있는가?
3. 학습을 위한 최상의 조건을 알기 위해 다른 학습환경에서의 학생 행동을 관찰하라.
4. 부모-아동, 교사-아동의 상호작용이 제한적인지 관찰하라. 만약 자기통제를 위한 전략이 제공되면 학생이 실제로 자기통제를 할 수 있는지 관찰하라.
5. 학생의 창의성이 어느 정도 받아들여지고 강화되며 표현되도록 허용되는지 알아보기 위해 하루 중 다양한 시간 동안 아동을 관찰하라.
6. 학생의 영재성이나 재능을 발달시키기 위해 어떤 노력이 있었는지 조사하라. 만약 있었다면 재능 계발 활동을 어떻게 하였는가?
7. 적절한 교육과정 수준과 속도를 평가하기 위해 학생에 대한 사전평가를 실시하라.

이러한 관찰을 통해 학생이 직면한 학습문제를 최소화하기 위한 특별한 전략을 제안할 수 있으며, 다음은 여러 상황을 이해하는 데 유용한 정보를 제공할 수 있을 것이다.

1. 크리스와 같이 환경적 중재만으로 도움을 얻을 수 있는 학생에게 교육 과정이 차별화되고 재능에 대한 지원이 제공되면, 파괴적이고 부주의한 행동은 사라진다.

2. 브래드처럼 약물치료가 필요한 학생은 자신의 충동성 문제가 사회적 관계에서 큰 어려움이 될 수 있다. 그러나 일단 약물치료를 통해 행동이 나아지면, 이런 학생은 사회적 관계를 발전시킬 수 있다.

3. 아담과 같이 두 가지 유형의 중재가 모두 필요한 학생은 자신의 극단적인 영재성과 과잉행동이 결합되어 학교생활이 최악의 상태에 이른다. 이런 경우 문제를 해결하기 위해 약물 중재와 속진(acceleration) 방법이 모두 필요하다.

안타깝게도 ADHD와 같은 행동을 보이는 대다수의 영재아들을 위한 최근의 치료법은 약물치료와 행동수정 방법을 포함하고 있지만, 교육과정과 교수법에 관련된 절차는 거의 없다. 실제로 이제껏 영재교육에서 사용되었던 많은 전략은 좀 더 긍정적이고 적절하며 개입을 덜 하는 방식으로 이루어져 왔다. 예를 들어, 몇몇 연구 프로젝트는 주의력과 학습문제를 가진 지능이 높은 학생들, 즉 위험에 놓인 영재학생들의 학업성취를 촉진하기 위해 학생의 영재성, 능력, 지능을 성공적으로 활용하였다(Baum et al., 1996; Baum, Renzulli, & Hebert, 1994; Neru & Baum, 1995; Olenchak, 1994, 1995). 이런 연구들은 교육과정과 속도, 교수전략의 수정이 학생의 자기통제적 행동과 성취를 향상시키는 데 긍정적 효과를 나타낸다는 것을 보여 주었다. 특히 학생의 관심 영역에서 높은 수준의 문제해결과 도전 기회를 제공함으로써 학생은 학습활동에 지속적인 관심을 보일 수 있으며, 의미 있는 참여를 할 수 있다. 교사의 발언을 최소화하고, 학생이 환경을 탐색하고 학습과 탐구에 활동적으로 참여할 수 있을 때, ADHD 증상은 드러나지 않는다.

심각한 문제행동이 있고, 사회성이 부족하고, 충동적이어서 결코 과제를 수행할 수 없다고 교사가 말한 8학년의 브라이언을 보자. 브라이언은 자주 스스로 창의적인 생각을 하지만 금방 흥미를 잃었다. 브라이언은 8학년 시민 교과에 나오는 모의재판 내용을 다시 쓰는 데 흥미를 보였는데, 그것은 교과서에 나오는 그대로 시연하는 게 시시하다고 생각했기 때문이다. 브라이언은 이미 대부분의 내용을 알고 있었기 때문에 시민 교과 시험을 면제받았고, 프로젝트에서 선생님과 함께 활동하는 시간도 가졌다. 브라이언은 전체 프로젝트의 세부 계획을 가지고 자신이 실시했던 면담과 관찰 정보를 정리해서 글을 쓰기 시작했다. 브라이언은 프로젝트를 실행하면서 두 편의 소설에 대해 생각했는데, 모두 모의재판에 관한 것이었다. 브라이언은 세 가지 프로젝트에 참여하면서 자신의 과잉흥분을 표출할 수 있는 출구를 가졌다. 그의 마음은 모의법정을 실시할 때처럼 새로운 맥락에 대한 새롭고 흥미로운 생각으로 가득 차곤 하였다. 이 프로젝트를 하는 동안, 브라이언은 자신이 음악을 들으면 글을 쓰는 것에 더 집중할 수 있다는 것을 깨달았다 (M. Cherkes-Julkowski, personal communication, May 21, 1995). 그는 이어폰을 귀에 꽂은 채 장시간 컴퓨터로 수업을 받았으며, 영어 교사와 협의하여 컴퓨터 실습실에서 쓰기 과제를 할 수 있었다. 교사는 브라이언이 모든 과제를 수행할 뿐만 아니라 지속적으로 쓰기 실력이 향상되는 것을 알 수 있었다. 학년 말까지 세 가지 프로젝트가 완성되었고, 그의 행동도 향상되었으며, 다음 해를 위해 더 높은 성취 목표를 세우기 시작했다.

브라이언은 복잡한 프로젝트를 수행하면서 '치료'가 되었는가? 이미 많은 내용을 알고 있어도 시민 교과 수업에 앉아 있게 해야 하는가? 학생은 단지 지식을 위해 지식을 사용해야 하는가? 아니면 의미 있는 상황에서 기술을 배우고 문제를 해결할 수 있는 기회를 제공받을 수 있는가?

다시 질문들이 제기되어야 한다. 즉, ADHD 행동은 약물로 치료되어야 하는 신경학적 문제나 신경화학적 불균형의 결과인가? 교육 프로그램이 개별 요구에 맞게 세심하게 만들어졌을 때 ADHD 행동은 없어지는 것인가? 그렇지 않으면, 효과적인 중재를 위해 약물치료와 환경 변화, 둘 다가 요구되는가?

해답을 찾아서

주의력 부족에 따른 학교 문제가 계속 늘어가면서, 많은 영재아들이 ADHD로 고통받고 있으며, 기타 집중력의 문제로 잘못 진단되고 있다는 증거도 많아지고 있다. 만약 영재성을 단지 주의력 문제로 다루고 학생의 약점을 보안해 줄 수 있는 교육을 제공하지 못한다면, 결과적으로 ADHD와 관련된 문제보다 훨씬 더 심각한 학업적·사회적·정서적 문제를 낳을 것이다. 교사와 진단가는 치료 계획을 수립하기 전에 반드시 학생의 행동을 뒷받침하는 일련의 대안적인 가설들을 고려해야 한다. 모든 교육적·심리학적·의학적 진단은 확실할 수도 있지만, 때론 그렇지 못할 수 있으며 추측뿐일 수도 있다. 아동의 실제 요구가 중재를 위한 주요 잣대가 된다면, 해결책을 제시하기 전에 합당한 모든 선택 사항을 고려해야 한다. 그리고 반드시 학생 각각의 개별성이 고려되어야 하며, 다양한 가설을 지지하는 폭넓은 선택에 기초하여 행동을 결정해야 한다. 그렇지 않으면 교사와 부모는 아동의 영재성을 키우는 데 실패할 위험을 감수해야 할 것이다. 특정 진단 기준을 만족시킨다는 사실만으로 모든 학생이 주의력 장애로 고통받고 있다고 결론짓는 것은 고유한 개별적 특성을 무시하는 것과 같다.

참고문헌

American Psychological Association. (1980). *Diagnostic and statistical manual of mental disorders* (3rd ed.). Washington, DC: Author.

American Psychological Association. (1994). *Diagnostic and statistical manual of mental disorders* (4th ed.), Washington, DC: Author.

Barkley, R. A. (1989). Attention deficit hyperactivity disorder. In E. Mash & R. A. Barkley (Eds.), *Treatment of childhood disorders*. New York: The

장애영재와 특수영재

Guilford Press.

Barkley, R. A. (1990). *Attention deficit hyperactivity disorder: A handbook to diagnosing and treatment.* New York: Guilford Press.

Barkley, R. A. (1995, May). *A new theory of ADHD.* Paper presented at the International Conference on Research and Practice in Attention Deficit Disorder, Jerusalem, Israel.

Baum, S. (1985). *Learning disabled students with superior cognitive abilities: A validation study of descriptive behaviors.* Unpublished doctoral dissertation, University of Connecticut, Storrs, CT.

Baum, S. M., Owen, S. V., & Dixon, J. (1991). *To be gifted and learning disabled: From identification to practical intervention strategies.* Mansfield Center, CT: Creative Learning Press.

Baum, S. M., Owen, S. V., & Oreck, B. (1996). Talent beyond words: Identification of potential talent in dance and music in elementary students. *Gifted Child Quarterly, 40,* 93-102.

Baum, S. M., Renzulli, J. S., & Hébert, T. P. (1994). Reversing underachievement: Stories of success. *Educational Leadership, 52,* 48-53.

Carlson, C. (1986). Attention deficit disorder without hyperactivity: A review of preliminary experimental evidence. In B. Lahey & A. Kazdin (Eds.), *Advances in clinical child psychology* (pp. 3-48). New York: Plenum Press.

Cramond, B. (1994). Attention-deficit hyperactivity disorder and creativity: What is the connection? *Journal of Creative Behavior, 28,* 193-209.

Cruickshank, W. (1963). *Psychology of exceptional children and youth* (2nd ed.). Englewood Cliffs, NJ: Prentice Hall.

Cruickshank, W. (1967). *The brain-injured child in home, school, and community.* Syracuse, NY: Syracuse University Press.

Cruickshank, W. (1977). Myths and realities in learning disabilities. *Journal of Learning Disabilities, 10,* 51-58.

Dabrowski, K. (1938). Type wzmozonej pobudliwosci: psychicnej(Types of increased psychic excitability). *Biul. Inst. Hig. Psychicznej, 1*(3-4), 3-26.

Dabrowski, K., & Piechowski, M. M. (1977). *Theory of levels of emotional *development* (Vols. 1 & 2). Oceanside, NY: Dabor Science.

Dixon, J. (1983). *The spatial child*. Springfield, IL: Charles C. Thomas.

Gallagher, J. (1990). *Teaching the gifted child* (3rd ed.). Boston: Allyn & Bacon.

Gardner, H. (1983). *Frames of mind: The theory of multiple intelligences*. New York: Basic Books.

Gardner, H. (1993). *Multiple intelligences: The theory in practice*. New York: Basic Books.

Gordon, M. (1990, May). *The assessment and treatment of ADHD/Hyperactivity*. Keynote Address, annual meeting of New York Association for Children with Learning Disabilities, Syracuse, New York.

Haenlein, M., & Caul, W. F. (1987). Attention deficit disorder with hyperactivity: A specific hypothesis of reward dysfunction. *Journal of the American Academy of Child and Adolescent Psychiatry, 26*, 356-362.

Jordan, D. R. (1992). *Attention deficit disorder* (2nd ed.). Austin, TX: Pro-Ed.

Lind, S., & Olenchak, F. R. (1995, March). *ADD/ADHD and giftedness: What should educators do?* Paper presented at the eighth annual conference of the Association for the Education of Gifted Underachieving Students, Birmingham, AL.

Luk, S. (1985). Direct observation studies of hyperactive behaviors. *Journal of the American Academy of Child Psychiatry, 24*, 338-344.

Nelson, K. C. (1989). Dabrowski's theory of positive disintegration. *Advanced Development, 1*, 1-14.

Neu, T., & Baum, S. (1995, April). *Project High Hopes: Developing talent in gifted students with special needs*. Paper presented at the annual conference of the Council for Exceptional Children, Indianapolis, IN.

Olenchak, F. R. (1994). Talent development: Accommodating the social and emotional needs of secondary gifted/learning disabled students. *Journal of Secondary Gifted Education, 5*(3), 40-52.

Olenchak, F. R. (1995). Effects of enrichment on gifted/learning disabled students. *Journal for the Education of the Gifted, 18*, 385-399.

Piechowski, M. M. (1991). Emotional development and emotional giftedness. In N. Colangelo & G. Davis (Eds.), *Handbook of gifted education*.

Needham Heights, MA: Allyn & Bacon.

Piechowski, M. M., & Colangelo, N. (1984). Developmental potential of the gifted. *Gifted Child Quarterly, 28*, 80-88.

Reiff, S. F. (1993). *How to reach and teach ADD/ADHD children*. West Nyack, NY: Center for Applied Research in Education.

Reis, S. M., Westberg, K. L., Kulikowich, J., Caillard, F., Hébert, T., Plucker, J., Purcell, J. H., Rogers, J. B., & Smist, J. M. (1993). *Why not let high ability students start school in January? The curriculum compacting study.* (Research Monograph No. 93106). Storrs, CT: The National Research Center on the Gifted and Talented.

Rimm, S. B. (1994). *Keys to parenting the gifted child.* Hauppauge, NY: Barron's.

Routh, D. K. (1978). Hyperactivity. In P. Magrab (Ed.), *Psychological management of pediatric problems* (pp. 3-48). Baltimore: University Press.

Silverman, L. K. (1989). Invisible gifts, invisible handicaps. *Roeper Review, 22*, 34-42.

Silverman, L. K. (1993). The gifted individual. In L. K. Silverman (Ed.), *Counseling the gifted and talented.* Denver, CO: Love Publishing.

Stanley, J. (1978). Identifying and nurturing the intellectually gifted. In R. E. Clasen & B. Robinson (Eds.), *Simple gifts.* Madison, WI: University of Wisconsin.

Stevens, G., & Birch, J. (1957). A proposal for clarification of the terminology used to describe brain-injured children. *Exceptional Children, 23*, 346-349.

Strauss, A. E., & Lehtinen, L. (1947). *Psychopathology and education of the brain-injured child.* New York: Grune & Stratton.

Webb, J. T., & Latimer, D. (1993, July). *ADHD and children who are gifted*(ERIC Document No. EDO-EC-93-5). Reston, VA: Council for Exceptional Children.

Zental, S. (1985). A context for hyperactivity. In K. Gadow(Ed.), *Advances in learning and behavioral disabilities* (pp. 278-343). Greenwich, CT: JAI

Press.

Zimmerman, B., Bonner, S., & Kovach, R. (1996). *Developing self-regulated learners: Beyond achievement to self-efficacy.* Washington, DC: American Psychological Association.

04

아스퍼거 증후군 영재[1]

Maureen Neihart(Billings, Montana)

아스퍼거 증후군은 사회적 의사소통의 결함과 행동이나 흥미의 반복 등을 특징으로 하는 전반적 발달장애로, 일부 영재 중에서도 발견된다. 아스퍼거 증후군을 가진 영재아들의 독특한 행동 특성은 영재성이나 학습장애에 부정적인 영향을 미쳐서 이들의 영재성이 제대로 판별되지 않을 수 있다. 본 연구에서는 아스퍼거 증후군 아동이 영재아동에서 어떻게 배제될 수 있는지와, 영재와 아스퍼거 증후군의 특징을 구별할 수 있는 지침을 제안한다.

미국 정신의학회(APA, 1994)의 『정신장애 진단 및 통계 편람(Diagnostic and Statistic Manual; DSM-IV)』에 따르면, 아스퍼거 증후군(Asperger's syndrome)은 자폐 스펙트럼 장애 영역에 속하는 전반적 발달장애로, 사회적 의사소통 기술의 심각한 손상이 있고 행동을 반복하는 특징이 있으며, 뇌 특정 부위의 이상 때문인 것으로 알려져 있다.

1980년 이후 전반적 발달장애에 대한 관심이 고조되어 왔다. 전반적 발달장애아의 신경심리학적 특징은 자폐와 유사하나, 자폐의 일반적인 진단 기준과는 일치하지 않는다. 아스퍼거 증후군은 이런 자폐의 변형이다

---

1) 편저자 주: Neihart, M. (2000). Gifted children with Asperger's Syndrome. *Gifted Child Quarterly, 44*(4), 222-230. ⓒ 2000 National Association for Gifted Children. 필자 승인 후 재인쇄.

(Atwood, 1998; Gillberg, 1992). 아스퍼거 증후군 아동은 영재아가 가지는 많은 특징을 가지고 있다. 특히 영재성이 높은 아동 중에서는 아동의 독특한 발달이 영재성 때문인지, 아니면 학습장애의 결과인지, 아스퍼거 증후군 때문인지를 결정하기 어려운 경우가 있다.

아스퍼거 증후군은 오스트리아의 Hans Asperger라는 의사가 1944년에 처음 제기하였다. Asperger는 아스퍼거 증후군에 현학적인 언어 사용, 상호작용의 결함, 논리적이고 추상적인 사고, 특정 흥미 영역, 반복적이고 상동적인 놀이, 환경적 요구 무시 등의 특징이 있다고 설명하였다. 아스퍼거 증후군 아동은 일부 특정 영역에서 창의적이고 독창적일 수 있다(Tsai, 1992).

연구의 활용도

학교에서 특별한 지원을 받는 자폐 아동과는 달리, 아스퍼거 증후군 영재아동은 방치되고 있다. 교사가 장애 있는 영재아를 어떻게 지원해야 하는지 몰라서, 이들이 영재 프로그램에 참여하지 못하는 경우도 있다.

숙련된 간학문적 팀이 아스퍼거 아동의 발달사를 알고 아동의 행동 원인을 이해했을 때, 정확한 진단을 내릴 수 있다. 진단평가는 형식적 검사, 운동 수행 사정, 언어 사용과 사회적 상호 관계의 관찰 등으로 이루어진다.

아스퍼거 증후군을 가진 영재아와 다른 종류의 영재아를 경험적으로 구별할 수 있는 행동 특징을 밝힌 연구는 없다. 그러나 영재아와 아스퍼거 증후군 아동에 대한 연구와 임상적 관찰을 검토해 볼 때 화용론적 언어 사용, 직관력, 타인의 관점을 취할 수 있는 능력과 통찰, 유머의 질, 정서적 표현, 일상적인 일이 아닌 것에 대한 반응을 평가함으로써 이들을 구별할 수 있다.

아스퍼거 증후군을 가진 영재아에게 좋은 교사는 이 아동이 다른 영재아와 다르다는 것을 이해하는 교사다. 아스퍼거 증후군 아동이 성공적인 학교생활을 하기 위해서는 일상생활과 학급의 사회적 요구를 관리할 수 있는 시각적 지원이 필요하다. 또한 아주 예민한 감각 때문에 학습에서의 어려움과 사회적 부적응을 겪는 아스퍼거 영재아동에게는 감각통합치료가 도움이 된다. 아스퍼거 증후군 아동의 사회적 기술은 사회적 이야기, 만화를 이용한 대화 기법, 또는 구체적이면서 시각적인 접근 등을 통해 신장시킬 수 있다.

그리고 Asperger(1979)는 이 증후군이 지능이 높은 아동에게서 좀 더 많이 발견된다고 말하였다. 그러나 현재까지 아스퍼거 증후군에 관한 임상적인 연구들이 평균 또는 지능이 낮은 아동에게 초점을 맞추어 왔고, 영재아의 아스퍼거 증후군에 대한 고찰은 거의 없었다(Barber, 1996; Cash, 1999a, 1999b).

아스퍼거 증후군 영재아의 독특한 행동이 영재성 때문인지 아니면 학습장애 때문인지 몰랐기 때문에, 지난 몇 년 동안 아스퍼거 증후군을 가진 영재아가 제대로 진단되지 못한다는 인식이 커지고 있다. 이 글의 목적은 아스퍼거 증후군 아동과 영재아의 발달 특성의 공통점을 논의하고, 영재아동에게서 보이는 아스퍼거 증후군의 특징을 구별하는 지침을 제안하는 것이다. 그리고 아스퍼거 증후군을 보이는 영재아의 교육에 대해 몇 가지 제안을 한다.

아스퍼거 증후군 아동

아스퍼거 증후군의 출현율에 대한 정보는 부족하지만, 성별로 살펴보면 여아보다 남아에게 더 많이 나타난다(APA, 1994). 아스퍼거 증후군 아동의 주요 임상 특징은 다음과 같다(Atwood, 1998; Baron & Baron, 1992; Grandin, 1992; Sacks, 1995).

1) 감정이입 부족
2) 단조로운 언어 사용
3) 매우 독특하고 열정적인 흥미(조수간만표, 특정만화 캐릭터, 지도 등)
4) 부적절한 사회적 의사소통에 따른 사회적 고립
5) 융통성 없는 사고와 습관

아스퍼거 증후군 아동이 사회적 의사소통의 문제와 고집스럽게 독특한 흥미가 있다는 점에서는 자폐 스펙트럼 장애아와 유사하다. 그러나 장애가 더 늦게 발생되며 언어가 지체되지 않고 운동적 결함이 더 많다는 점은 다르다(Atwood, 1998; Frith, 1991; Grandin, 1992; Klin, 1994; Schopler & Mesibov, 1992; Szatmari, Bartolucci, & Bremner, 1989).

자폐 아동과 대조적으로, 아스퍼거 증후군 아동은 5세 이전에 말하고, 성장할수록 사람에 대해 관심을 표현하며, 지능은 적어도 보통이고, 자라면서 놀랄 만한 성장을 보여 주기도 한다. 어른이 되었을 때, 아스퍼거 증후군 아동은 잘 적응하고 매우 성공적인 생활을 할 수도 있다. 하지만 사회적으로 고립되고 자기중심적이며 독특한 성향을 그대로 가지는 경향도 있어서, 다른 사람과 함께 일하는 데 어려움이 있고 상식에서 벗어난 언어를 사용한다. 또한 한정된 주제에 집요하고 강하게 몰입하며, 종종 다른 사람을 이상하게 쳐다보거나 대화를 주고받는 사람을 뚫어지게 응시하기도 한다. 이러한 행동 때문에 다른 사람들은 아스퍼거 증후군 아동을 '괴짜 같다'거나 '괴상하다'고 생각하기도 한다(Atwood, 1998; Barron & Barron, 1992; Grandin, 1992; Schopler & Mesibov, 1992; Szatmari, Bartolucci, Bremner, Bond, & Rich, 1989; Tantum, 1988).

아스퍼거 증후군의 하위 범주에 속하는 아동의 특성은 다양하다. 예를 들어, 일부 아동들은 학교에서 학습을 제대로 수행하지 못하는 반면, 어떤 아동들은 높은 수준의 성취를 보인다. 또한 심각한 문제행동을 보이는 경우와 그렇지 않은 경우가 있으며, 먹을 수 없는 것을 먹거나 부적절한 신체 접촉을 하거나 이갈기 또는 공격적인 행동을 하는 등 수용하기 힘든 습관을 보이는 경우도 있다.

영재아와 아스퍼거 증후군 아동의 유사점

영재아와 아스퍼거 증후군 아동은 적어도 7가지의 공통점이 있다. 이러한 공통점들은 실험을 통해 검증된 것은 아니지만, 관련 연구와 임상경험으로 도출된 것이다. 예를 들어, 언어적 유창성과 조숙함, 뛰어난 기억력은 아스퍼거 증후군 아동과 영재 모두가 공통적으로 가지고 있는 특징이다(Clark, 1992; Frith, 1991; Levy, 1988; Silverman, 1993). 두 집단의 아동들은 수와 문자에 흥미가 있고, 어린 나이에 사실적 정보를 기억하는 것을 즐긴다. 그리고 특별한 주제에 강한 흥미를 보이며, 그것에 대한 광범위한 양의 정보를 습득할 수 있다(Clark, 1992; Gallagher, 1985; Klin & Volkmar, 1995). 또한 자신의 흥미에 대해 끊임없이 이야기하여 또래를 짜증나게 하는 경우도 있으며, 계속되는 질문에 대해 길고 자세하게 반응해 주어야 하는 경우도 있다. 아스퍼거 증후군 영재아에게 크리스토퍼 콜럼버스가 누구인지 물었더니 콜럼버스의 세부적인 가계도를 12문장으로 답했다.

또한 감각적 자극에 대한 과도한 민감성 역시 두 집단의 아동들에게 나타나는 공통적인 특성이다. 영재아와 아스퍼거 증후군 아동의 부모들은 자녀가 특정한 소재로 만든 옷을 입기 싫어하고, 편식이나 불쾌한 소음이나 접촉을 피하려는 고집이 있다고 한다.

아스퍼거 증후군 아동은 영재아처럼 다양한 범위의 능력을 가지는 것으로 알려져 있다. Asperger는 장애를 가진 모든 아동들이 '특정 영역에서의 일반적인 수준 이상의 수행을 해 낼 수 있는 특별한 흥미'(p. 45)를 가지고 있는 것 같다고 하였다. 이러한 흥미는 영재아의 '열정'과 유사하다(Betts & Kercher, 1999; Torrance, 1965). 이들은 특정 영역에서는 뛰어난 기술을 가지고 있지만, 다른 영역에서는 평균 수준의 능력을 보이기도 한다. 영재아와 아스퍼거 증후군 아동은 어릴 때 인지발달과 사회 정서적 발달 간에 불규칙한 발달을 경험하는 것으로 나타나고 있다(Altman, 1983; Asperger, 1991; Hollingworth, 1942; Silverman, 1993).

영재아와 아스퍼거 증후군 아동의 차이점

앞에서 영재아와 아스퍼거 증후군 아동의 유사점을 소개하였고, 이들의 차이점을 〈표 4-1〉에 제시하였다. 첫 번째 차이점으로 언어 특성을 들 수 있다. 보통 영재아처럼 아스퍼거 증후군 아동은 창의적이고 분석적인 사고를 바탕으로 유창한 언어 실력을 가지고 있다. 두 집단 모두 높은 언어능력을 가지고 있지만, 일반적으로 아스퍼거 증후군 아동이 현학적 언어를 사용하는 반면 영재아는 그렇지 않다. Firth(1991)는 그 차이를 언어 사용에서 경계가 없는 것(seamlessness)으로 설명하였다. 즉, 아스퍼거 증후군 아동은 질문에 대한 구어적 또는 문어적 반응에서 본인의 견해와 지식을 구분하지

표 4-1 영재와 아스퍼거 증후군 영재를 구별하는 특징

특 징	영 재	아스퍼거 증후군 영재
언어 특성	일반적이지만, 자신보다 높은 연령 수준의 언어를 사용하기도 함	현학적이고 경계가 없는 말
일상에 대한 반응	수동적으로 저항하지만 대체로 순응함	변화를 수용하지 못함, 불안, 공격성
차이에 대한 인식	본인이 다른 사람과 다르다는 것을 알고 있음	다른 사람이 자신을 어떻게 보는지 잘 인식하지 못함
주의력 결핍	부주의의 원인이 외부에 존재	부주의의 원인이 내부에 존재
유 머	다른 사람과 사회적 상호 관계 속에서 유머 사용	단어 놀이는 할 수 있지만, 사회적 상호 관계를 요구하는 유머를 이해하지 못함
미숙한 운동 수행	영재아동의 대부분은 그렇지 않음	아스퍼거 증후군 아동의 50~90%에서 나타남
부적절한 정서 상태	특징적이지 않음	거의 항상 관찰됨
통찰력	통찰력이 매주 좋음	종종 결핍됨
상동행동 (stereotypy)	존재함	특징이 아님

장애영재와 특수영재

않고 섞어서 설명하는 경우가 있으며, 끊임없이 내용을 조합하고, 개인적 생각과 자전적인 설명을 반복한다. 이것은 아동이 질문의 목적을 인식하지 못하기 때문에 나타나는 현상으로 보인다.

두 번째 차이점은 일상생활이나 구조에 대한 반응 형태다. 두 집단 모두 가정이나 학교 일과에 대해 저항적인 것으로 묘사되지만, 영재아는 아스퍼거 증후군 아동만큼 일과에 대해 경직되어 있지 않으며, 대개 변화에 대처하는 데 어려움이 없다. 아스퍼거 증후군 아동은 빡빡한 일정과 일반적인 교실 일과를 매우 힘들어하는 반면, 영재아동은 일과에 대한 불만을 나타내기는 하지만 수동적으로 따르며, 아스퍼거 아동처럼 공황상태에 빠지거나 공격적이지 않다. 영재아동과 아스퍼거 증후군 학습자는 둘 다 일정과 과정에 대한 불만을 가지지만, 아스퍼거 아동의 경우 더 집착하는 경향이 있다 (Barron & Barron, 1992; Clark, 1992; Klin & Volkmar, 1995).

세 번째 차이점은 아스퍼거 증후군 아동과 영재아의 독특한 행동이다. Magaret Dewey(1992)는 자폐적 특이함과 흔히 볼 수 있는 특이함의 차이에 대해서 기술하였는데, 그 내용은 일반적인 영재아와 아스퍼거 증후군 아동의 행동을 구분하는 데 유용하게 사용될 수 있다. 보통의 독특한 사람들은 타인이 자신의 행동에 대해 평범하지 않다고 생각하는 것을 인식하는 반면, 아스퍼거 증후군 아동은 인식하지 못한다. 즉, 아스퍼거 증후군이 있는 사람은 종종 자신이 일반적이지 않은 행동을 하고 있다는 것을 알지 못한다. 사회적 관습을 의식하지 못하는 점은 이러한 장애를 가진 사람들의 주요한 특징이다. 일부 저자들은 이러한 특징이 '마음 이론(theory of mind)'의 결함 때문인 것으로 본다(Atwood, 1998).

마음 이론은 상위인지와 유사하다. 마음 이론은 자신이 무엇을, 어떻게 알고 있는지를 알고, 동시에 다른 사람과의 차이점을 아는 것을 의미한다. 또한 자신의 관점과 타인의 관점을 동시에 인식하면서 자신의 관점을 취할 수 있는 능력을 포함한다. 아스퍼거 증후군 아동은 다른 사람의 관점을 이해하는 것이 어렵고, 이러한 점 때문에 사회적으로 적응하기가 매우 힘들다

(Schopler & Mesibov, 1992; Wing & Gould, 1979).

타인의 관점을 의식하지 못하는 것은 7~8세 이상의 영재아동이 아스퍼거 증후군인지 아닌지를 구별하는 기준이 될 수 있다. 예를 들어, 아스퍼거 증후군 아동은 사람이나 사건에 대해서 선택적으로 아주 잘 기억한다. 이와 비슷하게 영재아도 자신에게 흥미로운 특정 주제에 대해 매우 뛰어난 기억력을 보인다. 하지만 아스퍼거 증후군 아동은 다른 사람이 자신이 언급한 말을 모두 이해할 수 있다고 생각하며, 다른 사람이 자신의 기억력이 매우 뛰어나다고 생각할 수 있다는 것을 알지 못한다. 반대로 영재아는 다른 사람이 자신과 같이 특정 주제에 대한 지식을 가지고 있지 못하며, 민감한 기억력에 대해 놀라워한다는 것을 알고 있다(Dewey, 1992).

네 번째 차이점은 '주의 집중의 어려움'이다(Asperger, 1991, p. 76). 영재아는 외부 자극 때문에 산만해져서 어떤 일에 주의를 집중하는 데 어려움이 있다. 아스퍼거 증후군 아동 역시 산만한 경향이 있지만, 산만해지는 이유는 자신의 내부로부터 기인한다. 즉, 이들은 외부적인 자극보다 내면의 세계에 더욱 집중하며, 이러한 특징 때문에 종종 학업수행에 어려움을 겪는다.

다섯 번째 차이점은 유머의 질이다. 아스퍼거 증후군 영재아는 창의적인 단어 놀이를 하고 말장난을 잘하지만, 대부분 유머의 밑바탕에 있는 타인과의 사회적 상호작용 능력이 부족하다(Atwood, 1998; Grandin, 1992; Van Bourgondien & Mesibov, 1987). 이들은 대부분의 사람들이 재미있어 하는 것에 웃지 않고 농담을 하지 않는다. 반면에 영재아는 유머를 이해하는 능력에 결함이 없다.

여섯 번째 차이점은 감정의 표현이다. 아스퍼거 증후군 아동은 다소 기계적인 반응을 나타내는 경향이 있다(Atwood, 1998). 즉, 이들의 정서적인 반응은 보통 사람들이 기대하지 않았던 모습으로 나타나는 경우가 많은데, 무미건조하거나 제한적으로 반응하며, 부적절하게 웃거나 화를 내고, 불안해한다. 하지만 이러한 부적절한 감정 표현은 영재아의 공통적 특징이 아니다.

아마도 아스퍼거 증후군 영재학생을 구별하는 가장 명확한 특징은 다른 사람의 감정, 느낌, 요구를 인식하고 통찰하는 것이 부족하다는 점일 것이다. 아스퍼거 증후군 아동은 자신의 말을 듣는 사람이 흥미가 없고, 지루해하며, 듣고 싶지 않다거나 다른 것을 말하고 싶어한다는 것을 의식하지 못하고, 좋아하는 주제에 대해 현학적이고 단조로운 억양으로 계속 이야기한다. 또한 사적인 대화를 방해하기도 하고, 타인의 요구나 관심을 고려하지 않은 채 갑자기 대화에 끼어들거나 끝내 버리기도 한다. 이들은 가장 간단한 사회 규범도 잘 잊어버리는 경향이 있으며, 계속해서 가르치고 상기시켜도 이러한 행동을 변화시키지 못한다. 이와 같은 사회적 인식에 대한 심각한 결함은 영재아의 일반적 특징이 아니다. 영재 프로그램에 활동적으로 참여하기 위해 필요한 최소한의 사회적 지침을 이해하는 것은 아스퍼거 증후군 영재아에게 매우 많은 노력이 필요한 일이다(Szatmari, Bartolucci, & Bremner, 1989; Tantam, 1988; Wing, 1992; Wing & Gould, 1979).

아스퍼거 증후군 영재아의 판별은 아스퍼거 증후군 아동들 사이에서 발견되는 다양성 때문에 어려움이 있다. 예를 들면, 상동행위는 몇몇 아스퍼거 증후군을 보이는 아동에게는 발견되지만 그렇다고 모든 아스퍼거 증후군 아동에게 나타나는 것은 아니다. 아스퍼거 증후군 아동이 손 비틀기, 책 펼치고 닫기, 머리 흔들기, 두드리기, 돌기와 같은 상동행위를 종종 보이기는 하지만 항상 그런 것도 아니다. 하지만 영재아동에게서 상동행위가 발견될 때는 아스퍼거 증후군이나 기타 전반적 발달장애 여부에 대한 진단이 필요하며, 더 자세한 검사를 실시할 필요가 있다(APA, 1994).

아스퍼거 증후군 영재 판별하기

적절한 지원을 효과적으로 제공하기 위해서는 아스퍼거 증후군 영재아를 판별하는 것이 중요하다. 부모와 교사는 '무엇인가 이상하다'고 생각하지만, 그것이 무엇인지는 알지 못한다. 이러한 학생을 영재 또는 학습장애로 판별하는 것은 바람직하지 않으며, 이 때문에 아동의 실제적인 어려움에 대해 잘못 이해하거나 부적절한 교육 계획을 수립하기도 한다(Barron & Barron, 1992; Dewey, 1991; Grandin, 1992; Klin & Volkmar, 1995; Levy, 1988; Minshew, 1992; Schopler, 1985).

영재 가운데 아스퍼거 증후군을 가지고 있는지 판별하기 위해서는 아동의 발달과정을 철저히 확인하는 것과 특정 행동 이면에 있는 동기에 대해 통찰하는 것이 필요하다(Atwood, 1998; Levy, 1988; Tsai, 1992). 이 두 가지를 고려하지 않으면 아스퍼거 아동이 과잉 진단되거나, 제대로 진단되지 않을 위험이 있다. 영재아동에게서 나타나는 아스퍼거 증후군 증상은 장애 자체보다는 영재성 때문에 나타나는 것으로 잘못 생각될 수도 있다. 아스퍼거 아동의 영재성은 과소평가되고, 발달과 관련이 없는 것으로 간주되는 경우도 있다.

영재 가운데 아스퍼거 증후군을 정확히 진단하기 위해서는 숙련된 간학문적 팀의 참여가 필요하다. 아동의 발달과정은 진단을 내리는 데 중요한 요소이기 때문에 부모는 적극적으로 사정에 참여해야 한다. 〈표 4-2〉는 DSM-IV의 아스퍼거 증후군 진단 기준이다(DSM-IV; APA, 1994).

Tony Atwood(1998)는 진단평가는 발달과정 이외에도 형식적 검사, 운동기술의 평가, 다양한 행동을 이끌어 낼 수 있는 상황에서 아동의 사회적 상호작용 관찰, 아동의 화용론적 언어 사용 관찰을 포함해야 한다고 한다. 진단 도구와 과정에 대한 더 자세한 논의에 관심이 있는 독자는 그의 저서를 참고하기 바란다.

학교에서 특별한 지원을 받는 자폐 아동과 달리, 아스퍼거 증후군 학생은 혼자 스스로 할 수 있는 범위 내에서 활동하도록 방치된다. 그 결과, 교사나 또래와의 관계가 굉장히 어려워질 수 있고, 시간이 지나면서 사회적 고립의 결과로 무기력해질 수도 있다. 최근까지 교사들은 아스퍼거 증후군 학생을 어떻게 도와야 하는지 몰랐고, 이런 장애를 가진 영재아들은 학교의 영재 프로그램에 참여할 수 없었는데, 그것은 어느 누구도 이런 아동에게 어떤 방식

장애영재와 특수영재

표 4-2 DSM-Ⅳ(1994)의 아스퍼거 증후군 진단 기준

A. 사회적 상호 관계에서 질적인 손상은 다음 내용 중 최소 두 가지 이상에서 명백히 나타나야 한다.

   1. 눈 맞추기, 얼굴 표정, 태도, 사회적 상호 관계를 나타내는 몸짓 등 다양한 비언어적 행동을 두드러지게 사용하지 못함

   2. 발달단계에 적절한 또래 관계를 형성하지 못함

   3. 흥미, 관심, 다른 사람과의 즐거움을 지속적으로 공유하는 것 결핍

     (다른 사람에게 물건을 가져다주거나 가리키는 것 결핍)

   4. 사회적, 정서적 상호 관계의 결핍

B. 제한적이고 반복적이고 상동적인 행동, 흥미 활동의 유형은 다음 내용 중 최소 한 가지 이상에서 명백히 나타나야 한다.

   1. 집중이나 관심에서 비정상적인, 한 가지 또는 그 이상의 제한적인 흥미 방식

   2. 특별하고 의례적인 일상에 융통성 없는 집착

   3. 상동적이고 반복적인 움직임

     (예, 손가락이나 손바닥 흔들기, 비틀기, 온몸을 사용한 동작)

   4. 특정 부분에 대한 지속적인 몰두

C. 사회적, 직업적, 다른 중요한 기능적 영역에서 임상적으로 중요한 손상을 일으키는 장애

D. 임상적인 언어에 대한 지체가 없음

   (예, 2세까지는 단어 사용, 3세까지는 의사소통을 위한 어구를 사용)

E. 인지발달이나 나이에 적합한 자조 기술, 적응 행동, 어린 시절 환경에 대한 호기심 등의 발달에 임상적으로 지체가 없음

F. 기준이 다른 전반적 발달장애나 정신분열증과 일치하지 않음

으로 필요한 지원을 제공해야 하는지 몰랐기 때문이다. 다행히 지난 몇 년 간 이러한 아동에 대해 많이 연구하여, 현재는 아스퍼거 증후군 영재아의 통합을 촉진시킬 수 있는 행동 관리 전략들과 교수법을 제안할 수 있게 되었다 (Atwood, 1998; Cumine, Leach, & Stevenson, 1997; Freeman & Dake, 1996; Grsy, 인쇄 중). 또한 아스퍼거 아동을 양육하고 교육하는 데 효과적인 접근법에 대해서 더 많은 자료를 제공할 수 있는 연구과제들이 상당히 많이 실행되고 있다.

아스퍼거 증후군 영재아를 위한 교육

　아스퍼거 증후군 아동은 전형적으로 학습, 사회화, 행동의 세 가지 영역에서 어려움이 있다. Klin과 Volkmar(1995), Mesibov(1992)는 정보, 일반적 지원, 특정 문제행동 관리에 중재의 초점을 맞추어야 한다고 주장하였다. 아스퍼거 증후군 학생은 학습장애가 있는 영재처럼 학습에 대한 보상전략이 효과적이다(Baum, Owen, & Dixon, 1991; Klin & Volkmar, 1995; Rourke, 1989). 그러나 이러한 전략은 아스퍼거 증후군의 독특한 뇌 특성을 고려해서 교수되어야 한다. 아스퍼거 증후군 성인은 보통 시각적으로 사고하며, 구체적이고 사실적인 그림을 제시했을 때 가장 사고를 잘한다. 이러한 특징은 유리한 측면도 있지만, 학생에게 구어적으로 사고하도록 요구하는 교실환경에서는 매우 불리하다. 행동을 가르치거나 관리할 때 이러한 특징을 감안하여 도식, 시각자료, 도표를 자주 사용하는 것이 좋다(Atwood, 1998; Grandin & Scarino, 1996; Gray, 인쇄 중; Hurlburt, Frappe, & Frith, 1994).

　Klin과 Volkmar(1995)는 아스퍼거 증후군 아동이 세부적인 것에 과도하게 집중하는 경향이 있기 때문에 부분에서 전체로 설명하는 언어적 교수법이 가장 적절하다고 하였다. 학생이 성공적으로 전략을 사용할 수 있도록 주의하면서 정확한 순서대로 전략을 가르쳐야 한다. 영재아와 달리 아스퍼거 증후군 아동은 사고와 습관이 고정되어 있기 때문에, 기계적인 학습방법을 즐긴다.

　Schopler와 Mesibov(1992)는 직관력이 높은 교사가 논리적인 추론을 하는 교사보다 아스퍼거 증후군 영재아를 성공적으로 가르칠 수 있다고 제안하였다. 그 이유는 아스퍼거 증후군 학생이 말하는 어조에 아주 민감하기 때문이다(Asperger, 1979; Frith, 1991). 아스퍼거 증후군 영재아는 자신에게 말한 내용보다는 말한 방식에 따라서 더 많이 반응한다. 따라서 짧게 지시하고 교정해 주는 것이 좋으며, 아동이 대화 내용을 왜곡할 수 있는 기회를 줄이기 위해 긴 설명을 피하는 것이 바람직하다.

> 모든 교육적 교류는 감정을 배제하고 이루어져야 한다. 교사는 결코 화를 내거나 사랑받으려고 해서는 안 된다. 속으로 화가 나 있다면, 결코 겉으로 조용하거나 평안하게 보일 수 없을 것이다. 자폐 아동이 계산된 장난을 하거나 부정적으로 행동하는 것처럼 보일지라도, 그건 단지 그렇게 보이는 것뿐이다. 교사는 어떤 일이 있더라도 침착하고, 평정심을 잃지 않아야 하며, 감정을 조절할 수 있어야 한다. 교사는 감정이 이입되지 않게, 차분하고 객관적인 자세로 수업을 해야 한다(Asperger, 1991, p. 48).

감각통합

감각적 자극에 대한 과도한 민감성은 아스퍼거 증후군 아동에게서 공통적으로 나타난다(Tupper, 1999). Atwood(1998)에 따르면, 이러한 아동은 "청각과 촉각이 가장 예민하며, 일반적인 감각 자극도 참을 수 없을 정도로 강력하다."(p.129) 아동은 그러한 경험을 생각하는 것만으로도 공황상태 또는 과도한 불안 상태에 이를 수 있다. 과도한 민감성은 학교 적응에 문제를 유발할 수 있다.

예를 들어, 아스퍼거 증후군 아동은 학교에서 울리는 종소리를 싫어하며, 수업 중에 교사가 촉각 활동에 참여시키려고 달래면 공격적으로 반항할 수 있다. 아스퍼거 증후군 영재아를 가르치려면 이러한 민감성을 잘 고려해야 하며, 아스퍼거 증후군 학생에게 대처 전략을 가르치기 위해 부모와 치료사와 협력해야 한다. 일부 감각 자극은 피하거나 최소화시킬 수 있지만, 많은 경우가 그렇지 못하다. 그럴 때 음악이 나오는 헤드셋이나 실리콘 귀마개는 학생을 돕는 방음벽 역할을 충분히 할 수 있다. 또한 촉각적 방어를 줄이기 위해 감각통합치료를 사용하면 효과를 거둘 수 있다.

감각통합(sensory integration)은 Jean Ayres(1979)가 최초로 도입한 개념으로, 외부 세계의 감각 정보를 받아들이고 내부적인 감각 정보와 통합하여 환경에 적응해 가는 신경학적인 과정이다. 적응적 반응(adaptive responses)은 일생 동안 일어나는 필수적인 요소다. Tupper(1999)는 세상은 끊임없이 변하고, 여기에 대해 대부분의 사람들은 별 생각이나 스트레스 없이 무의식적으로 반응한다고 설명하였다. 그러나 감각 정보를 잘못 해석하거나 느리게 해석하는 사람에게는 세상이 훨씬 더 예측하기 힘든 곳이 되고, 그 결과 더욱 당황하게 된다. 왜냐하면, 쉽게 반응할 수 있는 방법이 부족하기 때문이다. 감각통합 문제가 심각해질수록 스트레스나 변화에 대해 더 참을 수 없게 된다. 그들은 당황하지 않기 위해서 상황을 회피하거나, 공격적으로 저항할지도 모른다. 우리가 세상을 예측하는 것은 한계가 있기 때문에 아동의 반응 범위, 즉 융통성(flexibility)을 높이는 작업을 해야만 한다. 감각통합치료의 목적은 사람이 더 폭넓은 기술인 '세상에 대한 좀 더 조직화된 접근'을 할 수 있도록 돕는 것이다(Tupper, 1999).

감각통합치료는 통합을 촉진하고 감각의 과도한 민감성을 줄이는 것이다. 이러한 과정은 변화를 예측하고, 준비하고, 조직하고, 집중해서 참여하도록 돕는다. 감각통합치료는 아동의 적응력과 융통성을 높여서 교육활동에 참여하는 것을 더 용이하게 만든다. 일반적으로 감각통합치료는 아동이 어릴수록 더 효과적이지만, 연령 제한은 없는 것으로 알려져 있다(Ayres, 1979; Tupper, 1999).

감각통합치료는 고도로 훈련된 작업치료사가 계획하고, 부족한 영역에서 감각 경험을 제공한다. 감각통합치료의 목표는 감각 체계의 발달에 따라 감각을 가볍게 자극하는 것이다. 이러한 운동은 교사나 부모가 쉽게 배울 수 있어서 아동이 학교나 집에서 할 수 있다는 이점이 있다. 예를 들어, 아스퍼거 증후군 아동이 흥분하거나 불안해하고 공격적일 때, 학교에서 관절 압박이나 손 마사지처럼 강한 압력 자극을 아동에게 해 주면 도움이 될 수 있다. 안마나 빗질을 해 주는 활동도 도움이 될 수 있다. 교사는 이러한 도구를 적용할 때 작업치료사와 상의해야 할 것이다.

사회적 기술훈련

사회성에 문제가 있는 아스퍼거 증후군 아동에게 사회적 훈련을 실시한 결과, 사회성이 향상되었다는 것이 증명되고 있다. 그러나 적절한 행동에 대해서 이야기해 주는 것은 효과적이지 못하며, 구체적인 시각적 접근이 이루어져야 한다(Atwood, 1998; Mesibov, 1992). 거울을 이용하거나 모방하는 활동이 도움이 되고(Klin & Volkmar, 1995), Grandin(1992)은 비디오테이프를 이용해 새로운 행동을 가르칠 것을 제안한다.

Carol Grey의 사회적 이야기와 만화를 이용한 대화기법(Atwood, 1998; Gray, 인쇄 중)은 자폐 스펙트럼 장애 아동의 사회성을 돕는 데 폭넓게 사용되고 있다. 사회적 이야기는 특정한 사회적 상황에 대한 행동과 단서를 가르치는 기술이다. 교사에게는 학생의 관점을 이해하고, 독특한 행동의 이유를 이해하는 데 도움을 준다. 사회적 이야기는 아동이 힘들어하는 특정 사회적 상황을 묘사하는 매우 짧은 이야기를 쓰는 활동이 포함되며, 이야기는 기술(descriptive), 조망(perspective), 지시(directive), 통제(control)의 네 유형의 문장으로 이루어진다. 기술적 문장은 언제, 누가, 무엇을 했는가에 관한 설명이다. 조망은 특정 상황에서 다른 사람의 행동과 느낌을 설명한다. 지시는 아동이 무엇을 하고 말해야 하는지에 대한 진술이다. 이야기는 아동이 사회적 상황에서 기대되는 행동을 이해하고 기억할 수 있는 전략에 관한 통제 문장을 포함한다. Grey는 기술/조망 문장 2~5개에 1개의 지시/통제 문장의 비율을 추천한다. 다음의 예는 아스퍼거 증후군 아동이 보통 사람이 말하는 방식을 이해할 수 있도록 쓴 사회적 이야기다.

> 때때로 내 친구 토니(Tony)는 나에게 "무섭다."라고 이야기한다(기술). 이것은 내가 목소리가 크고 두목 행세를 한다는 것을 의미한다(기술). 토니는 내가 큰 목소리로 이야기하거나 두목 행세를 할 때 나와 함께 앉기를 싫어한다(조망). 토니가 나에게 "무섭다(chill)."라고 이야기할 때 나는 내 목소리를 줄일 것이다(지시). 토니가 나에게 "무섭다."라고 이야기할 때, 나는 내 목소리를

얼음 위에 두는 것을 상상할 것이다(통제).

다른 사람의 관점에 대해 설명하거나 감정에 대한 교육을 함으로써 이러한 아동에게 도움을 줄 수 있다. 아스퍼거 증후군 아동에게 무엇이 일반적인지 분류시키고 확인시키는 교육은, 자기이해를 촉진하고 불안을 줄일 수 있다. 아동이 어른에 대한 믿음을 가지고 있다면, 피드백을 더 잘 받아들일 수 있다(Klin & Volkmar, 1995). Messibov(1992)는 활동적이며 지시적이고 구조화된 접근법으로 이야기할 것을 권고하였다.

행동문제

아스퍼거 증후군 아동은 대개 몇 가지 행동문제를 가지고 있는데, 과잉 행동적이고 충동적이어서 공격적인 감정을 분출하기 쉽다. 이들은 이유 없이 다른 아동을 때리기도 하고 부적절한 방법으로 사람을 건드리기도 한다. 일부 아스퍼거 증후군 아동은 특정한 공포와 불안으로 고통받기도 한다. 이러한 아동은 다른 사람이 자신을 놀리면 매우 민감하게 반응하고 흥분하는 행동을 계속 보인다. 아스퍼거 증후군 아동은 기회가 주어진다면 어른들과 끝없는 논쟁을 벌일 수도 있다. 부모는 특별히 같은 사건이나 의견이 맞지 않는 것에 대한 계속적인 토론에 휘말리게 된다. 성인은 그런 아동과 1분 이상 말하지 말아야 한다(Barton & Baron, 1992; Dewey, 1991; Klin & Volkmar, 1995). 명료하고 구체적인 지시가 가장 효과적이다. 도표와 같은 시각적 단서들을 공책, 책상, 벽에 붙여 주면, 아동은 기대되는 행동을 시각적으로 유추할 수 있다. 시각적 지원은 아스퍼거 증후군 학생이 자신의 행동을 조직하는 것을 돕는 데 아주 효과적이다. 교사와 부모는 보완적 의사소통 전문가와의 상담을 통하여 시각적 지원 방법을 배울 수 있을 것이다.

행동적이고 교육적인 접근 외에도, 약물치료가 특정한 문제행동을 치료하는 데 도움을 준다. 약물치료는 공격적이고 충동적인 행동을 억제해 주어서 아스퍼거 증후군 아동의 삶의 질을 향상시킬 수 있을 것이다. 또한 약물

장애영재와 특수영재

치료는 의기소침, 불안공격의 증상을 완화시켜 줄 수도 있다. 토프라닐과 프로작을 사용해 볼 만하며, 베타 블로커는 공격적인 아스퍼거 증후군의 아동에게 적합하고, 아나프라닐과 루복스는 과도하게 충동적인 성향을 감소시키는 데 도움이 된다(Gragg & Francis, 1997; Rapoport, 1989).

결 론

부모와 교사는 아스퍼거 증후군 영재아가 학교생활에 어려움을 겪는 이유로 아동의 학습 요구와 교육과정 사이의 부조화를 이야기한다. 그들은 아동의 영재성에 모든 초점을 맞추는 바람에 아동을 아스퍼거 증후군으로 판별하는 데 실패하고 있다. 만약 아스퍼거 증후군에 대한 진단이 적절히 이루어진 이후라면, 영재아의 사회적 결함을 학습장애나 그들의 영재성에 따른 것으로 결론지을 수 있을 것이다. 학교는 영재학습자의 독특한 요구를 이해하고 지원하지 못하는 것에 대한 비난을 받고 있지만, 실제 문제는 아동의 장애가 판별되거나 다루어지지 않고 있다는 점이다.

정확한 진단은 적절한 지원을 제공하는 데 필수적이다. 아스퍼거 증후군 아동을 도와줄 수 있는 사회적 기술훈련은 다른 종류의 학습문제를 가진 아동에게 유용한 사회적 기술훈련과는 다르다(Guevremont, 1990; Klin & Volkmar, 1995; Mesibov, 1992; Wing, 1992). 학생은 정확한 진단을 통해 적절한 지원을 받을 수 있고, 자신의 잠재성을 깨달을 수 있는 최대한의 기회를 제공받을 수 있을 것이다.

지난 5년 동안 아스퍼거 증후군에 대한 연구와 관심은 있어 왔지만, 영재성을 언급한 것은 거의 없었다(Cash, 1999a, 1999b). 다행히 장애를 가진 영재아를 더 잘 이해할 수 있게 해 줄 연구들이 현재 진행 중이다(Henderson, 1999). 많은 자원을 온라인에서 사용할 수 있고, 부모와 교사는 아스퍼거 증후군 아동을 효과적으로 가르치는 방법에 대한 정보를 얻기 위해 내용을 출력할 수도 있다. 바바라 커비(http://www.udel.edu.bkirby/asperger.html)와 예일 아동연구센터(http://www.info.med.yale.edu/chldstdy/autism.html)의 두 웹사이트가 가장 유용하며, 커비의 사이트는 아스퍼거 증후군 학생에게 사용할 수 있는 IEP 목표, 형식 그리고 체크리스트도 안내되어 있다.

ASPEN(아스퍼거 증후군 교육네트워크)은 전국적인 조직 단체로, 현재까지 아스퍼거와 같은 고기능 자폐, 전반적인 발달장애와 같은 신경장애를 가진 아동의 정보와 지원을 제공하고 있다. 분기별로 뉴스레터를 발간하고 상담 전화 서비스(904-745-6741)를 제공한다. 웹사이트(http://www.asperger.org)는 다른 유용한 사이트에 링크되어 있을 뿐만 아니라, 아스퍼거 증후군에 관한 최신 문헌 목록들도 나와 있다.

유능한 자폐 성인은 높은 위치에 오를 수도 있고, 성공적으로 아주 뛰어난 수행을 보일 수도 있다. 심지어 어떤 성취는 그들만 할 수 있는 것 같다. 자폐 스펙트럼 장애를 가진 사람은 자신의 결함을 보충할 수 있는 보상적 능력을 가지고 있는 것으로 보인다. 이들의 확고한 결정, 자발적이고 독창적인 정신능력의 일부인 날카로운 지적 능력, 단 한 가지 주제에 대한 지엽적인 관심은 매우 가치가 있으며, 이것은 특정 영역에서 우수한 성취로 연결될 수 있다. 우리는 자폐 아동이 자신의 특별한 능력을 자연스럽게 발달시킨다는 것을 일반 아동의 발달보다 더 명확히 알 수 있다(Asperger, 1991, p. 88).

📝 참고문헌

Altman, R. (1983). Social-emotional development of gifted children and adolescents: A research model. *Roeper Review, 6*, 65-67.

American Psychiatric Association. (1994). *Diagnostic and statistical manual of mental disorders* (4th ed.). Washington, DC: Author.

Asperger, H. (1979). Problems of infantile autism. *Communication, 13*, 45-52.

Asperger, H. (1991). Autistic Psychopathy in childhood. In U. Frith (Ed. and

장애영재와 특수영재

Trans.), *Autism and Asperger Syndrome* (pp. 37-92). London: Cambridge University Press.

Atwood, T. (1998). *Asperger's Syndrome: A guide for parents and professionals.* Philadelphia: Taylor and Francis.

Ayres, J. (1979). *Sensory integration and the child.* Los Angeles: Western Psychological Services.

Barber, C. (1996). The integration of a very able pupil with Asperger's Syndrome into a mainstream school. *British Journal of Special Education, 23*, 19-24.

Barron, J., & Barron, S. (1992). *There's a boy in here.* New York: Simon and Schuster.

Baum, S., Owen, S., & Dixon, J. (1991). *To be gifted and learning disabled: From identification to practical intervention strategies.* Mansfield, CT: Creative Learning Press.

Betts, G., & Kercher, J. (1999). *Autonomous learner model: Optimizing ability.* Greeley, CO: ALPS.

Cash, A. (1999a). A profile of gifted individuals with autism: The twice-exceptional learner. *Roeper Review, 22*, 22-27.

Cash, A. (1999b). Autism: The silent mask. In A. Y. Baldwin & W. Vialle (Eds.), *The many faces of giftedness* (pp. 209-238). Albany, NY: Wadsworth Publishing.

Clark, B. (1992). *Growing up gifted.* New York: Macmillan.

Cumine, V., Leach, J., & Stevenson, G. (1997). *Asperger Syndrome: A practical guide for teachers.* Philadelphia: Taylor and Francis.

Dewey, M. (1991). Living with Asperger's Syndrome. In U. Frith (Ed. and Trans.), *Autism and Asperger Syndrome* (pp. 184-206). London: Cambridge University Press.

Dewey, M. (1992). Autistic eccentricity. In E. Schopler & G. B. Mesibov (Eds.), *High functioning individuals with autism* (pp. 281-288). New York: Plenum Press.

Freeman, S., & Dake, L. (1996). *Teach me language: A language manual for children with autism, Asperger's Syndrome and related developmental disorders.* B. C. Canada: SKF Books.

Frith, U. (1991). Asperger and his syndrome. In U, Frith (Ed. and Trans.), *Autism and Asperger syndrome* (pp. 1-36). London: Cambridge University Press.

Gallagher, J. (1985). *Educating the gifted child.* Newton, MA: Allyn and Bacon.

Gillberg, C. (1992). Autism and autistic-like conditions: Subclasses among disorders of empathy. *Journal of Child Psychology and Psychiatry and Allied Disciplines, 33,* 813-842.

Gragg, R. A., & Francis, G. (1997). *Assessment and treatment of childhood obsessive-compulsive disorder.* Workshop presented at the 105th annual meeting of the American Psychological Association, Chicago, IL.

Grandin, T. (1992). An inside view of autism. In E. Schopler & G. B. Mesibov (Eds.), *High functioning individuals with autism* (pp. 105-128). New York: Plenum Press.

Grandin, T., & Scariano, M. (1996). *Emergence: Labeled autistic.* New York: Warner Books.

Gray, C. (in press). Social stories and comic strip conversations with students with Asperger Syndrome and high functioning autism. In E. Schopler, G. B. Mesibov, & L. Kunce (Eds.), *Asperger's Syndrome and high functioning autism.* New York: Plenum Press.

Guevremont, D. (1990). Social skills and peer relationship training. In R. Barkley(Ed.), *Attention deficit hyperactivity disorder: A handbook for diagnosis and treatment*(pp. 540-572). New York: The Guilford Press.

Henderson, L. (1999, December). *Gifted individuals with Asperger Syndrome.* Workshop presented at the annual convention of the Texas Association for the Gifted and Talented, Houston, TX.

Hollingworth, L. S. (1942). *Children above 180 IQ Stanford-Binet: Origin and development.* Yonkers-on-Hudson, NY: World Book.

Hurlburt, R. T., Frappe, F., & Frith. U. (1994). Sampling the form of inner experience of three adults with Asperger's Syndrome. *Psychological Medicine, 24,* 385-395.

Klin, A. (1994). Asperger Syndrome. *Child and Adolescent Psychiatry Clinic of North America, 3,* 131-148.

장애영재와 특수영재

Klin, A., & Volkmar, F. R. (1995). *Guidelines for parents: Assessment, diagnosis, and intervention of Asperger Syndrome.* Pittsburgh, PA: Learning Disabilities Association of America.

Levy, S. (1988). *Identifying high-functioning children with autism.* Bloomington, IN: Indiana Resource Center for Autism.

Mesibov, G. (1992). Treatment issues with high-functioning adolescents and adults with autism. In E. Schopler & G. B. Mesibov (Eds.), *High functioning individuals with autism* (pp. 143-155). New York: Plenum Press.

Minshew, N. J. (1992). Neurological localization in autism. In E. Schopler & G. B. Mesibov (Eds.), *High functioning individuals with autism* (pp. 65-90). New York: Plenum Press.

Rapoport, J. (1989). *The boy who couldn't stop washing: The experiences and treatment of obsessive-compulsive disorder.* New York: E. P. Dutton.

Rourke, B. (1989). *Nonverbal learning disabilities: The syndrome and the model.* New York: Guilford Press.

Sacks, O. (1995). *An anthropologist on Mars.* New York: Vintage Books.

Schopler, E. (1985). Convergence of learning disability, higher level autism, and Asperger's Syndrome. *Journal of Autism and Developmental Disorders, 15,* 359.

Schopler, E., & Mesibov, G. B. (Eds.). (1992). *High-functioning individuals with autism.* New York: Plenum Press.

Silverman, L. K. (Ed.). (1993). *Counseling the gifted and talented.* Denver, CO: Love.

Szatmari, P., Bartolucci, G., & Bremner, R. (1989). Asperger's Syndrome: A review of clinical features. *Canadian Journal of Psychiatry, 34,* 554-560.

Szatmari, P., Bartolucci, G., Bremner, R., Bond, S., & Rich, S. (1989). A follow-up study of high functioning autistic children. *Journal of Autism and Developmental Disorders, 19,* 213-225.

Tantam, D. (1988). Lifelong eccentricity and social isolation: II. Asperger's Syndrome or schizoid personality disorder? *British Jurnal of Psychiatry, 153,* 783-791.

Torrance, P. (1965). *Gifted children in the classroom.* New York: Macmillan.

Tsai, L. Y. (1992). Diagnostic issues in high-functioning autism. In E. Schopler & G. B. Mesibov (Eds.), *High functioning individuals with autism* (pp. 11-40). New York: Plenum Press.

Tupper, L. (1999, September). Sensory integration. Workshop presented at the Annual State Conference on Autism, Plano, TX.

Van Bourgondien, M. E., & Mesibov, G. B. (1987). Humor in high-functioning autistic adults. *Journal of Autism and Developmental Disorders, 17,* 417-424.

Wing, L. (1981). Asperger's Syndrome: A clinical account. *Psychological Medicine, 11,* 115-129.

Wing, L. (1991). The relationship between Asperger's Syndrome and Kanner's Autism. In U. Frith(Ed. and Trans.), *Autism and Asperger's Syndrome* (pp. 93-121). London: Cambridge University Press.

Wing. L. (1992). Manifestations of social problems in high-functioning autistic people. In E. Schopler & G. B. Mesibov (Eds.), *High functioning individuals with autism* (pp. 129-142). New York: Plenum Press.

Wing, L., & Gould, J. (1979). Severe impairments of social interaction and associated abnormalities in children: Epidemiology and classification. *Journal of Autism and Developmental Disorders, 9,* 11-29.

알지 못하면 바꿀 수 없다:
여성 영재의 특별한 요구에 대한 이해[1]

Sally M. Reis(The University of Connecticut)

본 연구에서는 여성 영재와 관련된 중요한 문제와 질문에 대해 살펴볼 것이다. 여기에는 여성 영재의 미성취, 여성의 창의적 생산성, 수학과 과학에서의 남성 우위 현상, 문화적 고정관념, 성역할과 혼합된 메시지, 계획성 부족, 완벽 콤플렉스와 가면현상(imposter syndrome), 상담과 특수 집단에 대한 관심 등에 관한 내용들이 포함된다. 그리고 성과 관련된 능력, 성취, 성격, 사회 및 환경의 압력에 관한 문제와 연구들에 대해 간단히 논의하고 추후연구를 위한 몇 가지 제언을 한다.

1976년 우리가 진행하는 영재 프로그램에 헤더(Heather)라는 여학생이 참가하였다. 6학년이었던 이 학생은 7개월 동안 로봇과학과 실물 크기의 로봇 제작에 관하여 공부하고 있었다. 이 학생은 나에게 와서 우리 프로그램을 견학하러 오는 남자와 여자들은 자신이 만든 로봇을 보고 서로 다른 질문을 한다고 말했다. 즉, 여자들은 로봇을 어떻게 디자인했는지, 어떤 종류의 모터를 사용했는지, 어떻게 그런 아이디어를 얻었는지, 그리고 로봇의 제작

1) 편저자 주: Reis, S. M. (1987). We can't change what we don't recognize: Understanding the special needs of gifted females. *Gifted Child Quarterly*, *31*(2), 83-89. ⓒ 1987 National Association for Gifted Children. 필자 승인 후 재인쇄.

과정이 어떠했는지 등을 묻는다고 하였다. 반면 남자들은 "집안일을 하기 위해 로봇을 개발했느냐?"라는 등 그녀를 놀리는 듯한 질문만 한다고 하였다. 나는 헤더의 관찰에 놀라기도 하였지만 그녀의 결론이 잘못되었다고 생각했다. 그녀와 대화를 나눈 후, 나는 일주일 동안 우리 프로그램을 방문하는 사람들의 이야기에 귀를 기울였고 헤더의 관찰이 매우 정확했다는 것을 알았다. 대부분의 남자 방문객들이 하는 첫 번째 혹은 두 번째 질문은 자신의 연령에 관계없이 로봇이 집안일을 할 수 있는지에 대한 것이었다. 교육자이자 연구자인 우리는 여학생 영재가 발달기에 경험하는 사회화와 정형화된 경험들이 성인이 되었을 때 잠재능력을 발휘하는 데 어느 정도의 영향을 미치는지 고민해야만 하였다.

똑똑한 여성이 왜 미성취를 보이는지에 관한 의문은 거의 제기되지 않지만, 거의 모든 전문 분야나 직업에서 남성이 전문적 성취나 경제적 이익 모두에서 여성을 압도적으로 능가하고 있는 것이 사실이다. 오늘날 통계에 따르면, 여성은 단지 남성 월급의 60% 정도를 벌고 사회보장 지원에서도 60% 정도만을 받고 있다. 이러한 사실 하나만으로는 여성의 미성취에 대한 자료로 충분하지 않다고 주장할지도 모른다. 그러나 많은 여성 영재 자신이 기회를 잃었다고 인식하는 것에 대해 되짚어 볼 필요가 있다(Sears & Barbee, 1977; Goleman, 1980 a & b; White, 1984). 만약 여성의 미성취를 평가할 때 "내가 그렇게 하지 않았더라면…." 혹은 "내가 만약 그렇게 했었더라면…." 혹은 "그렇게 할 시간이 없었지…."라면서 후회를 하고 잃어버린 기회에 원인을 돌리는 나이든 여성이 많다면, 더 늦기 전에 미래의 여성 세대를 위하여 이 부분을 책임지고 해결해야 할 것이다.

본 연구에서는 여성 영재와 관련된 몇 가지 중요한 쟁점과 질문에 대하여 개괄적으로 살펴본다. 그리고 능력, 성취, 성격, 사회 및 환경적 압력, 성과 관련된 연구들에 대해서도 논의한다. 이러한 문제들을 살펴본 후 여성이 자신의 잠재력을 인식하고 실현할 수 있도록 돕는 새로운 연구들을 제안한다.

여성 영재의 미성취

　여성 영재의 미성취란 무엇을 의미하며, 그것은 어느 연령에서 표면적으로 드러나는가? 남녀의 성취에서의 불균형을 이해하고, 불균형 상황을 개선시키기 위한 우리의 노력이 성공하기 위해서는 이러한 질문에 답하는 것이 중요하다.

　미성취의 정의는 그 사람의 연령에 따라 달라진다. 예를 들어, 어린 소녀에게 미성취란 학교에서 기대되거나 해야 하는 일을 하지 못하는 것으로 기술될 것이다. 미성취에서 성별 차이는 6학년 때 맨 처음 나타나고, 중·고등학교 때도 나타나는 것으로 알려져 있다. Shaw와 McCuen(1960)에 따르면, 여성은 1학년부터 고등학교까지 남성 미성취자가 보이는 유형과 차이가 있다. 또한 Fitzpatrick(1978)는 여성의 미성취가 사춘기 이후에 나타나며, 미성취를 보이는 중학생도 초등학교 시절에는 일반적인 성취를 보이는 학생들과 비슷하거나 오히려 이들보다 더 높은 점수를 받는다고 하였다.

　최근 연구에서 Stockard와 Wood(1984)는 '여성 미성취에 대한 신화'라는 용어에 문제를 제기하였다. 중학생(7~12학년)의 생활기록부에 나오는 정보를 보면, 남학생이 여학생보다 영어와 수학 모두에서 전체 평균과 평점이 더 낮게 나타났으며, 이 점수는 표준화 검사를 통해 측정된 능력에서 예상된 것보다는 더 낮은 점수였다. 그러나 초등학교부터 고등학교, 대학교까지 여학생은 남학생보다 더 높은 점수를 받기 때문에(Achenbach, 1970; Coleman, 1961; Davis, 1964), 이러한 연구에서 제안하는 것처럼 학업 성적과 미성취를 동일하게 여겨서는 안 된다는 주장이 있을 수 있다. 왜냐하면, 여성은 학교에서 더 좋은 성적을 받음에도 불구하고 성인기에 전문적인 생산력은 더 낮기 때문이다. Stockard와 Wood는 그들의 연구결과와 다른 연구결과들(Alexander & Ecklund, 1974, p.679; Hauser, 1971, p. 110)을 통해 "성적으로 측정되는 성취는 교육적 혹은 직업적 열망, 그리고 학식으로 측정되는 성취와 다르게 보아야 하며, 학교가 여성이 우수한 성취를 보이기에 적합한 영역으로 인식되는 것이 당연하다는 주장을 지지한다."(p. 835)라고 결론 내렸다.

어린 여학생의 성취가 학업성적으로 측정되는 것과는 달리, 성인 여성의 미성취 개념은 어린 여학생의 미성취와는 그 개념이 완전히 다르다. 성인 여성의 미성취는 전문성이나 지위, 직업, 만족감, 생산성 등과 같은 남성의 기준에 따라 고려해야 하며, 똑똑하지만 남성처럼 전문적인 성취를 이루지 못한 여성의 미성취 개념에 대해 다시 조사해야 한다. 여성에게 영재성의 실현이라고 하는 것은 자신의 아이와 가족을 잘 돌보고, 뛰어난 교사로 성공하는 것, 개인적인 삶을 만족시키는 직업을 통해 즐거움을 얻는 것들을 포함하여 재정의되어야 할 필요가 있다. 그러나 젊은 영재 여성에게 도움이 되는 수많은 선택을 할 수 있도록 도와주고, 자신이 선택한 영역에서 잠재력을 펼칠 수 있도록 필요한 조언이나 지원 등을 제공하는 노력이 이루어져야 할 것이다. 따라서 우리가 해야 할 일은 젊은 여성 영재와 함께 작업하면서 이들의 진보를 점검하는 것이다. 젊은 여성 영재가 사회적으로 거부될까 봐 의식적으로 최선을 다하지 않기 시작한다면(Horner, 1972; Lavach & Lanier, 1975; Stockard, 1980), 너무 늦기 전에 부모나 교사가 상담과 지원을 제공하여 그러한 상황을 변화시키도록 도움을 주어야 할 것이다. 우리가 기억해야 할 것은 여성 영재의 미성취가 성적이나 학교생활을 얼마나 잘하느냐가 아니라 개인이 일생 동안 성취하는 것의 측면해서 고려해야 한다는 것이다.

여성의 창의적인 생산력

"남자 교수는 여자 교수에 비해 더 창의적인 연구 성과물과 저서들을 출판한다."(Groth, 1975, p. 334) Callahan(1979)은 "여학생들이 학교에서는 더 높은 점수를 받지만, 남자들은 더 많은 책을 쓰고, 더 많은 학위를 받고, 더 많은 예술작품을 창조하고, 그 외 모든 전문적 영역에서 더 많은 공헌을 한

장애영재와 특수영재

다."라고 하였다. 여성 성인기의 창의적 생산력 부족은 다양한 연구결과에서 나타나고 있다. 여성이 우세한 것으로 간주되는 문학과 같은 영역에서도 남자들이 보다 더 생산적이다. 최근 국립예술기금 목록의 문학 장학금 수령인 100명 중 여성은 30% 미만이었다.

남성이 보다 창의적인 생산력을 가지는 가장 중요한 이유는 자신의 작업에 더 많은 시간을 쓰고 가정과 관련된 의무에 시간을 덜 쓰기 때문이다. 반면, 많은 똑똑한 여성들은 집안일에 큰 책임을 지고 있으며, 혼자서 아이를 키우면서 자신의 창의성을 가정이나 가족과 관련된 일에 발휘한다.

여성은 여전히 가족을 돌보고 관리하는 주책임을 맡고 있기 때문에 창의적인 에너지를 가족이나 가정에 쏟는 반면, 배우자는 창의적인 에너지를 전적으로 일에 쏟는다. 집 안에서 일하든지 집 밖에서 일하든지, 결혼했든지 혼자 아이를 양육하든지 상관없이 여성은 창의적인 생산자로서의 시간을 거의 가지지 못한다. 똑똑한 여성에게 '여왕벌'(Staines, Tavris, & Jataratne, 1974)이 되도록 지원하는 상담기법들을 찾아볼 필요가 있다. '여왕벌 증후군'은 일에서는 남성과 마찬가지로 성공하면서 동시에 엄마로서 그리고 아내로서의 역할을 성공적으로 수행하고 여성스러움을 유지하는 것을 말한다. 모든 일을 잘해 내기 위해 항상 최대의 에너지를 발산함으로써 높은 생산성을 보이는 여성만이 높은 성취자로 분류되기 때문에, 이 오래된 역할 모형은 다시 생각해 볼 필요가 있다. 직장에서 우수한 성취를 얻으려는 시도만으로는 충분하지 않다. 완벽해야 한다는 여성의 강박관념은 이들이 제인 폰다(Jane Fonda)의 멋진 몸매나, 『Better Homes and Garden』 표지에 나올 법한 집과 완벽한 아이를 추구하도록 만든다. 그리고 이들은 가끔 배우자로부터 최소한의 도움을 받기도 하지만, 스스로 모든 것을 잘하기 위해 노력하는 데 시간을 보내면서도 여전히 남편, 아이, 가정과 일에 충분한 시간, 관심과 주의를 기울이지 않았다는 죄책감에 괴로워한다.

이러한 문제를 해결하기 위해서는 여성이 가진 책임에서 벗어나도록 하고, 남성과 같은 기회가 주어지는 동등한 협력 관계를 가지도록 남성을 교육시켜야 한다. 그러나 이러한 것들이 이루어지기 전까지 어린 여성 영재에게 여왕벌이 되도록 가르치는 것은 오히려 해가 될 수 있다. 따라서 우리는 이들에게 모든 일에서 완벽해지는 것은 불가능하고, 모든 일을 잘하지 못하며, 일 결혼과 아이 양육 중에서 하나를 선택해야 한다고 가르치는 것이 더 좋을 지도 모른다.

수학과 과학에서의 남성 우위

1983년 노벨 과학상을 받은 바바라 매클린토크(Barbara McClintock)는 노벨상이 제정된 지 80년 만에 이 상을 받은 5명의 여성 중 한 명이었다 (Dembart, 1984). 최근 국립과학재단의 연구에 따르면, 지난 15년 동안 과학과 관련된 일을 하는 여성과 소수 인종의 수가 증가하였다. 1972~1982년에는 여성 과학자와 엔지니어의 숫자가 200% 증가했다. 그러나 200만 명의 미국 엔지니어 중 여성은 고작 3.5%이며, 225,000명의 물리학자 중 12%만이 여성이다(Dembart, 1984). 이러한 현상은 수학에서도 비슷하게 나타나고 있다. 여성의 수학과 과학 능력에서의 부진에 대한 연구들이 많은데, 이러한 연구들은 상당한 논쟁을 야기했다(Fennema, 1974; Fennema & Sherman, 1977; MacCoby & Jacklin, 1974). 이 연구들 가운데 소년들의 높은 수학 점수가 사회적 요인이라기보다는 내적 요인에 기인한다는 연구결과(Bendow & Stanley, 1980)가 가장 주목할 만하다. 이 연구결과로부터 촉발된 논쟁은 이 부분에 대한 성찰과 후속 연구들을 촉진시켰다. Pallas와 Alexander(1983)는 여성이 자신의 문제를 극복하기 위해 고등학교에서 수학이나 과학 등의 고등교육과정을 수학할 수 있도록 고무시킬 필요가 있다고 제안하였다. 여성이 상담자나 부모, 교사로부터 받는 피드백에 대한 관심은 여성 영재와 관련된 이전 연구(Callahan, 1979; Casserly, 1975; Fitzgerald & Crites, 1980)에서도 특별히 언급되었다. Benbow와 Stanley의 연구에서는 상담자나 교사가 수학과 과학에서 여성이 열등하다고 말한다고 하였다. 이와 관련하여 아래의

장애영재와 특수영재

어느 부모에게서 온 편지는 우리가 알고 있는 것보다 사회에 더욱 만연되어 있을지도 모르는 태도의 문제를 여실히 보여 준다.

> 내 딸은 코네티컷 대학의 생물학 우수생 프로그램에 입학을 허락받았습니다. 그러나 딸은 10명이 함께 받는 물리 수업에서 어려움을 경험하고 있습니다. 그 수업에는 여학생이 2명뿐인데, 내가 담당 교수(남자)를 만났을 때 그 교수는 손사래를 치면서 여학생은 절대 물리를 잘할 수 없다고 말했습니다. 나는 그의 태도가 문제인지 아니면 이해가 부족한 것인지 궁금합니다(O'Keefe, D., Personal Communication, July 25, 1985).

왜 남자가 여자에 비해 수학이나 과학에서 더 뛰어난지에 대한 명쾌한 답은 없다. 따라서 형평성을 위해 남성과 여성(소년과 소녀)이 할 수 있는 한 가장 높은 수준의 성취를 이룰 수 있도록 최대한의 노력을 해야 한다.

미성취에 영향을 주는 요인

문화적 관습, 성역할, 복합적인 메시지

우리 사회 전반에는 여성과 관련된 성 고정관념이 존재한다. 남성과 여성에 대한 문화적 기대 차이를 알아보려면 잡지나 TV, 아동 도서를 보면 된다. 예를 들어, 『Psychology Today』의 1985년 11월호에서는 망원경을 사용하고 있는 남성(캡션: 그는 '우주'를 좋아한다)과 할리우드에 관한 책을 읽고 있는 여성(캡션: 그녀는 '스타'를 좋아한다)을 묘사하는 표지 광고를 크게 다루었다. 이와 같은 관념들은 어린 영재 소녀들에게 삶에서 자신의 역할과 개인의 중요성, 한 인간으로서의 가치에 대한 강력한 메시지를 전달하는 것이다(Callahan, 1979; Pogrebin, 1980; Schwartz, 1980). 어린 영재 소녀는 자신의 능력과 성별 사이에서 구속을 받는다(Rodenstein, Pfleger, & Colangelo,

1977; Schwartz, 1980). 예를 들어, 교실에서 소리 높여 말하고, 논쟁하고, 주장하고, 질문하는 소년은 조숙하다고 여겨지는 반면, 소녀가 질문을 많이 하면 밉살스럽고 공격적이며 여자답지 못하다고 여겨진다.

최근 연구에서 Myra와 David Sadker(1985)는 소년들이 큰소리로 교실분위기를 압도한다는 것을 발견하였다. 4개 주와 컬럼비아의 학군에 있는 100개 이상의 4, 5, 6학년 교실에서 소년이 소녀에 비해 더 많은 관심과 격려를 받는 것을 알 수 있었다. "우리는 모든 학년 수준과 집단, 교과목에서 소년들이 교실의 의사소통을 장악한다는 것을 알았다."(pp. 54, 56) Sadker의 연구에 따르면, 소년이나 소녀가 손을 들지 않고 큰소리로 이야기했을 때 교사는 각각 다르게 행동한다고 하였다. 소년이 지명을 받지 않고 대답했을 때, 교사는 소년의 대답을 수용했다. 그러나 소녀가 그와 같은 행동을 했을 때는 손을 들고 얘기하는 것과 관련된 부정적 반응을 초래하였다. Sadker는 자신의 연구에서, "소년은 학문적으로 적극적이어야 하며 교사의 관심을 끌어야만 한다. 소녀는 숙녀처럼 행동해야만 하고 조용해야 한다."(p. 56)라는 미묘하지만 강력한 메시지를 보여 주었다. 학교에서 묻고 싶은 것을 열정적으로 주장하고 질문하는 것은 부모가 딸에게 기대하는 예의바른 태도와는 뚜렷하게 대조를 이룰 수 있다. 부모와 또래에게서 받는 적절한 행동과 복합적인 메시지에 대한 혼란은 여성 영재들이 직면한 문제에 관한 워크숍에 참가했던 19세 여성이 쓴 편지에 잘 묘사되어 있다.

나는 탁월한 재능이 있고, 뭐든지 할 수 있고, 영리한 젊은이로 인식되는 동시에 경쟁하지 않고, 남자들과 같아지려고 애쓰지 않고, 과시하지 않고, 숙녀다워야 하는 이중적인 구속, 다시 말하면 여성 영재의 심리적 압박 속에서 많은 시간과 귀중한 에너지를 소비하였다. 상황이 바뀌었지만(어쨌든 대학에 다니고 있다) 여전히 나는 외부의 기대, 애매한 역할과 자기 파괴에 맞서 진부한 싸움을 계속하고 있다. 실제 이러한 문제들에 대해 생각하는 사람들이 있다는 것을 보는 것만으로 나에게 많은 힘이 되었으며, 나에게 이러한 이야기를 할 수 있도록 기회를 준 것에 대해 감사하게 생각한다(Brush, L., Personal

장애영재와 특수영재

Communication, September 2, 1982).

최근 연구들에 따르면, 여성들은 초·중·고등학교뿐만 아니라 대학에서도 다르게 대우받고 있다(Schmidt, 1982). 많은 생각과 호기심을 가진 똑똑한 여성은 다른 어떤 집단보다 부모나 교사, 그리고 또래로부터 받는 혼합된 메시지 때문에 더 고통을 받을지도 모른다. 부모와 학생을 위한 상담과 영재 프로그램을 통한 지원은 이러한 혼합된 메시지로부터 받는 고통을 경감시키는 데 도움이 될 것이다(Bardwick, 1972; Callahan, 1979; Rodenstein, Pfleger, & Colangelo, 1977; Stein & Bailey, 1973).

성공에 대한 두려움

많은 연구자들은 Horner(1972)가 처음 소개한 성공 공포 증후군(fear of success syndrome)이 여성 영재가 직면한 문제를 이해하는 데 또 다른 핵심 요소가 될 것이라고 하였다. 성공에 대한 두려움은 일부 여성으로 하여금 자신이 너무 유능하거나 너무 성공하면 또래로부터 거부당하거나 남성에게 탐탁치 않게 보일 것이라고 생각하도록 만들기도 한다(Horner, 1972; Lavach & Lanier, 1975). 청소년기 영재 여학생과의 상담을 통해 또래나 장래 남자친구들이 자신들을 '너무 똑똑하다'고 생각할 것이라는 두려움 때문에 교실에서 대답하는 것을 주저한다는 것이 증명되었다. 만약 성공에 대한 두려움이 대학이나 대학원 시절에 생긴다면, 이것은 자신의 능력을 확신하지 못하기 때문일 수 있다. 최근의 많은 연구들은 성공에 대한 두려움을 나이와 경험에 따라 없앨 수 있다고 제안했지만(Birnbaum, 1975; Hoffman, 1977), 고등학교 우수 졸업생을 대상으로 연구한 결과에 따르면, 고등학교 때 우수했던 여학생은 대학에서 몇 년을 보낸 뒤에 능력에 대한 자신감을 잃었다(Arnold & Denny, 1985). 이와 같이 자기확신을 잃음으로써 대학의 계획이나 대학원에서의 연구 목표가 변화된다면 젊은 여성의 나머지 삶에도 영향을 줄 것이다.

계획성 부족

상담이나 연구결과를 통해 제기되는 또 다른 문제는 바로 많은 여성 영재가 현실적으로 미래를 계획하지 못한다는 것이다(Wolleat, 1979). 똑똑하고 젊은 많은 여성들이 삶에서 경제적 현실과 자신과 가족을 돌보기 위해 돈을 벌어야 한다는 사실을 무시하거나 알지 못한다. 즉, 많은 젊은 여성은 자신을 돌봐 주고 지지해 줄 누군가가 함께 있을 것이라고 믿고, 결과적으로 직업을 위한 장기적인 계획이나 자신의 선택에 대한 경제적인 의미를 전혀 고려하지 않는다. 반면, 남성은 자신의 평생 직업을 위해 계획하고, 이에 따라 더 나은 선택을 하며, 보다 적합한 장기 목표를 가져야 한다는 것을 이해하면서 성장한다. 여성은 계획하는 것을 배우지 않았기 때문에 결혼이나 직업, 가족, 대학원을 어떻게 조절할 수 있는가에 대해 생각하지 않는다. 몇몇 여성 영재들은 대학이나 대학원에 간 다음 결혼을 위해 일을 그만두는 등 완전히 비현실적인 시각을 가지고 있으며, 자신의 전문성을 진보시킬 수 있는 기회에 대한 현실적인 자각 없이 아이를 낳는다. 반면, 젊은 남성 영재가 구체적인 계획도 없이 7~8년 동안 새롭게 개발 중이던 직업을 그만둘 수 있는가? 여성은 이러한 사실들을 잘 알고 어릴 때부터 상담을 통해 교육 계획을 세워서 전문적으로나 개인적으로 자신을 풍요롭게 할 수 있는 직업을 생각할 필요가 있다.

완벽 콤플렉스와 가면현상 증후군

지난 10여 년 동안 젊은 여성 영재들과 함께 일하면서 이들이 잠재력을 발휘하는 데 방해되는 요인으로 보이는 몇 가지 문제를 알 수 있었다. 여성 영재가 직면한 문제 중 하나는 '완벽 콤플렉스'라고 불리는 성격 특성이다. 많은 젊은 여성 영재는 하려는 모든 일에서 완벽해야 한다고 믿는다. 그래서 그들은 최고의 운동선수, 최고의 댄서, 최고의 학자, 최고의 친구, 그리고 최고의 딸이 되기 위해 상당한 에너지를 쏟는다. 게다가 어린 영재 소녀들은

장애영재와 특수영재

가냘퍼야 하고 아름다워야 하며 인기도 많아야 한다고 생각한다. 완벽 증후군은 비합리적인 목표를 설정하도록 하며, 보다 더 높은 수준을 성취하도록 고군분투하도록 한다. 여성이 높은 수준의 성공을 했을 때 완벽 콤플렉스의 변형이 일어나는데, 이를 '가면현상 증후군(the Great Imposter Syndrome)'이라고 부른다(Clance, 1985; Machlowitz, 1982; Warschaw, 1985). 이 증후군은 매우 낮은 자아존중감으로 해석될 수 있는데, 여성이 자신의 성공을 자신의 노력보다는 다른 요인들 때문이라고 생각하거나, 성공적인 성취자로서의 외현적인 이미지를 부당하거나 우연한 것으로 보는 것이다. "나는 운이 좋다. 나는 때를 잘 만났을 뿐이다. 나는 진짜 보이는 것처럼 잘하지 못했다. 나는 많은 도움을 받았다."라는 말들은 여성이 자신의 성공을 축하할 때 하는 말들이다. 성공에 대한 이러한 반응이 남성과는 좀 다르다. 간단히 말하면, 젊은 남성 영재는 자신의 성취를 자신의 노력 때문이라고 여기는 것과는 달리, 여성은 자신의 성취를 자신 때문이 아니라 외적인 힘 때문이라고 생각한다(Parsons, Ruble, Hodges, & Small, 1976; Deaux & Emswiller, 1974).

상담과 관련된 문제

영재교육 분야에서 일하는 사람들이 고려해야 하는 마지막 문제는 여성 영재에게 상위 수준의 교과학습이나 대학원 진학을 하도록 격려하여 전문가의 삶을 살도록 격려하는 상담이다. 우리는 전문적인 직업을 갖는 데는 필연적으로 많은 선택이 뒤따른다는 사실을 인식해야 한다. Carol Gilligan이 『In a Different Voice』(1972)에서 지적한 것처럼, 여성의 가치 체계는 독특하다. Gilligan이 생각하는 것처럼 만약 여성이 대인관계나 책임감과 관련하여 도덕 문제를 평가한다면, 이들은 자신의 문제보다는 우선 걱정하는 사람들의 문제를 먼저 처리할지도 모른다. Gilligan이 말한 것과 같이, 여성만이 가지는 다른 목소리는 다른 사람들을 보살피려는 마음과 대인관계와 책임을 중요하게 생각하는 가치에서 출발한다.

이러한 Gilligan의 관찰이 젊은 여성 영재를 대상으로 상담하는 사람들에게 강력한 영향을 미쳤으면 한다. 남성이 여성과 파트너로서 동등한 관계를 형성하기 전까지, 젊은 여성에게 많은 노력이 필요한 직업을 구하라고 격려하는 것은 결혼이나 모성애를 단념하거나 일이나 가정생활에 대해 계속 죄책감을 느끼게 만들 수 있다. 따라서 모든 상담은 다양한 선택에 대해 토론하고, 조화를 이루도록 도와주는 내용들로 이루어져야 한다. 즉, 젊은 여성으로 하여금 자신에게 중요한 것이 무엇인지에 대해 생각하고, 그 가치와 의미 있는 직업을 양립할 수 있다는 것을 깨닫도록 격려해야 한다. 동시에, 어떤 전문적인 직업은 행복한 결혼이나 자녀 양육, 가정이나 가족을 돌보는 것과 함께하기 어렵다는 것을 깨닫도록 해야만 한다. 만약 Gilligan이 기술한 배려의 윤리(ethic of caring)가 여성에게 매우 중요한 것이라면, 여성 영재를 여성의 전문적인 성취도 평가만이 아닌 그 이상으로 확장될 필요가 있다.

특별한 사람들

여성 영재의 성취에 대한 문제는 근본적으로 이들의 삶에 지대한 영향을 미치는 문화 환경적 요인에 있다. 사회경제적 지위가 높은 가정 또는 전문직을 가지고 있거나 성공한 부모를 두고 있는 여성이 박사학위를 받을 가능성이 더 높은 것처럼, 문화적이고 환경적인 영향들이 긍정적인 요인이 될 수 있다(Anastasi & Schaefer, 1969; Astin, Suniewick, & Dweck, 1974; Gysbers, Johnston, Gust, 1975; Groth, 1975에서 재인용). 사회경제적 지위가 높은 부모는 딸을 대학이나 대학원에 보낼 능력이 있을 뿐만 아니라, 딸이 집을 떠나서 대학에 들어가기 위해 필요한 독립심과 자기확신을 가지도록 격려하고 상담해 줄 수 있다. 반면, 부모가 대학생활을 경험하지 못했거나 장학금 또는 대출 신청에 대한 지식이 없고, 가정의 사회경제적 지위가 낮다면, 이러한 격려와 상담을 제공하지 못할 수 있다.

장애영재와 특수영재

또한 사회적 소외계층이나 소수 인종 집단의 여성 문제에 특별한 관심을 기울이지 않는다면, 이들 집단의 여성 영재가 잃어버린 잠재력을 제대로 측정할 수 없을 것이다. 얼마나 많은 흑인, 원주민 혹은 히스패닉계 소녀들이 과학자나 작가, 예술가, 음악가가 될 수 있는 잠재력을 가지고 있으면서도, 자신의 능력 밖이라 생각함으로써 잠재력을 사장시키고 있는가? 우리는 자신의 잠재력을 발휘하기 위해 가난과 무지에서 벗어나는 것이 평생 직장생활을 해야 하는 남성들에게도 어렵다는 사실을 인식해야 한다. 형제자매를 돌보고 가족의 식사를 준비하고 집을 청소하며 젊을 때 결혼해 자식을 낳아 키우는 여성들은 미래를 위한 다른 기회를 놓치게 된다. 그러므로 소수이자 약자이며 특별한 여성 영재에게는 어릴 때부터 중재와 상담을 통하여 다양한 대안들을 탐색하고 자신의 흥미와 재능을 발휘할 수 있는 선택을 하도록 지원해야 할 것이다.

최근 연구와 추후연구 방향

여성 영재와 관련된 연구들은 지난 세기에 비해 많이 증가하였지만 아직 충분하지는 않다. Callahan(1979)은 "재능이 있고 똑똑한 여성의 성취와 동기에 대한 잠재적인 문제는 앞으로 검증되어야 하는 가설이지만 아마도 실험 상황에서는 검증할 수 없을 것이다."라고 하였다. 이 영역의 연구와 관련된 중요한 문제는 어린 소녀에게 영향을 미치는 환경적·사회적 요인들에 대한 통제가 부족하다는 것이다. "잠재적인 효과를 없애기 위해 문화적·환경적 요인을 변경할 때까지 이러한 영향이 얼마나 큰지를 단언할 방법이 없을 것이다."(p. 412) 앞으로 몇 년간 우리 사회의 문화적 혹은 환경적 요인들을 완벽하게 변화시킬 수 없기 때문에 여성 영재와 관련된 연구는 다음 세 가지 영역에 집중되어야 한다.

첫 번째 연구 영역은 문화적·사회적·환경적 요인이 학생의 교육 경험에 미치는 영향의 정도를 확인하고, 만약 부정적인 영향을 미친다면 그 영향을 어떻게 통제할 수 있는지를 밝혀내는 것이다. 예를 들어, 1980년대 교실에서의 성차별에 대한 Sadker(1985)의 연구에서는 교실 상호작용에서의 공정성에 대해 4일간 훈련을 받은 60명의 교사들을 대상으로 실험을 실시하였다. Sadker에 따르면, 훈련받은 교사들은 교실에서 편견을 없앴으며, 전반적인 교수 효율성이 향상되었고, 더 높은 수준의 지적 토론을 주도하였다. 이와 유사하게 사회화가 수학 과제에서 성차를 설명할 수 있는지를 연구하였는데(Pallas & Alexsander, 1983), 고등학교 교과에서 성차가 통제되었을 때 SAT 수학 수행은 상당한 차이를 보이는 것으로 밝혀졌다. Pallas와 Alexsander의 연구는 여성이 고등수학 과정에 등록을 많이 할 경우, SAT 수학 수행에서의 차이가 줄어들 것이라고 제안하였다. 경험과 사회화가 수행에 영향을 미친다는 연구결과는 이러한 요인들을 우리가 제공하는 학교경험을 통해 통제할 수 있는지에 대한 연구의 필요성을 명확하게 보여 주고 있다.

두 번째 연구 영역은 여성의 능력에 많은 영향을 미치는 내적 장애와 관련된 것이다. 내적 장애의 성격과 사회화 요인에는 자존감, 효능감, 통제 소재, 성공에 대한 두려움, 미성취 등이 포함된다. Hollinger와 Fleming(1984)은 여성의 잠재력을 발휘하는 데 미성취, 수동성, 성공에 대한 두려움, 사회적 유능성, 자존감과 같은 내적 장애의 영향에 대해 연구하였으며, Kramer(1985)는 사회적 상호작용과 능력에 대한 지각의 영향에 대해 연구하였다. 이 두 가지 연구 모두 연구대상자들에게 내적 장애를 극복하도록 지원하는 어떠한 처치도 제공하지 않았다. 상담 프로그램을 실시하고 성공적인 여성 역할 모형을 소개하고 교사, 상담가, 부모 훈련을 제공하였다면, 사후 처치 결과가 다르게 나타났을지도 모른다. 그리고 고등학교 연령기의 여성에 대한 단기적 연구와 관련된 한 가지 문제는 동기와 성공에 대한 두려움, 다른 성격 변인의 차이가 대학 때까지 표면화되지 않을 수 있다는 것이다.

세 번째 연구 영역은 남녀 모두의 장기적, 발달적 연구와 관련된 것이다. 물론 이러한 연구의 유형은 연구의 시작과 끝나는 연도가 다르기 때문에 그

장애영재와 특수영재

때 당시의 문화가 다른 사회적 변화에 영향을 받는다. 장기간에 걸친 연구는 성취가 일어나는 것을 방해하는 다양한 장애물과 삶에서 시간과 관련된 가치 있는 정보를 제공한다.

미래의 연구에서는 이전의 연구에서 밝힌 문제를 해결할 수 있는 처치에 초점을 맞추어야 한다. 사회적 변화에 관한 여성의 변화와 역사에 미치는 영향을 측정하는 기준을 제공하기 위해서 여성 영재와 남성 영재의 다른 사회적·정서적 발달에 관한 연구가 계속되어야 한다. 예를 들어, 온타리오 주의 12학년 학생 60명을 대상으로 한 최근 연구(Leroux, 1985)에서는 남성 영재와 여성 영재의 학습, 사회적 상호작용, 출세에 대한 욕망, 자화상에서 차이가 밝혀졌다. 이 연구에 따르면, 여성은 남성이 수학과 과학에서 더 유능하다고 믿고 있으며, 남성은 여성이 영어와 문학에서 더 유능하다고 믿고 있다. 이러한 결과는 이 영역에서 더 많은 상담이 필요하다는 점을 시사해 준다.

그리고 장기간에 걸쳐 여성 역할 모형의 제시와 상담과 함께 제공되는 고등수학과 과학수업이 여자 집단에 미치는 효과에 대한 종단 연구가 필요하다. Fox(1977)가 단언한 것처럼, 여학생으로만 이루어진 교실에서 여자 교사로부터 수업을 받은 학생들이 수학을 더 잘한다면, 어떤 요인이 과학과 수학의 성적과, 이러한 영역에 관련된 직업 선택에 어떠한 영향을 미치는지 장기적 연구를 통해 살펴볼 필요가 있다. 이 유형의 중재는 소수 인종이나 차별받는 여성에게 상당한 이점이 될 것이다.

또한 성공한 여성의 귀인과 관련된 질적 연구도 필요하다. 여성을 성공하도록 만드는 성격 및 사회적 요인을 알 수 있다면, 부모나 교육자들과 이러한 정보를 공유하고 어린 여성이 자아실현에 성공할 수 있도록 조언하고 안내할 수 있다.

여성이 두뇌를 과도하게 사용하면 생리를 유지하는 데 필요한 마지막 피한 방울까지 고갈되어 결국 생식력이 손상된다는 과학자들의 주장처럼, 빅토리아 시대부터 여성의 능력에 대한 연구는 계속되어 왔다(Newsweek,

1981). 그러나 젊은 여성이 성적 고정관념과 문학에서 묘사되는 부정적인 영향과는 관계없이 성장하고 성취하기 위한 동등한 기회를 가질 때까지, 여성 영재가 직면한 문제에 보다 호의적이고 지원적인 학교, 가정, 사회를 만드는 구체적인 방법에 대해 더 많은 연구가 이루어져야 할 것이다.

참고문헌

Achenbach, T. M. (1970). Standardization of a research instrument for identifying associative responding in children. *Developmental Psychology, 2,* 283-291.

Alexander, K. L., & Ecklund, B. K. (1974). Sex differences in the educational attainment process. *American Sociological Review, 39,* 668-682.

Anastasi, A., & Schaefer, C. (1969). Biographical correlates of artistic and literary creativity in adolescent girls. *Journal of Applied Psychology, 53*(4), 267-278.

Astin, H., Suniewick, N., & Dweck, S. (1974). *Women: A bibliography on their education and careers.* New York: Behavioral Publications, Inc.

Bardwick, J. M. (Ed.). (1972). *Readings on the psychology of women.* New York: Harper & Row.

Benbow, C. P., & Stanley, J. C. (1980). Sex differences in mathematical ability: Fact or artifact? *Science, 210,* 1262-1264.

Birnbaum, J. A. (1975). Life patterns and self-esteem in gifted family-oriented and career-committed women. In M. T. S. Mednick, S. S. Tangri, & L. W. Hoffman (Eds.), *Women and achievement* (pp. 396-419). New York: John Wiley.

Brush, L. (September 2, 1982). Personal Communication.

Callahan, C. M. (1979). The gifted and talented woman. In A. H. Passow (Ed.), *The gifted and talented* (pp. 401-423). Chicago: National Society for the Study of Education.

장애영재와 특수영재

Casserly, P. L. (1975). *An assessment of factors affecting female participation in advanced placement programs in mathematics, chemistry, and physics.* Report of National Science Foundation. (Grant GY-11325). Princeton, NJ: Educational Testing Service.

Clance, P. R. (1985). The imposter phenomenon. *New Woman, 15*(7), 40-43.

Coleman, J. (1961). *The adolescent society.* New York: Free Press.

Davis, J. A. (1964). Great aspirations: *The school plans of American's college seniors.* Chicago: Aldine.

Deaux, K., & Emswiller, T. (1974). Explanations of successful performance in sex-linked tasks: What's skill for the male is luck for the female. *Journal of Personality and Social Psychology, 29,* 80-85.

Dembart, L. (1984, March 7). Science: Social and cultural factors limit women's job opportunities. *Los Angeles Times,* p. 2.

Fennema, E. (1974). Mathematics learning and the sexes: *A review. Journal for Research in Mathematics Education, 5,* 126-139.

Fennema, E., & Sherman, J. (1977). Sex related differences in mathematics achievement spatial visualization and affective factors. *American Educational Research Journal, 14,* 51-71.

Fitzgerald, L. F., & Crites, J. O. (1980). Toward a career psychology of women: What do we know? What do we need to know? *Journal of Counseling Psychology, 27,* 44-62.

Fitzpatrick, J. L. (1978). Academic underachievement, other-direction, and attitudes toward women's roles in bright adolescent females. *Journal of Educational Psychology, 70*(4), 645-650.

Fox, L. H. (1977). Sex differences: Implications for program planning for the academically gifted. In J. C. Stanley, W. C. George, & C. H. Solano (Eds.), *The gifted and the creative: A fifty year perspective* (pp. 113-138). Baltimore, MD: Johns Hopkins University Press.

Gilligan, C. (1982). *In a different voice.* Cambridge, MA: Harvard University.

Goleman, D. (1980a, February). Still learning from Terman's children. *Psychology Today, 13*(9), 44-53.

Goleman, D. (1980b, February). 1,528 little geniuses and how they grew.

Psychology Today, 13(9), 28-43.

Groth, N. J. (1975). Success and creativity in male and female professors. *Gifted Child Quarterly, 19*, 328-335.

Gysbers, M., Johnston, J., & Gust, T. (1968). Characteristics of homemaker and career-oriented women. *Journal of Counseling Psychology, 15*(6). 541-546.

Hauser, R. M. (1971). *Socioeconomic background and educational performance.* Washington, DC: American Sociological Association.

Hoffman, L. W. (1977). Fear of success in 1965 and 1974: A follow-up study. *Journal of Consulting and Clinical Psychology, 45*, 310-321.

Hollinger, C. L., & Fleming, E. S. (1984). Internal barriers to the realization of potential correlates and interrelationships among gifted and talented female adolescents. *Gifted Child Quarterly, 28*, 135-139.

Horner, M. S. (1972). Toward an understanding of achievement related conflicts in women. *Journal of Social Issues, 28*, 157-175.

Just how the sexes differ. (1981, May 18). *Newsweek*, pp. 72-83.

Kramer, L. R. (1985). Social interaction and perceptions of ability: A study of gifted adolescent females. Paper presented at the annual meeting of the American Educational Research Association. Chicago, Illinois.

Lavach, J. F., & Lanier, H. B. (1975). The motive to avoid success in 7th, 8th, 9th, and 10th grade high-achieving girls. *The Journal of Educational Research, 68*, 216-218.

Leroux, J. A. (1985). *Gender differences influencing gifted adolescents: An ethnographic study of cultural expectations.* Unpublished doctoral dissertation, University of Connecticut, Storrs.

Maccoby, E. E., & Jacklin, C. N. (1974). *The psychology of sex differences.* Stanford. CA: Stanford University Press.

Machlowitz, M. (1982). The great imposters. *Working Women, 7*(2), 97-98.

O'Keefe, D. (July 25, 1985). Personal Communication.

Pallas, A. M., & Alexander, K. L. (1983). Sex differences in quantitative SAT performance: New evidence on the differential coursework hypothesis. *American Educational Research Journal, 20*, 165-182.

Parsons, J. E., Ruble, D. N., Hodges, K. L., & Small, A. (1976). Cognitive-developmental factors in emerging sex differences in achievement-related expectancies. *Journal of Social Issues, 32*, 47-61.

Pogrebin, L. C. (1980). Dear old sexist school days: The fourth 'r' is role-playing. *In Growing up free: Raising your child in the 80's* (pp. 491-518). New York: McGraw-Hill.

Rodenstein, J., Pfleger, L., & Colangelo, N. (1977). Career development needs of the gifted: Special consideration for gifted women. *Gifted Child Quarterly, 20*, 340-347.

Sadker, M., & D. (1985). Sexism in the schoolroom's. *Psychology Today, 19(3)*, 54-57.

Schmidt, P. J. (1982). Sexist schooling. *Working Woman, 7*(10), 101-102.

Schwartz, L. L. (1980). Advocacy for the neglected gifted: Females. *Gifted Child Quarterly, 24*, 113-117.

Sears, P. S., & Barbee, A. H. (1977). Career and life satisfactions among Terman's gifted women. In J. S. Stanley, W. C. George, & C. H. Solano (Eds.), *The gifted and the creative: A fifty year perspective* (pp. 28-65). Baltimore, MD: Johns Hopkins University Press.

Shaw, M. C., & McCuen, J. T. (1960). The onset of academic underachievement in bright children. *Journal of Educational Psychology, 51*, 103-108.

Staines, G., Tavris, C., & Jayaratne, C. (1974). The queen bee syndrome. *Psychology Today, 7*, 55-60.

Stein, A. H., & Bailey, M. M. (1973). The socialization of achievement orientation in females. *Psychological Bulletin, 80*, 345-366.

Stockard, J. (1980). Why sex inequalities exist for students. In J. Stockard, P. A. Schmuck, K. Kempner, P. Williams, S. K. Edson, & M. A. Smith(Eds.), *Sex equity in education.* New York: Academic Press.

Stockard, J., & Wood, J. W. (1984). The myth of female underachievement: A reexamination of sex differences in academic underachievement. *American Educational Research Journal, 21*, 825-838.

Tobias, S. (1982). Sexist quotations. *Psychology Today, 16*(1), 14-17.

Warschaw, T. (1985). The "I-don't-deserve-it" syndrome. *New Women, 15*(4), 134-137.

White, W. L. (1984). *The perceived effects of an early enrichment experience: A forty year follow-up study of the Speyer School experiment for gifted students. Unpublished doctoral dissertation*, University of Connecticut, Storrs.

Wolleat, P. L. (1979). Guiding the career development of gifted females. In N. Colangelo & R. T. Zaffran (Eds.), *New voices in counseling the gifted.* Dubuque, IA: Kendall/Hunt.

06

영재성과 동성애:
청소년의 경험에 대한 연구[1]

Jean Sunde Peterson(Purdue University)
Heather Rischar(Truman State University)

본 연구에서는 능력이 높으면서 게이나 레즈비언 혹은 양성애적(gay/lesbian/bisexual: GLB) 성향을 갖고 있는 청소년 18명(남: 12, 여: 6)을 대상으로 설문조사를 했다. 이를 통하여 위험, 소외감, 우울증, 자살 생각, 높은 성취 및 특정 활동에 대한 과잉 관여 등과 같은 의미 있는 주제를 밝혀냈다. 피험자들은 성정체성, 자신의 성에 대한 확신, 커밍아웃, 그리고 이러한 것들이 학교와 가족 관계에 미치는 영향을 개별적으로 기술하였다. 피험자들 중 절반은 초등학교 졸업 무렵에 자신이 GLB라는 것을 인식하였고 거의 모든 피험자가 11학년 때 자신이 GLB임을 확신하였다. 대부분의 피험자들은 일반교사와 영재 프로그램 관계자들, 그리고 전문성 계발에 참고가 될 수 있는 제안을 하였다.

영재교육과 관련된 문헌에서 동성애나 양성애적 성향을 갖고 있는 영재에 대해 논의한 내용은 많지 않다(예, Friedrichs, 1977; Tolan, 1997). 그러나 인구의 10%가 동성애자이고 다섯 가정 중 한 가정에서 동성애적 성향을 가

---

1) 편저자 주: Peterson, J. S., & Rischar, H. (2000). Gifted and gay: A study of the adolescent experience. *Gifted Child Quarterly*, 44(4), 231-246. ⓒ 2000 National Association for Gifted Children. 필자 승인 후 재인쇄.

진 아동을 찾아볼 수 있다는 예측(예, Dahlheimer & Feigal, 1991)이 정확하다면, 영재로 판별된 아동의 10%는 동성애자이거나, 가족 구성원 중에 공공연하게 밝히고 싶지 않은 성 정체성(sexual orientation)과 관련된 정서적 문제를 갖고 있는 영재들이 있을 것이다(Fontaine & Hammond, 1996). 본 연구자들은 영재와 동성애와 관련된 연구가 빈약하다는 것을 인식하고 회고적 방법을 사용하여 동성애에 양성애자인 영재의 경험을 살펴봄으로써 이 분야에 대한 지식 기반 형성과 후속 연구에 기여하려고 한다. 이후 논의에서는 게이, 레즈비언, 양성애자(gay/lesbian/bisexual)를 GLB로 표현하겠다.

연구의 활용도

영재와 게이에 대한 연구 문헌에서 이들의 신체적, 사회정서적 발달의 복잡성을 지적하고 있는 것과 마찬가지로, 본 연구의 결과는 모든 영재가 성이나 성 정체성 발달과 관련된 논의를 통하여 많은 이득을 얻을 수 있다는 것을 보여 준다. 부모와 교육자들은 자신을 GLB라고 확신하고, 소외감을 느끼며, 또래나 가족으로부터 버림받을 수 있다는 두려움을 갖거나 극단적인 성취를 추구하고, 심각한 우울증에 빠져 있지만, 자신의 문제를 부모나 의미 있는 타인과 상의하지 않으려고 하는 사람들을 이해하는 것이 중요하다.

모든 교육자, 특히 영재교육에 관여하고 있는 사람들은 GLB 학생에게 그들이 속한 학급이 신체적으로나 심리적으로 안전한 곳이라는 확신을 심어 주고, 전형적인 GLB 행동을 보인다고 해서 놀리거나 따돌리는 일이 발생하지 않도록 개입하는 것과 같이, GLB 학생을 지지해 주는 용기가 필요하다. 교사들은 게이 문제를 토론하도록 허용한다든지, 교과서에 등장하는 존경받는 인물이 GLB이었다는 것을 알려 준다든지, 혹은 성 정체성에 대한 관심이 아동기와 청소년기에 자연스러운 일이라고 이야기해 주거나, 교실에서 자신만이 유일하게 GLB라고 생각하여 스트레스를 받는 학생의 부담을 줄여 줄 수 있도록 GLB는 모든 학교나 교실에 있을 수 있음을 알려 주는 것과 같은 방법으로 지지해 줄 수 있을 것이다. 또한 본 연구의 결과는 부모, 교사, 학교와 지역사회의 상담원들이 약물 오남용, 자퇴, 자살 충동 등의 문제를 성 정체성과 연결시킬 수 있다는 것을 보여 준다.

선행연구

영재성과 동성애에 대한 연구와 어느 정도 관련된 연구는 영재성과 과민증(Lovecky, 1992), 완벽주의(Hewitt, Newton, Flett, & Callander, 1997), 정서적 강도(Piechowski, 1997), 스트레스(Ferguson, 1981), 우울증(Webb, Meckstroth, & Tolan, 1982), 자살(Farrell, 1989; Hayes & Sloat, 1989; Weisse, 1990) 등을 다룬 연구들이다. 영재성과 동성애의 또 다른 관련성은, 고등학교 시기에 직면하는 불확실한 성 정체성이 학업이나 스포츠 분야에서의 과성취, 완벽주의, 교과 외 활동에 대한 지나친 몰두(Harbeck, 1994) 등 영재성의 특징처럼 사회적으로 받아들일 만한 형태로 나타날 수 있다는 것이다. 그러나 본 연구에 따르면, 능력이 높은 청소년은 성 정체성 문제를 자신과 관련이 있는 성인과 상의하지 않고 있다.

성과 영재성

성 발달은 아동이 주변 세계에 대해 인지적, 정서적, 신체적 감각을 형성하는 데 중요한 요인이다. 그러나 부모는 자녀들과 성에 대한 문제를 이야기하기를 별로 좋아하지 않는다(Roeper, 1997). 영재교육 담당자를 비롯해서 교육자들 역시 이런 문제를 논의하는 것을 좋아하지 않기 때문에 이 분야에 대한 연구는 빈약한 형편이다. 그러나 Tolan(1997)에 따르면, 양성화(androgyny), 비동시적 발달, 성에 대한 조기 인식, 비관행적인 성적 행동 등을 포함하여 영재성과 관련된 다양한 정서적 문제가 아동의 성 정체성 혼란과 공포의 원인이 되는 것은 물론, 아동이 성급하게 자신을 낙인을 찍게 하고, 성적 행동과 발달에도 영향을 미친다. 아동기에 발생하는 동성애적 행동은 특이한 것이 아니라는 것이 오래전부터 수용되어 왔지만(예, Kinsey, Pomeroy, & Martin, 1948), 동성애적 행동은 십대에게도 계속되는 경우가 많고, 이 분야에 대한 논의와 정보 부족은 성적 발달을 너무 일찍 차단해 버리는 결과를 낳았다(Fontaine & Hammond, 1996). Tolan은 영재가 성 경험이나 성에 대해 전적으로 거부함으로써 성 정체성과 관련된 혼란을 줄이려는 경향이 있다고 주장하였다.

이질감과 소외감

영재성과 동성애 간의 또 다른 연결 고리를 상정해 볼 수 있다. 예외적인 능력은 다른 사람과 차별성을 유발시켜 결국에는 사회적 관계에 영향을 미친다(Cross, Coleman, & Stewart, 1995; Cross, Coleman, & Terharr-Yonkers, 1991; Webb, Meckstroth, & Tolan, 1982). 영재가 GLB라면 그러한 이질감은 더 심할 것이다. 사실 사회적, 정서적, 인지적 소외는 뉴욕의 동성애 보호원이 가장 빈번하게 제기하는 문제이기도 하다(Hetrick & Martin, 1987). 일반적으로 GLB 청소년은 역할 모형이나 또래 이성과의 교류가 없는 상태에서 정체성을 찾아야 하고, 성 역할이나 사회성을 발달시켜야 한다는 점을 고려해 볼 때(Schneider, 1989), 능력이 높은 GLB 청소년의 이질감과 소외감은 더욱 심화될 것이다. 또한 이들은 자신과 성 정체성이나 지적 능력이 유사한 또래를 찾는 데 어려움이 있다. 능력이 높은 많은 청소년에게서 볼 수 있듯이 소외감과 지원 부족을 경험한 사람들에게 성 문제는 생명을 위협하는 문제가 될 수도 있다(Tolan, 1997).

이질감과 자존감 간의 관계(Sullivan & Schneider, 1987)나 낮은 자존감과 자살 간의 관계(McFarland, 1998)에 대한 문제 역시 논의되었다. 이러한 관심에도 불구하고, 최근까지 미국에서는 '사회에서 동성애, 특히 청소년의 동성애를 병적인 것으로 낙인찍거나 천시하는 것은 물론, 전통적으로 억압하고 무시'했으며(Herdt, 1989, p. 22), GLB와 관련된 세 편의 논문만이 『The School Counselor』에 게재되었다(Fontaine & Hammond, 1996). 그러나 『Professional School Counseling』(Baker & Campbell, 1998)에서는 성 소수

장애영재와 특수영재

자에 대한 문제를 다루어서 GLB 청소년에 대한 관심을 불러일으켰다. 또한 GLB 문제를 문화적 차이에 따라 다룬 연구도 있었다(예, Herdt, 1989; Ross, 1989; Rotheram-Borus, Hunter, & Rosario, 1994). 이러한 문제에 관심을 갖게 된 것은 동성애자는 모두 백인이라는 일부 소수 민족의 믿음에 따라, 백인이 아닌 다른 인종은 동성애에 대한 정확한 정보를 접할 기회가 많지 않다는 인식 때문이다(Fontaine & Hammond, 1996).

동성애 문제와 관련된 거의 모든 문헌이 영재교육과 구체적으로 관련되어 있는 것은 아니다. 그러나 이러한 연구 문헌에 대한 고찰은 본 연구의 초점인 학교에서의 문제, 자기 파멸적 행동, 성 정체성 형성 및 발달과 관련된 문제, 커밍아웃(coming out) 과정, 지원 전략 등을 논의하기 위한 근거가 된다.

학교 문제

학교 풍토 GLB 청소년에게 학교는 불편한 곳일 뿐이고, 자칫 생명을 위협할 수도 있는 곳이다. 청소년들은 성장과 성 정체성 발달이라는 두 가지 발달 과제를 동시에 해결하는 과정에서, 동성애자를 경멸하는 소리를 들을 뿐 아니라 동성애자가 폭력과 굴욕을 당하는 것을 목격한다(Zera, 1992). 청소년들은 동성애자가 누구에게도 사랑받지 못하는 경멸스러운 명칭이라는 것을 알게 되고, 청소년기의 정서적 불안정성과 동성애에 관한 정확한 정보 부족 때문에 동성애에 대한 공포를 심화시킨다(Fontaine & Hammond, 1996). Butler(1994)에 따르면, 교사는 동성애에 대한 지식이 부족할 뿐만 아니라 일반적으로 동성애를 경멸하는 태도를 갖고 있으며, GLB 문제를 다루거나 동성애자를 지지하는 행동을 하지 않는 경향이 있다.

위험 GLB 청소년은 괴롭힘을 포함하여 언어적, 신체적 희롱을 당할 수 있다(Baldauf, 1997). 동성애자인 학생 6명 중 1명은 병원에서 치료를 받아야 할 정도로 심한 구타를 당한 경험이 있고, 20%는 학교에 가는 것이 두려워 적어도 한 달에 한 번 정도는 결석한다. 어떤 도시에서는 28%의 동성애 학생이 자퇴하였다(Bart, 1998). 사실, 동성애 혐오증은 다른 곳에서보다 고등학교에서 가장 심각할 것이다. 연구에 따르면, GLB 고등학생 중 1/3이 자신의 성 정체성 때문에 직접적인 폭행을 경험하였다고 한다(Elia, 1993). 동성애자가 아닌 일반학생 역시 성 고정관념에서 벗어나는 행동을 했을 경우(예, 남학생이 무용에 관심을 가질 경우)도 동성애자들이 경험하는 것과 유사한 희롱을 당할 수 있다(Bart, 1998). Savin-Williams(1994)는 교직원이나 학교 관리자들이 종종 동성애자 학생을 괴롭히는 사건을 일으킨다는 것을 발견하였고, Griffin(1994)은 특히 운동부에서 발생하는 동성애 혐오증의 심각성을 보고하였다. Hodges, Malone 그리고 Perry(1997)는 아동에게 친구가 거의 없거나 있다고 해도 그 친구가 아동을 보호해 줄 수 없는 경우, 또는 또래들이 거부하는 경우에 피해가 발생한다고 하였다. Hetrick과 Martin(1987)은 329명의 GLB 청소년을 대상으로 연구를 수행한 결과, 이 중 1/3이 폭행을 경험한 것으로 밝혀졌다고 주장하였다. 그런데 그 폭행의 49%는 가족이 일으킨 것으로 나타났다.

우울증과 자기 파멸적 행동

앞서 설명한 여러 가지 이유 때문에 성 정체성은 자살과 매우 밀접한 관계가 있다(예, Fontaine, 1998; Gibson, 1989; Hammelman, 1993; Hershberger, Pilkington, & D'Augelli, 1997; Lock, 1998; Poppenhagen & Qualley, 1998). 성 정체성에 대한 자의식의 증가에 따라 나타나는 어려움을 보여 주는 또 다른 예는 GLB 청소년 중 39%가 자살을 시도했었고, 이들 중 52%는 한 번 이상 자살을 시도한 적이 있다는 연구다(Rotheram-Borus et al., 1994). 다양한 자료에 따르면(Fontaine, 1998; Kissen, 1993; McFarland, 1998), 자살을 하는 청소년 중 1/3은 그 원인이 성 정체성 문제와 관련이 있는 것으로 보인다. 그러나 청소년 자살과 자살 시도는 연령의 증가에 따라 감소한다는 것에 주목할 필요가 있다(Hetrick & Martin, 1987).

GLB 청소년의 자살은 박탈감, 사회적 소외감, 가족과 또래로부터의 따돌림, 자기 증오감 때문일 것이다(Savin-Williams, 1994). 동성애를 혐오하는 환경에서 나타나는 억압과 낙인은 낮은 자존감, 소외감, 죄책감, 우울증, 정체성 형성의 곤란(Fontaine, 1998), 완벽주의적 성향(Harbeck, 1994) 등과 같은 문제의 원인이 될 뿐 아니라 이러한 증상을 더욱 악화시킬 것이다. 학교에서 나타나는 극단적인 동성애자 혐오 현상을 내재화시키는 것이 이러한 모든 문제들의 주요 요인이 된다(Lock, 1998).

일반적으로 지속적인 모욕, 가출, 흡연, 위험스러운 성적 행동 등과 같은 간접적인 자기 파멸적 행동은 수치스러운 성 정체성을 가짐으로써 발생하는 스트레스와 관련이 있다(Ferguson, 1981; McCarthy, Brack, Laygo, Brack, & Orr, 1997). 또한 동성애와 관련된 대부분의 문화는 성인을 중심으로 한 것이기 때문에 10대 청소년이 이러한 문화에 참여하는 것도 어렵다(Zera, 1992). Schneider(1989)에 따르면, 음주와 성적 충동을 자극하는 술집 환경은 대부분의 청소년들이 술과 성을 학습하기에 부적절하기 때문에 청소년은 음주와 성에 대해 스스로 학습해야 한다.

성 정체성 형성

성 정체성 문제는 현재 심리학자들 사이에 진행 중인 본질주의−구성주의 논쟁과 관련이 있기 때문에 이 문제를 다루는 것은 현명치 못하다는 것이 연구자들의 일반적인 관점이다(예, Bohan, 1996). 그러나 이 논문에서는 성 정체성 문제를 짚어 본다. Schneider(1989)는 성 정체성 발달단계를 동성애적 감정과 정체성에 대한 점증적 인식, 동성애에 대한 긍정적 평가 발달, 동성 간의 친밀성 발달, GLB 또래나 공동체와의 사회적 유대 형성, 자기폭로 등과 같은 다섯 가지 단계를 제안하였다. Cass(1979)는 GLB 청소년은 혼란(의문 제기 및 정보 탐색), 비교, 관용, 수용, 자부심, 종합 등과 같은 6단계를 거쳐 성장한다고 주장하였다.

청소년기는 반드시 성 정체성을 표현하는 시기라기보다는 인식하는 시기다(Waldnor-Haugrud & Magruder, 1996). 사실 5~6세 정도가 되면 아동은 자신의 성적 성향이 다른 아이들과 다르다는 것을 알게 된다(Cantwell, 1997). Zera(1992)에 따르면, GLB 청소년은 자신을 이성애자로 파악하거나 성적으로 비정상적인 사람, 혹은 동성애자와 같은 복장을 하고 행동해야 한다는 신념에 따라 동성애와 관련된 고정관념을 과장함으로써 성 정체성 문제에 대처한다. 또한 이들은 이성과 성관계를 가짐으로써 그러한 행위가 자신에게 만족감을 주는지를 확인하려고 한다(Edwards, 1996).

Evans와 Levine(1990)은 성 정체성의 시기와 기간, 그리고 결과는 사회적 맥락, 또래와 가족 지원의 정도, 심리적 적응 등과 같은 내적, 외적 요인의 영향을 받는다고 하였다. Edwards(1996)는 GLB 청소년이 자신의 정체성을 받아들이고 동성애에 대한 혐오적 태도를 어느 정도 견딘다면, 이성 집단 속에서도 잘 적응할 수 있다고 하였다. 그러나 Fontaine(1998)은 정체성 혼란기가 자살의 가능성을 높인다고 주장하였다. Uribe(1994)는 성 정체성이 사춘기나 사춘기 이전에 발생한다는 연구에 따라, GLB 중학생이 학교 환경에서 상처받기가 쉽다고 하였다(Anderson, 1987; Benvenuti, 1986). 사실 10세는 호르몬 발달이 왕성한데, 이것은 아동의 성적 매력, 인지, 정서, 동기, 그리고 사회적 행동 등에 영향을 미친다(McClintock & Herdt, 1996).

또한 동일 문화권 속의 타인들에게 수용되지 못하거나 이해받지 못함에 따른 슬픔, 즉 박탈에 따른 슬픔이 부가된다. GLB 청소년은 성 정체성으로 고민하면서, 친구, 가족 지원, 정체성, 자기 가치(Lenhardt, 1997) 등을 상실할 것이고, 교회(Ritter & O'Neill, 1989)로부터 버림받을 것이라고 생각한다. GLB 영재 청소년은 완벽주의적 성향이 있어서(Hewitt et al., 1997), 다른 사람들에게 수용될 수 없는 정체성을 형성하면서 실패감을 경험하게 된다(Coleman & Remafedi, 1989; Fontaine & Hammond, 1996; Schneider, 1989; Sullivan & Schneider, 1987). 그리고 역할 모형의 부족은 이들의 스트레스를 가중시킬 수 있다. Kissen(1993)은 GLB 십대들은 자신이 억압받는 소수자

장애영재와 특수영재

의 일부라는 것과 자신을 아무도 좋아하지 않을 것이라는 인식 때문에 이중 부담을 가진다고 하였다. Kissen의 주장에 덧붙이면, GLB 영재는 삼중의 부담을 가진다고 할 수 있다.

Lock(1998)는 동성애 혐오증을 내면화시킨 영재이자 동성애자인 남학생에 대한 연구를 통하여 이러한 부담을 반영하고 있는 발달적 틀을 제안하였다. 이 학생은 12~14세에 우울증, 동성애 고정관념에 대한 선입견, 내적 혼란을 완화시키기 위해 동성애 혐오증에 대한 무의식적 추구 등을 경험하였다. 14~16세에는 또래 관계에서의 좌절감과 더 심각한 우울증을 경험하였다. 그 이후에는 미래에 대한 무기력감, 자기 파멸적 행동, 고등학교를 졸업할 수 없을 것이라는 생각, 집을 떠나야 할 것인가와 미래를 대비해야 할 것인가와 같은 상반된 감정을 경험하였다. 결국 그 학생은 자신의 가치를 동성애 집단의 정체성에 통합시킬 수 있었다.

커밍아웃

본 연구는 '커밍아웃(coming out)'의 과정을 둘러싼 가족과 학교에서의 경험에 관심이 있다. 이 문제를 다룬 연구자 중에서 deMonteflores와 Schultz (1978)는 커밍아웃을 '동성애자가 자신의 성적 선호도를 받아들이고 이것을 개인적, 사회적 삶에 통합시키려고 선택하는 발달과정'(p. 60)으로 정의하였다. Ben-Ari(1995)는 GLB 청소년의 대부분이 부모 중 한 사람, 보통 어머니에게 커밍아웃을 한다. 커밍아웃과 관련된 두려움은 일단 커밍아웃하면 철회할 수 없다는 것과 커밍아웃 후에 있을 수 있는 타인으로부터의 거부다. 커밍아웃하는 평균 연령은 21세다. 커밍아웃을 하는 가장 흔한 이유는 '숨기지 않고, 거짓된 삶을 살지 않기 위해서'(p. 310)다. 그러나 Poppenhagen과 Qualley(1998)에 따르면, 커밍아웃은 사회적으로 인정받고 가치 있는 존재로 수용되었던 한 개인이 사회적으로 비난을 받고 억압된 존재, 즉 상실한 상태로 변한다는 것을 의미한다. 커밍아웃 후에 뒤따르는 체면 손상과 같은 상실감은 자살을 유도할 수도 있다. Herdt(1989)는 커밍아웃하는 시기가 사춘기나 부모로부터 독립할 시기와 밀접한 관계가 있기 때문에 이러한 위기를 경험하게 된다고 주장하였다.

부모는 자신의 자녀가 커밍아웃하면 자녀의 미래가 없어진다는 상실감으로 슬픔을 겪는다(Borhek, 1993). Cramer와 Roach(1988)는 대부분의 가족은 먼저 커밍아웃에 대해 부정적으로 반응하지만 시간이 지남에 따라 점차 수용한다는 것을 발견하였다. 그의 연구에 참여한 대다수의 피험자들은 커밍아웃 이전과 이후 모두 아버지보다 어머니와 더 긍정적인 관계를 유지하고 있는 것으로 밝혀졌다. 일반적으로 부모와의 긍정적인 선행 경험이 건전한 결론을 유도하였고(Borhek), 자녀와 친밀한 관계를 유지해 왔던 부모일수록 자녀가 동성애자라는 것을 밝히면 이전보다 더 친밀한 관계를 유지한다(Ben-Ari, 1995).

동성애와 영재성의 동시 발생에 대한 연구와 그것을 인정하는 부모에 대한 연구가 부족하다. 따라서 영재로서의 커밍아웃과 GLB로서의 커밍아웃 간의 문제를 주의 깊게 다루도록 해야 한다. 또한 GLB로서 커밍아웃과 관련된 어려움은 사소한 것으로 취급되고 단지 영재라는 측면만 부각될 수 있다(Cornell, 1984). 영재라는 칭호는 따돌림의 원인이 되고 부모, 형제자매, 또래 관계에 여러 영향을 미친다(Colangelo & Brower, 1987). 사실, 사회적 분위기 때문에 부모가 자녀의 능력을 숨기는 경우도 있다(Webb et al., 1982). 영재는 스스로 자신의 능력을 숨기고 자신의 영재성이 놀림의 대상이 되지 않도록 처신한다(Cross, Coleman, & Stewart, 1995). Mahoney(1998)의 영재 정체성 형성 모형(Gifted Identity Formation Model)은 영재를 이해할 수 있도록 안내해 주는데, 개인의 환경에 영재성이 얼마나 가치가 있는지를 파악하는 것이 중요하다는 것을 보여 준다. 이 모형에서 강조하고 있는 구인 중에는 타당성(자신이나 타인의 영재성 인정), 긍정(상호작용적 인정과 강화), 친애(유사한 타인과의 연합)다. 이러한 구인은 GLB의 정체성에도 물론 적용될 수 있다. 타당성, 긍정, 친애의 근원이 중요하게 관련되어 있다. 이러한 문제들은 성 정체성에 대한 유의미한 타인과의 문제를 포함하여 성 정체성 형성에 분명히 영향을 미친다. 가정이나 사회로부터 지지를 받을 수 없는 상황에서 자신이 영재이자 동성애자라는 것을 인정하고 커밍아웃한다는 것은 매우 어려운 문제일 것이다.

발달의 다른 측면

불행하게도 GLB 발달과 관련된 정보는 많지 않다. 즉, GLB 청소년이 성인기에 어떻게 변화되는가에 대한 연구(Edwards, 1996)가 거의 없고, 이들이 청소년기와 성인기에 또래 혹은 가족으로부터 어떠한 신체적, 정서적 학대를 당하는지에 대한 연구(Boxer & Cohler, 1989) 역시 부족하다. GLB 발달에 대한 연구의 대부분은 성인 남성에 대한 연구를 비롯하여 회고적 방법을 사용하고(Zera, 1992), 상담과 지원 집단에 초점을 맞추고 있다(Edwards, 1996). 양적 연구의 경우 표본 집단이 작고 동성애자가 아닌 비교집단을 활용하지 않은 경우가 많다(Zera, 1992). GLB 발달을 연구하고(예, Ben-Ari, 1995; Kissen, 1993; Omizo, Omizo, & Okamoto, 1998; Schnider, 1989), 영재들이 압력을 어떻게 대처하는가를 알기 위해 양적 방법론이 사용된 것은 비교적 최근의 일이다(Sowa & May, 1997).

Uribe와 Harbeck(1992)은 연구에 참여한 50명의 GLB 고교생들이 그들의 동성애 때문에 사회성 발달이 심각하게 지장을 받고 있다는 것을 발견하였다. 연구자들은 다음과 같이 주장하였다.

> GLB 청소년은 또래 집단과의 동일시를 위한 발달 요구를 충족시키지 못하고, 긍정적인 역할 모형의 영향이나 경험의 부족과 부정적인 사회적 압력, 그리고 동성애 문제에 관하여 정서적 지원을 제공해 줄 수 없거나 지지하기를 싫어하는 부모나 교육자에 대한 의존 등으로 역기능을 유발시킬 위험이 매우 높다(p. 16).

지원 전략

GLB 청소년에 대한 관심이 증가한 결과 이들에 대한 지원 전략이 제안되었다. 이러한 전략에는 서비스 제공자(Schneider & Tremble, 1986)와 교직원에 대한 교육(Schwartz, 1994), 동성애 공포증과 편견에 대한 자기점검 장려(Dunham, 1989), 차별과 폭력으로부터 GLB 학생을 보호하기 위한 정책 실행(Bart, 1998), 원격지원망 구축(Bridget & Lucille, 1996), 교외와 교내 지원 집단(Singerline, 1994), 건강과 기타 문제에 대한 정보 제공(Cranston, 1992), GLB에 대한 역사적 · 문화적 특징에 대한 참고문헌이 포함된 교육과정(Schwartz, 1994; Sumara, 1993), GLB 청소년 문제와 관련된 문헌 제작(Hanckel & Cunningham, 1976), 치료적 예방 제공(예, Bradish, 1995; Kottman, Lingg, & Tisdell, 1995) 등이 있다. 또한 적절한 상담을 통하여 성 정체성과 공상 탐구, 성 경험, 애정 유형, 드러나지 않은 매력, 정서적 반응 등의 문제를 다룰 수 있다(Fontaine & Hammond, 1996).

연구의 목적

본 연구는 능력이 매우 우수한 5~12 학년 GLB 남녀 청소년을 대상으로, 그들이 학교와 가정에서 경험한 것을 회고해 보도록 하는 질적 방법을 주로 사용하였다. 연구 목적은 영재성이 있는 GLB 청소년의 발달을 더 잘 이해하고, 교육자와 상담가에게 도움을 주며, 이 분야에 대한 추후연구의 방향을 제시하는 것이다. GLB 학생과 그렇지 않은 학생을 비교하는 것은 본 연구의 범위에 포함되지 않으며, 본 연구는 특정 집단에 대한 개인의 현상학적 경험에 초점을 두고 있다. 본 연구는 근거이론(grounded theory) 방법론(Glasser & Strauss, 1967)에 따라 행동에 대한 관점, 즉 행동에 대한 기술, 설명, 예측을 탐색하고, 연구결과를 실제 적용할 수 있도록 하며, 관련 당사자들의 이해를 돕고, 영재성과 GLB를 모두 경험한 청소년에 대한 잠정적 가설을 개발하려고 한다.

장애영재와 특수영재

피험자

본 연구의 피험자들은 자신을 영재이자 GLB라고 주장하는 18~25세의 청년들 18명(남: 12, 여: 6)이다. 자신을 영재이자 GLB라고 공개하는 피험자를 파악하기가 어려워서 연구자들은 자기판별(self-identification) 방법이 필요하다고 생각하였다. 또한 여러 가지 이유로 평균평점(GPA), 검사점수, 특별 프로그램의 참여 여부 등과 같은 기준을 적용하지 않았다. 피험자들의 평균평점은 유사하지만 의미가 다양하며, 출신 고등학교 유형 역시 다양하였다. 피험자들이 자신들의 지능검사 점수를 안다거나, 지능검사를 피험자들의 학교에서 실시했는지, 혹은 다녔던 학교에 영재 프로그램이 존재했는지의 여부는 확인할 수 없었다. 본 연구에서는 영재성을 파악하는 데 이용할 수 있는 공통된 검사를 실시하지 않았을 뿐 아니라, 피험자들이 특정한 준거에 적합한지에 대해서도 확인하지 않았다. 본 연구는 영재성에 대한 정의가 다양하게 내려진다는 점을 수용하고(Peterson, 1999), 피험자들이 학령기 동안 영재로 판별되지 않았다면 대학에서 다른 또래들과 비교해 스스로 내린 판단에 의존하였다.

연구 도구

피험자들은 70개의 항목이 13개의 질문으로 구성되어 있는 10쪽 분량의 비표준화된 설문지에 응답하였다(부록 참조). 설문지 응답에는 1~4시간이 소요되었다. 서술적 자료를 얻기 위해 설문지의 절반 정도를 개방형 문항으로 작성하였다. 몇 명을 제외한 대부분의 피험자들은 구체적으로 응답해 주었다. 기타 설문은 '예'나 '아니요', 혹은 간단하게 반응할 수 있도록 제시하였다. 설문지는 특히 응답자들이 그들의 사회정서적 발달, 성 정체성 발달, 타인의 반응, 성 정체성과 관련된 영재성 등에 대해 어떻게 지각하는지에 관심을 갖고 개발되었다.

연구방법

두 명의 연구자가 이 연구를 수행하였다. 피험자들은 미국 중서부의 8개 대학교에 있는 GLB 지지 단체와 매우 영향력 있는 GLB 단체를 통하여 발송된 설문지에 응답하였다. 이러한 방법을 사용해서 영재성이 있는 GLB를 본 연구에 참여하도록 하였고, 피험자들은 응답한 설문지를 우편으로 연구자들에게 보내 주었다.

자료는 비율을 사용한 양적 방법(예, 아니요 반응과 연령, 학년, 시간 간격과 관련된 반응)과, 질적 분석에 대한 Glasser와 Strauss(1967)의 계속 비교법(constant comparative)을 사용한 질적 방법(서술형 반응)으로 분석되었다. 연구자들은 먼저 일반적 특징을 주목하면서 개별적으로 서술형 반응을 읽었다. 그런 다음 각 질문에 대한 모든 응답을 함께 모았다. 각 연구자들은 이렇게 모아진 반응들을 '범주 추출'과 '기존 범주에 적합한 자료 추출'과 같은 귀납적 과정을 사용해서(Glasser & Strauss, 1967) 주제별로 분석한 다음, 코딩을 하는 데 사용할 수 있는 틀을 각자 개별적으로 만들었다. 그런 다음 코딩 틀과 피험자들의 반응에서 추출된 각각의 주제를 비교하였다. 유사하게 코딩된 부분은 주제를 개발하기 위해 군집화(cluster)하는 과정을 반복적으로 수행했다.

연구자들은 자료를 여섯 번 정도 분석하였는데, 이 중 마지막 네 번의 분석은 더 포괄적인 범주로 모으고 개별 질문에 대한 응답을 주제별로 통합하는 것이었다(예, 위험에 관한 주제는 하나의 질문과 관련되어 있지만 다른 질문에 대한 응답 속에서도 나타났다). 연구자들은 자료를 개별적으로 분석했지만, 주요 주제 추출이나 군집화 과정에서 상당한 일치를 보였다. 일반적으로 추출된 주제와 군집에 어떤 명칭을 붙일 것인가에서만 '불일치'가 있었으나, 양적 자료의 분석에서는 연구자 간에 불일치가 없었다.

장애영재와 특수영재

연구결과

이질감과 소외감

사회적 어색함, 성숙 수준, 능력과 흥미, 우울, 행동 선택 등과 같은 다양한 요소와 더불어 '차이와 소외'라는 주제가 추출되었다. 일부 피험자들은 사회적으로 소극적이 되는 것을 성 정체성 때문이라고 구체적으로 언급했지만, 몇몇은 죄책감과 수치심 때문이라고 하였다. 한 남자 피험자는 "도덕적 이유와 공포, 적어도 불편함 때문에 파티, 음주, 성행위 등을 피한다."라고 하였다. 한 여자 피험자는 "나는 편견이나 욕설에 대처하는 한 가지 방법으로 또래들과 의도적으로 어울리지 않기 때문에 늘 외로움을 느낀다."라고 하였다. 한 남자 피험자의 반응에서는 중학교 시기에 변화가 있었음을 알 수 있었다. 그는 "5학년일 때는 정말 행복했다. 나는 안정적이었지만, 8학년이 되면서는 우울함과 소외감을 느끼기 시작하였다."라고 기술하였다. 또 다른 남자 피험자는 8학년에 대하여 다음과 같이 기술하였다.

> 나는 또래와 전혀 어울리지 못했다. 고통이 많았다. 운동을 못하고 남자 또래들과 어울리지 못해 늘 '계집애'라고 놀림을 당했다. 다른 남자 아이들의 마음에 들려고 하는 죄책감 때문에 8학년 때 자살 충동을 느꼈다. 죄책감과 수치심에 무척 괴로워하였다.

중학교는 변화의 시기다. 다른 피험자의 반응을 살펴보자.

> 나는 똑똑했기 때문에 5~6학년 때 인기가 많았다. 그러나 7~8학년 때는 정말 인기가 없었다. 나는 활동적이었고 몇 명의 친구도 있었지만, 이 기간은 사회적으로 최악의 시기였다. 나는 록키 허드슨(Rocky Hudson)의 이름을 따 록키라고 불렸다. 그리고 그때부터 소문이 퍼지기 시작하였다.

또 다른 남자 피험자는 다음과 같이 진술하였다.

나는 스포츠에 관심이 없었기 때문에 '깜찍이'라고 놀림당했다. 나는 많은 사
람들이 좋아하지 않는 음악이나 공부에 관심이 많았다. 나는 정서적으로나
사회적으로 종종 어색함을 느꼈다.

한 피험자는 자신을 '추방당한 사람'으로 기술하였다. 또 다른 남자 피험
자의 반응은 전적으로 소외, 고립, 고통, 성적 차별과 관련이 있다. 그는 "젊
은 시기에 성에 대한 생각을 정확하게 표현하기란 매우 어렵다. 그 시기에
성에 대한 생각을 표현하면 또래로부터 소외만 당할 뿐이다."라고 하였다.
단지 한 피험자만이 동성애적 성향과 영재성을 모두 갖고 있을 때 발생할 수
있는 차이를 구체적으로 언급하였다.

나는 '영재'라고 이름 붙여지는 것이 '다르다'는 것을 의미하는 것과 마찬가
지로, '동성애자'라는 칭호 역시 그렇다고 생각한다. 영재이자 동성애자라는
것은 실제로 흥미 있는 상호작용이다.

학교 문제

성 정체성과 관련된 긍정적, 부정적 경험 성 정체성과 관련된 긍정적,
부정적 경험에 관하여 질문을 하였다. 한 여자 피험자의 다음의 진술은 긍
정적 경험을 보여 준다. "선생님들은 성 정체성을 탐구하고 이해해야 할 중
요한 주제로 간주하였다." 여자 피험자들은 군대에서의 동성애와 같은 GLB
문제를 학교 신문이나 학급에서 토론했다고 했으며, 또 레즈비언인 교사와
공개적으로 이런 문제를 토론했다는 피험자도 있었다. 어떤 피험자는 설문
지 말미에 다음과 같은 중요한 주석을 달았다. "나는 놀랍게도 모든 사람이
부정적이고 고통스러운 경험만을 하는 것이 아니라는 사실을 알게 되었다."
남자 피험자들의 긍정적 반응은 GLB 지지 집단과 동성애에 관한 일요 학교
를 포함하여 모두 학교 밖의 경험과 관련되어 있었다.

장애영재와 특수영재

한편, 부정적 경험에 명백한 적개심이 늘 포함되는 것은 아니었다. 일부 피험자들은 불편한 학급 분위기와 지지 부족을 언급하였다.

"나의 성 정체성이 학급의 토론 문제가 되어 버렸다. 나는 수업에 참여할 수 없게 되었고, 또한 이러한 논란으로 교내의 다른 집단에도 참가할 수 없게 되었다."

"나는 시시한 녀석으로 놀림을 당했으며 남자들과 어울리지 못했다."

"선생님들은 게이 문제를 탐색하려고 했던 나의 바람을 무시했다."

어떤 피험자는 HIV 감염 위험과 같은 문제가 학교에서 많이 논의되지 않고 있다고 지적하였다. "GLB 문제와 관련된 모든 논의에서 건강에 대한 문제가 전적으로 누락되어 있다."

위험 피험자 중 5명(28%)이 위험을 전혀 느끼지 않았다고 말한 점이 주목할 만하다. 그러나 GLB 학생에 대한 적개심과 관련된 연구와 마찬가지로, 대부분의 학생들은 실제 위험을 느꼈다고 응답했고(11명, 61%), 학교에서 위험을 느꼈다는 피험자는 7명(39%)이었다. 또래 문제와 관련해서, 한 피험자는 "수업 중이나 쉬는 시간, 수업 전이나 후, 특별활동 시간 등 학교는 항상 위험이 잠재되어 있는 곳이었다."라고 하였다. 또 다른 피험자는 "소풍을 가는 도중, 한 아이가 자신은 절친한 친구나 친척이 동성애자라면 말도 하지 않고 때려 주겠다고 말하는 것을 보고, 동성애 학생들이 학교에서 어떤 대우를 받을 것인가를 고민하게 되었다."라고 하였다.

또한 문헌에서 나타난 것처럼, 일부 피험자들은 교사에게서 적개심을 경험했다. 한 피험자는 중학교 때 체육 교사가 급우들 앞에서 어떤 남자를 무시하는 발언을 했다고 한다. "나는 무서웠다. 나는 내가 두려워해야 할 사람이 학생뿐만 아니라 모든 연령의 남성들이라는 것을 알게 되었다. 나는 방과 후에 종일 눈물을 흘릴 수밖에 없었다." 또 다른 피험자는 "교사는 내가 동성애자라고 폭행했으며, 아무도 개의치 않았다."라고 기술하였다. 어떤 교사는 동성애자라고 소문을 퍼뜨렸고 나중에 소문을 퍼뜨린 것에 대해 사과했다고 하였다.

우울증과 자기 파멸적 행동

위험은 또한 피험자 내부에서도 발생하였다. 15명(83%)이 중등학교 시기 동안 우울증을 경험하였다고 하였다. 그중 5명(28%)은 10학년 이후 정서적 안정성이 향상되었다고 했지만, 13명(72%)은 그 시기 동안 자살을 생각했다고 하였다. 한 여자 피험자는 4~12학년 동안 우울증을 앓았다고 했으며, 한 피험자는 "중학교 때 자살을 심각하게 생각했지만 계획을 세우지는 않았다."라고 하였다. 9명(50%)의 피험자는 고등학교가 상처받기 쉬운 시기라고 하였고, 6명(33%)은 9학년에, 5명(28%)은 10학년에, 7명(39%)은 11학년에 각각 우울증을 경험했다고 하였다. 한 남자 피험자는 "나는 내가 누군가와 의미 있는 관계를 유지할 수 없을지도 모른다는 두려움에 사로잡혀 혼자 외롭게 늙어 불행하게 죽을 수도 있다는 생각을 했다."라고 하였다. 우울증을 경험한 15명 중 12명(80%)은 자신의 심정에 대하여 주로 친구나 상담원과 이야기를 나누었다고 하였다. 15명 중 5명(55%)만이 부모에게 이야기했지만 교사에게는 아무도 말하지 않았다. 자살과 관련해서 13명 중 11명(85%)은 친구나 상담원과 논의했지만 교사와는 하지 않았고, 4명(31%)은 부모와 논의하였다고 했다. 18명 중 11명(61%)은 낮은 도덕성에 대처할 수 있는 행동 전략에 대해 이야기했다고 응답하였다. 한 남자 피험자는 "난 특정한 일에 몰두하였다. 이러한 몰두는 종종 생산적인 결과를 가져왔다."라고 하였다. 또다른 여자 피험자는 "나는 우는 방법을 배웠고, 매우 자주 실컷 울었다."라고 하였다.

상담을 경험한 14명(참여자의 78%) 중 11명(79%)은 상담이 도움이 되었다고 하였다. 상담은 주로 고등학교 시기에 이루어졌고 1~4년 동안 지속되었다. 상담이 도움이 되었다는 응답 중의 일부는 다음과 같다.

"상담은 나의 감정을 누군가에게 드러내고 정리하는 기회가 되었다."

"다른 사람과 좋은 관계를 굳건히 하고 대처하는 전략을 배웠다."

"나는 나의 성 정체성이 결코 문제가 되지 않는다는 것을 깨달았다."

"나는 나 자신을 사랑하게 되었고 자신감을 갖게 되었다."

상담원에게 바라는 점은 '나와 같은 문제로 상담을 하는 사람들이 얼마나 되며 또 그들은 어떤 문제로 상담을 하는가에 대해 알려 주는 것'이었다. 어느 한 피험자는 상담원이 성 정체성에 대해 교육하지 않기를 희망했다.

성 정체성 형성

성 정체성을 처음으로 의심하는 나이에 대한 본 연구의 결과는 조기에 인식한다(예, Cantwell, 1997)는 선행 연구와 일치하였다. 정확히 피험자의 절반인 9명이 초등학교를 마치기 이전에 성 정체성에 대해 의심하였다고 하였으며, 9명 중 5명(56%)은 6학년 때 인식하였다고 하였다. 피험자 중 8명(44%)은 중등학교에서 성 정체성을 인식하였으며, 4명(50%)은 8~9학년에 인식하였다고 보고하였다. 1명을 제외한 모든 피험자들(94%)은 10학년에 인식했고, 1명은 12학년에 인식하였다고 답하였다. 일반적으로 매력, 홀딱 반함, 꿈, 일기, 그리고 '단지 지나가는 과정'이 아니라는 것을 깨닫는 등의 형태로 성 정체성을 인식하게 되었다고 하였다. 9명(50%)은 이성에 대한 극단적인 사랑("이성에 대한 사랑은 나를 초조하고 두렵게 만들었다. 나는 남자 친구와의 관계에 푹 빠져 버렸다."), 우울함("난생 처음으로 자살을 생각했다." "나는 이것이 죄악이고 지옥에 갈지도 모른다고 생각했다. 너무 우울해서 죽고 싶었다."), 강력한 동성애 반대자가 되거나 성취에 모든 에너지를 쏟아 붓는 등의 형태로 성 정체성을 인식하기 시작하였다고 하였다. 남자 피험자 중 2명(17%)은 다른 사람과 자신의 감정에 대한 두려움 때문에 즐기던 운동을 그만두었고, 2명의 남자 피험자는 운동을 하던 중에 또래들이 두려워졌다고 하였다. 피험자의 절반은 성 정체성에 대한 자신의 인식에 별 문제가 없었다고 했다. 한 남자 피험자는 "나는 나의 성 정체성을 잘 인식하였다. 성에 대한 인식은 성적 발견과 사춘기의 일반적인 호기심, 흥분, 당황 그 자체였다."라고 하였다.

또한 나타날 것으로 예상되었던 감정이 나타나지 않았다는 의견도 있었다. 남자 피험자 중 5명(42%)은 또래와 동일한 감정을 느꼈지만 여자에게 끌리는 감정이 없었다고 하였다("나는 동성애에 대한 환상으로 가득 찼다. 여자와 데이트하고 싶은 척했지만 실제로는 데이트하고 싶은 생각이 전혀 들지 않았다." "여자들과 함께 있는 것이 좋았지만 섹스를 하고 싶은 생각은 없었다. 나는 남자 아이들에게 관심이 많았으며 그들과 성 관계를 갖는 것이 아름답다는 것을 알게 되었다."). 여러 피험자들이 사춘기 이전에는 성 정체성이 큰 문제가 아니었다고 주장하였다. 즉, "나는 내가 남자를 좋아하는 것은 내가 여자를 좋아하는 한 지극히 정상이라고 생각하였다. 사실 몇 년 동안 이것은 큰 문제가 되지 않았다."

본 연구에서는 동성애자가 성 정체성과 관련해서 자기를 분석하고 압력을 지각하며 두려워한다는 것을 알 수 있었다. 다음에 소개하는 한 남자 피험자의 진술에서는 이러한 감정들이 다양하게 결합되어 있는 것을 알 수 있다.

나는 첼로 연주를 통하여 나의 모든 것(성 정체성, 자기가치)을 입증하려고 하는 편향적 생각을 갖고 있었기 때문에 늘 긴장해야 했다. 첼로 연주를 중단했을 때 나는 내 자신의 성 정체성에 집중할 수 있는 시간을 더 많이 확보할 수 있었다. 이것은 나 자신이 누구인가를 탐색하도록 하는 용감한 행위였다. 이런저런 생각 끝에 나는 내가 완벽하게 게이이거나 완벽하게 게이가 아니어야 한다고 생각하였다. 물론 이것은 내가 누구인가를 정의하기 위해서 고정관념에 따라 살아가도록 유도한다.

나는 오랫동안 게이들이 여성스러워야 하고, 혀 짧은 소리로 말해야 하고, 운동을 좋아하지 않아야 하며, 항상 섹스만 생각해야 한다고 믿었다. 내가 얼마나 괴상한 생각에 사로잡혀 있었던가! 나는 운 좋게도 대학에서 게이에 대한 고정관념에서 벗어나 살고 있는 게이들을 만났으며 그들은 나의 좋은 역할모형이 되었다.

나는 양성애자가 존재한다는 것을 알지 못했기 때문에 전적으로 게이가 되거나 그렇지 않아야 한다는 이전 생각에 동요가 일어났다. 나는 모든 것이 믿을

장애영재와 특수영재

수 없을 정도로 불확실했고 나이가 들어감에 따라 불안해졌는데, 특히 아버지를 대할 때 더 불안했다. 나는 아버지의 마음에 들기를 원했지만 아버지와 함께할 수 있는 일이나 공유할 만한 가치가 없었다.

내게는 역할 모형이 없어 스스로 만들어 내야 했다. 게이가 무엇인가를 알아야 했지만 내 개인적인 기대나 의도와 맞지 않는 사회적 고정관념에 맞추어 가면서 게이에 대해서 알아 가는 것도 그만두었다.

한 여자 피험자는 "나는 스스로에게 어떤 명칭을 붙이기 전까지는 실제적인 나의 정체성을 찾을 수 없었다."라고 하였다.

발달의 다른 측면

성장과 성숙 피험자들의 반응을 살펴보면서 이들의 발달이 쉽지 않았다는 것을 알 수 있었다. 다음 진술은 성 정체성 문제가 성장과 성숙에 미치는 영향을 반영하고 있다. "다른 아이들은 남자 친구나 여자 친구가 있고 그들의 성숙과 사회적 성숙에 도움이 되는 관계를 가졌다. 젊은 게이의 대부분은 이러한 기회를 박탈당했다." 또 다른 진술에는 성적, 사회적 상호작용이 반영되어 있다. "내가 되려고 하는 존재가 가족, 친구, 교육을 통해서 쉽게 수용되지 않을 것이라는 의구심이 들었을 때 가장 힘들었다."

성취 피험자 중 14명(78%)은 재학 중 학업성취가 줄곧 우수하였고, 우수한 학업성적을 보인 주된 이유는 '균형' 혹은 '출구'였다. 한 남자 피험자는 "나는 안정적이었지만 혼란스러웠다. 나는 많은 것을 억제했고, 대신에 나의 마음을 아프게 하는 경험과 감정을 대체할 만한 활동과 학업에 몰두했다."라고 하였다. 4명의 다른 남자 피험자들은 자신들의 학업성취가 매우 우수했다고 하였다. "학급의 최상위권에 속했으며 교과 외 활동에도 열성적으로 참여하였다. 이렇게 한 것은 성 정체성과 사회성 문제를 피하려는 의도가 강했기 때문이었다. 그러한 활동에 참여함으로써 나는 안전했다." "연애 감정과 지체된 성적 발달은 내가 측정 가능한 방법으로 성공하려는 데 큰 에너지로 작용하였다." "나는 무엇인가에서 우수해야 한다는 절실함이 있었는데, 그것이 학업이었다. 나의 학업성취는 항상 우수했다." "나는 학업에 늘 150%의 노력을 하였다. 나는 과성취자(over-achiever)의 전형이었다. 나는 교사에게 깊은 인상을 남겨 주고 급우들에게 자랑하고 싶었다. 운동을 잘하지 못하였기 때문에 그것을 상쇄시킬 만한 것이 필요했던 것이다."

대조적으로 어떤 남자 피험자는 고등학교를 세 번이나 중도에 포기했고, 한 여자 피험자는 자퇴했다가 복학하여 우등생으로 졸업했다고 하였다. 고등학교에서 미성취자였던 4명(22%) 모두 대학에서는 정상적인 성취자가 되었다.

사회성 발달 18명 중 12명(67%)이 중학교보다는 고등학교에서 사회적 관계가 더 좋았다고 하였다. 한 여자 피험자는 "더 많은 자신감을 갖게 되었다. 왜 그런지는 정확히 알 수 없지만 병원에서 자원봉사 활동을 했으며 직업도 갖게 되었다."라고 하였다. 자신을 외향적이라고 생각하고 교과 외 활동에 관여한 것이 많은 도움이 되었으며, 한 여자 피험자와 남자 피험자는 학교 밖 활동을 통해 타 지역에 거주하는 친구들을 만날 수 있었다고 하였다.

한 남자 피험자는 여름방학 프로그램에 참여했던 것이 도움이 되었다고 하였다. 그러나 전술한 것과 같이 9명(50%)은 고등학교 동안에 우울증을 경험했고, 한 남자 피험자는 커밍아웃을 선언했던 11학년 때 사회적 거부를 경험했으며, 몇몇은 마약을 사용한 적이 있다고 하였다. 한 여자 피험자는 자신의 성 정체성을 이해할 때까지 데이트하기를 원하지 않았다고 하였고, 또 다른 피험자는 "나는 항상 좌절했고 우울했으며 자살을 생각하곤 했다. 내 마음 속에는 항상 자살이 자리 잡고 있었다. 나는 두 번이나 심각하게 자살을 시도했다. 나의 감정 상태는 그 감정을 숨기려 할 때 더욱 악화되었다."라고 하였다.

인식 17명(94%)이 11학년 때 동성에 대한 매력을 인식했다는 사실이 그들이 GLB라는 것을 반드시 확신했다는 의미는 아니다. 그러나 12명(67%)

은 11학년 때 확신했다고 했으며, 피험자 중 8명은 10학년이나 11학년 때가 동성애에 대한 매력을 가지게 된 전환점이었다고 하였다. 12명은 고등학교 때 자신이 GLB라는 것을 확신했으며(반드시 커밍아웃을 의미하지는 않는다), 10명(83%)은 학교생활에서 부정적 영향을 경험했다고 하였다. 또한 6명 (50%)은 자신의 정체성 인식이 가족 구성원 간의 의사소통에 부정적인 영향을 주었는데, 일반적으로 여자는 어머니와, 남자는 아버지와 의사소통에 문제가 있었다고 하였다.

"나는 큰 골칫거리(특히 아버지에게)였고, 집에 있기가 싫었다."

"나는 아버지가 '아들'을 원하는 것을 느낄 수 있었지만 그 바람을 충족시켜 주지 못했다."

"나는 이것이 일시적인 단계가 아니라는 것을 알았을 때, 아버지와 함께 있는 것이 힘들었다. 나는 아버지와 함께 농장에서 일을 했는데, 그것이 나에게는 큰 부담이 되었다."

고등학교 때 확신하였다는 12명 중 4명(33%)은 또래들과의 사회적 관계가 나빠졌다고 한 반면, 7명(58%)은 사회적으로 별 문제가 없었다고 하였다. 절반 정도는 가장 친한 친구와의 관계가 변치 않았다고 했지만, 2명(17%)은 관계가 나빠졌다고 하였다. 한 여자 피험자는 "절친한 친구는 동성애가 멋지다고 말했지만 더 이상 대화하려고 하지 않았다. 나는 그녀에게 동성애에 대한 책을 사 주었고 그녀는 나를 다른 친구들에게 자신의 게이 친구라고 소개하였다. 그녀는 나와 약속을 지키지 않았고 우리는 더 이상 말을 하지 않았다."라고 하였다. 한 남자 피험자는 "나는 나와 유사한 처지에 놓인 친구들과 잘 어울렸다."라고 하였다. 또 다른 피험자는 "나는 탈의실에서 잡담도 하고 여자들과 잡담을 하면서 내가 게이가 아니라는 것을 다른 친구들에게 보여 주었다."라고 하였다. 또 다른 피험자는 "나는 여자 친구가 많았다."라고 하였다.

7명의 피험자(39%)는 자신이 동성애자라는 것을 아무도 알지 못했다고 하였다. 한 남자 피험자는 여자처럼 행동하지 않는 것이 자신이 동성애자가 아니라는 것을 보여 주는 데 도움이 되었다고 했고, 또 다른 피험자는 다른 청소년들과 마찬가지로 "나는 모든 사람들이 나를 좋아하기를 원했다."라는 말로 자신이 다른 친구들과 잘 지냈음을 표현하였다. 한 여자 피험자는 "나는 많은 남자들과 데이트를 즐겼으며, 이성과의 관계를 지속적으로 유지하였다. 나는 내가 동성애자임을 드러내지 않았으며 그것에 대해 이야기하지도 않았다."라고 하였다.

일반적으로 학교는 여러 사람들에게 편안한 곳이 아니었다. 한 남자 피험자는 '동성애자를 증오하는 남학교'에서 자신의 감정을 드러내지 않고, 그저 농담과 어색한 웃음을 지으며 탈의실에서 다른 친구를 바라보는 것이 두려웠다고 하였다. 또 다른 피험자는 운동을 그만두었고, "남자 아이들과는 꼭 필요한 경우를 제외하고는 많이 어울리지 않았다. 나는 내가 그들을 좋아하게 될까 봐 두려웠다."라고 하였다. 자신이 동성애자라고 밝히는 것은 여러 가지 부당한 반응을 감수해야 한다는 것을 의미하였다.

"게이라는 것이 알려지면 학교를 계속 다닐 수 있을지 염려스러웠다."

"나는 게이가 아닌 척했다. 친구들의 말에 과민반응을 하였다. 학교에 있는 것이 부담스러워 자주 결석하였다."

"누군가 내가 게이라는 것을 알았다면 나는 즉시 자살했을 것이다. 나는 사람들을 멀리하고 다른 사람들이 내가 사내답지 못하다는 것을 알아차리지 못하도록 수줍음이 많은 사람이 되었다."

한 남자 피험자는 "인기가 없는 사람과 친구가 되고 싶었다."라고 하였다.

영재 청소년으로서의 특별한 요구　연구자들은 발달과 관련이 없는 문제를 다루면서 능력이 높다는 것이 GLB로서 그들에게 독특한 요구를 만들어 냈는지, 혹은 과민증이 청소년기 때 이들에게 나타나는 하나의 요인이었는지를 살펴보았다. 명칭에 대한 과민증, 동성애 혐오증, 타인의 반응, 미래에 대한 불안 등을 암시하는 응답이 많았다. 독특한 요구와 관련해서 한 참여자는 "이것은 내가 관련을 맺을 수 있는 사람들 간의 관계를 협소하게 했다."라고 하였다. 어떤 피험자들은 정보를 탐색할 필요성을 제기했고, 한 피험자는 성 정체성이 직업에 미치는 영향을 염려하였다. 한 남자 피험자는 "나는 종종 성취의 관점에서 매우 경쟁적이었는데, 이것은 부적절한 감정이나 사회에서 수용되지 않는 것에 대한 보상이었다."라고 하였다. 또 다른 피험자는 "나는 매우 우수한 자가 되어 성에 대한 탐색을 꺼려 하기조차 하였다."라고 하였다.

또한 연구자들은 피험자들이 GLB로서의 삶을 향상시키기 위해 그들의 지적 능력을 어떻게 사용했는지에 대하여 질문하였다. 대부분은 지적 능력을 적극적으로 사용하였다. 즉, 이들은 자신의 지적 능력을 쓰기, 분별력 있는 활동, 창의성, 유머와 아이러니 사용, 독서와 정보 탐색, 관점 변경, 토론이나 언쟁, 그리고 게이를 싫어하는 자들과의 논쟁에 사용하였다.

커밍아웃

1명의 피험자만이 중학교 때 커밍아웃했고, 4명(22%)은 고등학교 때 커밍아웃했다. 고등학교 시기에 우울증이 발생하는 것과 13명(72%)이 18세 후에 커밍아웃했다는 것은 커밍아웃 과정이 스트레스와 우울증을 수반하고 가정을 떠나 독립할 때 커밍아웃한다는 것을 암시해 준다. 커밍아웃에 관하여 6명(33%)의 부모들은 커밍아웃 직후부터 또는 어느 정도의 시간이 지난 후부터 지지해 준 것으로 밝혀졌다. 일부 부모는 눈물을 흘렸거나 충격을 받았거나 깜짝 놀랐다고 하였다. 또 어떤 부모는 침묵으로 반응했는데, 그 침묵이 현재까지 지속되는 경우도 있었다. 가족과 관련해서 한 피험자는 시간이 걸린다고 기술하였다. 형제자매는 매우 다양한 반응을 보인 것으로 나타났다.

11명(61%)은 자신들의 커밍아웃을 또래들이 지지해 주었다고 하였다. 한 남자 피험자는 "나는 운 좋게도 유난히 강한 또래 지원망을 갖게 되었다. 이들은 옳고 그름을 판단하지 않았고 수용적이었다."라고 하였다. 커밍아웃을 할 때는 이성 친구와의 긴밀한 관계가 도움이 된 것으로 나타났다. 한 여자 피험자는 "나의 친한 친구는 게이로 밝혀졌다."라고 했지만, 한 남자 피험자는 "나는 커밍아웃 이후에 내가 알고 있는 사람들을 피해야 했다."라고 하였다. 25세인 한 남자는 고등학교 친구들에게 자신이 동성애자라는 것을 아직 밝히지 않았다고 하였다.

11명(61%)은 고등학교 때부터 또래들과 좋은 관계를 유지하고 있다고 하였다. 대학에 있는 GLB 지지 집단은 무조건적인 수용을 위한 장소가 되었고 거의 모든 피험자들의 자존감을 향상시켰다. 한 남자 피험자는 "대학에 들어가지 않았다면 나는 지금 생존해 있지 않았을 것이다. 나는 중요한 시점에 있었다. 대학은 나의 마지막 희망이었다."라고 진술하였다.

지원 전략

GLB 청소년을 이해하기 위해 교육자들이 해야 할 것이 무엇인가라는 질문에 대한 응답은 전형적으로 다음과 같은 세 가지였다.

"그들의 머릿속에는 많은 일이 일어나고 있다는 것을 알아라."
"그들은 역할 모형이 필요하다."
"커밍아웃에 지지가 거의 없다."
다음과 같이 좀 더 구체적인 제안을 한 응답자들도 있었다.

1. 그들이 괜찮다는 것을 알게 하라. 나쁘지도 사악하지도 병들지도 않았다는 것을 알도록 하라.
2. 그들이 혼자가 아니라는 것을 알도록 하라. 한 명의 게이라도 소개시켜 주거나, 커밍아웃한 유명인이나 존경받는 인사를 알려 주거나, 게이를 좋게 묘사한 최근 영화를 소개시켜 주어라. 나는 상담할 수 있는 다른 게이들이 필요했다. 학생들이 테네시 윌리엄스(Tennessee Williams)의 작품을 읽을 때 그의 성의식에 대해 언급하라.

3. 게이의 삶을 긍정적으로 받아들여라. 모든 교육자들이 자신의 교실에 GLB 학생이 있고, 학생 스스로 GLB라는 것을 자랑스럽게 여기지만 두려워하고 혼란스러워하고 외로워하며 동성의 누군가를 사랑하고 있다는 것을 이해해 주었으면 한다.

4. 성 정체성은 약물 오남용, 자퇴, 그리고 자살의 원인이 된다는 것에 주의하라.

5. 동정심을 가지고 그들을 대우하라. 그들은 힘든 삶을 살고 있다. 그들이 생존하고 있다는 것은 놀라운 일이다.

6. 젊은이의 성적 감정에 대해 실망하거나 그냥 내버려 두지 마라.

7. 지나치게 많은 활동에 참여하지 않도록 하라. 나는 모범생이어서 선생님들이 나를 변화시키려고 하지 않았다.

8. 학생들에게 이 학급이 안전한가에 대해 질문하라.

9. 교실에서 모욕적인 말을 하지 마라. 무언가 도움이 되는 말을 하라.

GLB 문제와 영재교육

연구자들은 영재교육에서 GLB 문제에 관심을 가져야 하는가에 대해 질문하였다. 모든 피험자들은 관심을 가져야 한다고 하였다. 다음은 일반적이고 시사점이 있는 응답들이다.

"내 경험으로 영재교육은 여러 가지 논쟁적 문제를 다루는 것 같다. 따라서 영재교육에서 GLB 문제를 탐색할 수도 있을 것이다."

"능력이 높은 학생들일수록 주제를 중심으로 공부하기 때문에 성 문제 역시 이들이 탐구할 수 있는 좋은 주제가 될 것이다."

"스스로 안전하지 못한 영재 GLB 학생은 자살 위험이나 다른 정서적 문제에 직면해 있다. 나처럼 모든 학생이 자유롭고 자신감을 심어 주는 환경과 가정에서 자라지 않는다."

"어린 나이에 동성애를 인식하는 많은 사람들은 영재다."

"우리와 같은 학생들이 많다."

논 의

일반 청소년에게조차도 정상적인 발달 과업은 복잡하고 어려운 일이다. 본 연구에 따르면, GLB 청소년은 발달과정에서 발생하는 여러 문제들에 외롭고 힘들게 대처하고 있다. 본 연구에서는 정체성 발달과 관련된 문제는 자아감에 영향을 미치고, 우울증과 관련이 있으며, 또한 사회적 관계에 영향을 미친다는 것이 밝혀졌다. 사회적 불안은 소외와 함께 나타나고 초등학교 졸업 이전에 방황하게 하며 사회적 불편함을 경험하게 한다.

커밍아웃으로 이끄는 과정에는 불안이 따른다. 그러나 성 정체성을 드러냄으로써 생길 수 있는 가족의 거절은 예상보다 더 일찍 가족과 분리하게 만든다. 즉, GLB 젊은이들은 가족과 분리되는 삶의 현실에 심각하게 직면해야 한다. 일반적으로 본 연구의 참여자들은 역할 모형이나 GLB 또래가 없고 그들의 감정과 사고를 공유할 수 있는 사람이 거의 없이 성 정체성 문제를 해결해야 하고, 성 정체성이 확립된 이후에도 홀로 생존해야 하는 것으로 나타났다. 이들은 많은 부분을 숨기고 침묵해야 하기 때문에 우울증, 자살, 자퇴, 약물 오남용 등의 위험이 있다. 그러나 본 연구에 참여한 많은 피험자들은 힘든 청소년기를 겪으면서 회복력(resilience)을 발달시켰고, 미래에 대한 낙관론을 표현하였다. 또한 불안하고 결핍을 지각하면서 그에 대한 보상으로 행해지는 '과잉관여(overinvolvement)'의 부정적 효과를 언급한 사람은 없었다.

본 연구에 참가한 피험자들의 삶 속에서 동성애와 영재성의 교차점이 어느 정도인가를 확인하는 것은 어려운 일이다. 피험자들이 사회정서적 발달에 대하여 응답하면서 자신의 높은 능력을 암시한 경우는 거의 없었다. 그러나 대처 전략, 과민증, 특수한 요구, 영재교육에서의 성 정체성에 대한 관심 등과 관련해서 능력에 대한 구체적인 질문을 했을 때 많은 진술이 나왔다. 그럼에도 불구하고, 동성애와 영재성의 병행은 차별성, 다양한 발달 문

장애영재와 특수영재

제, 웰빙(well-being)의 위협 등의 관점에서 조심스럽게 다루어져야 한다. 영재성과 동성애를 모두 갖고 있다는 것은 하나가 다른 것을 약화시킬 수 있다는 것을 의미한다. 그러나 GLB 개인의 안전성과 GLB의 성 정체성이 사회정서적 발달에 미치는 영향에 대한 선행연구와 본 연구에 따르면, 영재성과 동성애가 동시에 발생하는 것이 일반인 사이에서 얼마나 자주 일어나는가의 문제와는 상관없이 영재성과 동성애를 동일한 문제로 보는 것은 바람직하지 않다. 그러나 이러한 주의에도 불구하고, 동성애가 청소년기에 있는 영재의 사회정서적 발달에 어떠한 영향을 미치는가를 고려해 보는 것은 중요한 일이다. 동성애와 영재성 모두를 갖고 있는 것이 능력의 표출을 제약하든지, 혹은 두 요인을 갖춤으로써 수반되는 불안이 극단적인 학교 활동 관여와 성취에 영향을 미치든지 간에, 인간에게 가장 고귀하고 진정한 자아는 숨겨져 있다는 것을 인정할 필요가 있다.

본 연구의 참여자 대부분은 청소년기의 우울증과 자살에 대해 교사와 상의하지 않았고 부모와 이런 문제를 상의한 경우도 거의 없었다. 이러한 발견은 일반교육자와 영재교육자 모두에게 의문을 제기한다. 영재 GLB와 청소년은 그들의 연약함을 드러내기 위해 보상과 성취에 매달려야 하는가? 교사는 교육과정, 학업, 성적에만 관심이 있는 사람으로 간주해야 하는가? 청소년이 성이나 성 정체성과 관련된 문제에 의문이 생길 때 의미 있는 성인과 이러한 문제를 다룰 수 있도록 교사, 상담가, 부모 등을 어떻게 교육시킬 것인가? 본 연구의 결과는 교사나 상담가, 부모들이 듣고 반응하는 기술을 개발해야 할 것을 시사해 준다. 본 연구의 피험자들의 여러 제안은 교육자의 현직 연수나 본 연구에서 밝혀진 여러 문제를 다루는 모임의 방향을 제시해 준다. 또한 본 연구의 결과는, 특히 GLB 청소년의 웰빙을 위협하는 문제를 다루는 데도 참고되어야 한다. 고등학교 시기에 커밍아웃하는 동성애자가 거의 없다는 점을 고려할 때, 소집단 토론에서 모든 영재의 정서적 문제에 관심을 갖는 것은 발달과 관련된 문제를 표현할 수 있도록 긍정적인 풍토를 조성하는 데 도움이 될 것이다(예, Peterson, 1990). 상담과 영재교육 프로그램 담당자들이 제공하는 자료도 도움이 될 것이다.

일반학교에서 GLB 학생을 지지하고 수용해 줄 수 있는 풍토를 조성하도록 단기 및 장기 정책과 전략을 수립하는 것도 역시 중요하다. 교육자들은 학교에 영향을 미치는 집단에 대한 반응으로 GLB 학생을 위기에 빠뜨리는 경우가 있기 때문에, 교육자가 GLB 학생에게 긍정적인 자세를 갖는 것이 중요하다. 본 연구에 따르면, 교육자가 아무런 행동을 취하지 않는 것은 GLB 학생의 생명을 위협할 수도 있다. 용기 있는 교육자는 더 안전한 학교 풍토를 만들 필요가 있다. 예를 들어, 본 연구의 피험자들의 지적했듯이 동성애자에 대한 교사의 언행이나 GLB 문학과 역사적 인물의 성 정체성 인정 등은 시사하는 점이 많다. 동성애자를 옹호하는 것이 종종 위험한 것으로 인식되는 환경에서조차도 본 연구의 피험자들의 제안을 수용하는 것이 가능할 뿐만 아니라, GLB에게 안전을 보장하고 동정심을 갖고 대하며, 다양성 평가를 허용하는 학교 풍토의 조성 역시 가능하다. 이러한 문제들은 인지적 접근이나 정의적 접근, 혹은 둘 다를 사용하든지 간에 교육과정과 기타 공식적인 수업에서 다룰 수 있다(예, Butler, 1994; Sears, 1991).

연구의 한계 및 결론

본 연구에서 사용한 설문의 길이와 특성에 비추어 볼 때, 본 연구에 참여한 피험자들은 상담을 성공적으로 받아 본 경험이 있거나 자신의 사고를 표현할 수 있는 능력을 갖춘 사람들일 수 있다. 피험자가 적었고 그중 피험자의 1/3만이 여자였다. 또한 피험자들은 대학에 있는 GLB 지지 집단을 통해 설문지를 받을 정도로 자신들이 동성애자임을 밝혔고, 대학의 지지 집단에 참여하고 있다는 점에서 본 연구의 발견을 GLB 청소년 모두에게 일반화시키기 어려울 수도 있다. 이러한 요인들 모두가 연구의 일반화에 제약이 된다. 그러나 본 연구에서 사용한 방법이 사후에 질문하면 대부분 긍정적으로

장애영재와 특수영재

답변할 수 있다는 비판 때문에 본 연구의 결과가 반드시 제약을 받을 필요는 없다. Glasser와 Strauss(1967)에 따르면, 과제는 출현 구조의 탐구이자 발견이다. 본 연구의 발견은 영재 GLB 청소년이 존재하고, 그들의 요구와 문제가 확실히 있다는 것을 보여 준다. 또한 본 연구의 결과는 '다른 상황에 대해 말하거나 판단하는 데 도움을 줄 수 있으며'(Eisner & Peshkin, 1990), 본 연구의 사례는 다른 지역에 있는 GLB 청소년에게 적용될 수 있을 것이다.

피험자들의 반응은 추후 설문지에 어떤 것을 질문해야 할 것인가를 알려 주는 주제들을 포함하고 있다. GLB 청소년 사이에서 일어나는 지속적인 약물 오남용, 자퇴, 성 경험, 그리고 커밍아웃할 때 교회의 역할 등이 능력이 높은 GLB 개인들이 언급했던 내용들이다. 피험자들이 이러한 주제에 단지 호기심이 있는 것인지, 이러한 영역이 GLB 사이에서 중요한 문제로 이미 알려져 있는지, 혹은 교육자가 이러한 문제에 관심을 갖기를 원해서 알려 주는 것인지는 알 수 없다. 그러나 이러한 문제는 자퇴를 포함하여 영재 GLB 청소년들과 관련된 잠재적 연구 분야다.

피험자들은 청소년으로서 성 발달, 동성애, 건강, 우울, 복잡한 커밍아웃 과정 등과 같은 문제에 대한 정보의 필요성을 표현하였다. 그들은 토론을 요구하였다. 우울증과 자살 충동 간의 밀접한 관계와 교사나 부모 모두 이러한 문제에 대해 전혀 알고 있지 못한다는 사실은 영재 프로그램에서 정의적 문제에 관심을 가질 것을 요구한다. 또한 성 정체성에 대한 충분한 논의는 이러한 문제가 적어도 논의할 만한 가치가 있다는 것을 보여 준다. 거의 모든 피험자가 어느 정도의 고독함과 소외감을 보고하였다. 많은 피험자들이 청소년기에는 GLB를 거의 알지 못하는 것으로 밝혀졌다. 자신을 지지해 주는 또래 문화가 없다고 지각하는 것은 틀림없이 위험한 일이다. 즉, 성 정체성을 확인하거나 부모로부터 분리되기 시작할 때 '설 자리가 없는 것'이다. 추후연구에서는 이러한 문제와 기타 발달적 문제에 초점을 맞출 수 있을 것이다. 본 연구는 영재 GLB 청소년의 이해를 증진시키고 이들이 청소년기를 잘 보낼 수 있도록 도울 뿐 아니라, 청소년기의 복잡한 발달단계를

만족스럽게 완수하는 데 도움을 주어야 할 교육자의 능력 향상에 기여할 수
있을 것이다.

🖼 참고문헌

Anderson, D. (1987). Family and peer relations of gay adolescents. *Adolescent Psychiatry, 14,* 162-178.

Baker, S., & Campbell, C. A. (Eds.). (1998). Sexual minority youth and the school counselor: The challenges of a hidden minority [Special Issue]. *Professional School Counseling, 1*(3).

Baldauf, S. (1997, September 29). More schools take up gay-bias issues. *The Christian Science Monitor,* 4.

Bart, M. (1998). Creating a safer school for gay students. *Counseling Today, 41*(3), 26, 36, 39.

Ben-Ari, A. (1995). Coming out: A dialectic of intimacy and privacy. *Families in Society: The Journal of Contemporary Human Services, 76,* 306-314.

Benvenuti, A. C. (1986, November). *Assessing and addressing the special challenge of gay and lesbian students for high school counseling programs.* Paper presented at the 65th Annual Meeting of the California Educational Research Association, San Jose, CA. (ERIC Document Reproduction Service No. ED 279 958)

Bohan, J. S. (1996). Teaching on the edge: The psychology of sexual orientation. *Teaching of Psychology, 24*(1), 27-32.

Borhek, M. V. (1993). *Coming out to parents: A two-way survival guide for lesbians and gay men and their parents.* Cleveland, OH: Pilgrim Press.

Boxer, A. M., & Cohler, B. (1989). The life course of gay and lesbian youth: An immodest proposal for the study of lives. *Journal of Homosexuality. 17,* 315-346.

Bradish, C. (1995). Therapeutic programming for gay and lesbian youth: How experiential education can support an at-risk population. *Journal of*

Experiential Education, 18, 91-94.

Bridget, J., & Lucille, S. (1996). Lesbian Youth Support Information Service
(LYSIS): Developing a distance support agency for young lesbians.
Journal of Community & Applied Social Psychology, 6, 355-364.

Butler, K. L. (1994, November). *Prospective teachers' knowledge, attitudes,
and behavior regarding gay men and lesbians.* (Technical Report No.
143). Kent State University. OH. (ERIC Document Reproduction Service
No. ED 379 251).

Cantwell, M. A. (1997). *Homosexuality: The secret a child dares not tell.* San
Rafael, CA: Rafael Press.

Cass, V. C. (1979). Homosexual identity formation: A theoretical model. *Journal
of Homosexuality, 4,* 219-235.

Colangelo, N., & Brower, P. (1987). Labeling gifted youngsters: Long-term
impact on families. *Gifted Child Quarterly, 31,* 75-78.

Coleman, E., & Remafedi, G. (1989). Gay, lesbian, and bisexual adolescents:
A critical challenge to counselors. *Journal of Counseling and Development,
68,* 36-40.

Cornell, D. (1984). *Families of gifted children.* Ann Arbor, MI: UMI Research
Press.

Cramer, D. W., & Roach, A. J. (1988). Coming out to Mom and Dad: A study
of gay males and their relationships with their parents. *Journal of
Homosexuality, 15,* 79-91.

Cranston, K. (1992). HIV education for gay, lesbian, and bisexual youth:
Personal risk, personal power, and community of conscience. *Journal
of Homosexuality, 22,* 247-259.

Cross, T. L., Coleman, L. J., & Stewart, R. A. (1995). Psychosocial diversity
among gifted adolescents: An exploratory study of two groups. *Roeper
Review, 17,* 181-185.

Cross, T. L., Coleman, L. J., & Terharr-Yonkers, M. (1991). The social
cognition of gifted adolescents in schools: Managing the stigma of
giftedness. *Journal for the Education of the Gifted, 15,* 44-55.

Dahlheimer, D., & Feigal, J. (1991). Gays and lesbians in therapy: Bridging the gap. *The Family Therapy Networker, 15*, 44-53.

deMonteflores, C., & Schultz, S. J. (1978). Coming out: Similarities and differences for lesbians and gay men. *Journal of Social Issues, 34*, 59-72.

Dunham, K. L. (1989). *Educated to be invisible.* (ERIC Document Reproduction Service No. ED 336 676)

Edwards, W. J. (1996). A sociological analysis of an invisible minority group: Male adolescent homosexuals. *Youth & Society, 27*, 334-355.

Eisner, E. W., & Peshkin, A. (1990). *Qualitative inquiry in education: The continuing debate.* New York: Teachers College Press.

Elia, J. P. (1993). Homophobia in the high school: A problem in need of a resolution. *High School Journal, 77*, 177-185.

Evans, N., & Levine, H. (1990). Perspectives on sexual orientation. In L. V. Moore (Ed.), *Evolving theoretical perspectives on students.* San Francisco: Jossey-Bass.

Farrell, D. M. (1989). Suicide among gifted students. Roeper Review, 11, 134-139.

Ferguson, W. E. (1981). Gifted adolescents, stress, and life changes. *Adolescence, 16*, 973-985.

Fontaine, J. H. (1998). Evidencing a need: School counselors' experiences with gay and lesbian students. *Professional School Counseling, 1*(3), 8-14.

Fontaine, J. H., & Hammond, N. L. (1996). Counseling issues with gay and lesbian adolescents. *Adolescence, 31*, 817-830.

Friedrichs, T. (1997). Understanding the educational needs of gifted gay and bisexual males. *Counseling & Guidance, 6*(3), 3, 8.

Gibson, P. (1989). Gay male and lesbian suicide. In M. R. Reinleib (Ed.), *Report of the secretary's task force on youth suicide* (pp. 3-110-3-137). Washington, DC: U.S. Government Printing Office. (DHHS Pub. No. 89-1622).

Glasser, B. G., & Strauss, A. L. (1967). *The discovery of grounded theory: Strategies for qualitative research.* New York: Aldine.

Griffin, P. (1994). Homophobia in sport: Addressing the needs of lesbian and gay high school athletes. *High School Journal, 77*, 80-87.

Hammelman, T. L. (1993). Gay and lesbian youth: Contributing factors to serious attempts or considerations of suicide. *Journal of Gay and Lesbian Psychotherapy, 2*, 77-89.

Hanckel, F., & Cunningham, J. (1976). Can young gays find happiness in YA books? *Wilson Library Bulletin, 50*, 528-534.(ERIC Document Reproduction Service No. EDEJ 134 772)

Harbeck, K. M. (1994). Invisible no more: Addressing the needs of gay, lesbian, and bisexual youth and their advocates. *High School Journal, 77*, 169-176.

Hayes, M. L., & Sloat, R. S. (1989). Gifted students at risk for suicide. *Roeper Review, 12*, 102-107.

Herdt, G. (1989). Introduction: Gay and lesbian youth: Emergent identities and cultural scenes at home and abroad. *Journal of Homosexuality, 17*, 1-41.

Hershberger, S. L., Pilkington, N. W., & D'Augelli, A. R. (1997). Predictors of suicide attempts among gay, lesbian, and bisexual youth. *Journal of Adolescent Research, 12*, 477-497.

Hetrick, E. S., & Martin, A. D. (1987). Developmental issues and their resolution for gay and lesbian adolescents. *Journal of Homosexuality, 14*, 25-42.

Hewitt, P. L., Newton, J., Flett, G. L., & Callander, L. (1997). Perfectionism and suicide ideation in adolescent psychiatric patients. *Journal of Child Psychology, 25*, 95-101.

Hodges, E. V., Malone, M. J., & Perry, D. G. (1997). Individual risk and social risk as interacting determinants of victimization in the peer group. *Developmental Psychology, 33*, 1032-1039.

Kinsey, A. C., Pomeroy, W. B., & Martin, C. E. (1948). *Sexual behavior in the human male.* Philadelphia: W. B. Saunders.

Kissen, R. M. (1993). Listening to gay and lesbian teenagers. *Teaching Education, 5*(2), 57-68.

Kottman, T., Lingg, M., & Tisdell, T. (1995). Gay and lesbian adolescents: Implications for Adlerian therapists. *Individual Psychology: Journal of Adlerian Theory, Research & Practice, 51*, 114-128.

Lenhardt, A. M. C. (1997). Disenfranchised grief/Hidden sorry: Implications for the school counselor. *The School Counselor, 44*, 264-270.

Lock, J. (1998). Treatment of homophobia in a gay male adolescent. *American Journal of Psychotherapy, 52*, 202-212.

Lovecky, D. V. (1992). Exploring social and emotional aspects of giftedness in children. *Roeper Review, 15*, 18-24.

Mahoney, A. S. (1998). In search of the gifted identity: From abstract concept to workable counseling constructs. *Roeper Review, 20*, 222-226.

McCarthy, C. J., Brack, C. J., Laygo, R. M., Brack, G., & Orr, D. P. (1997). A theory based on investigation of adolescent risk behavior and concern about AIDS. *The School Counselor. 44*, 185-197.

McClintock, M. K., & Herdt, G. (1996). Rethinking puberty: The development of sexual attraction. *Current Directions in Psychological Science, 5(6)*, 178-183.

McFarland, W. P. (1998). Gay, lesbian, and bisexual student suicide. *Professional School Counseling, 1*(3), 26-29.

Omizo, M. M., Omizo, S. A., & Okamoto, C. M. (1998). Gay and lesbian adolescents: A phenomenological study. *Professional School Counseling, 1(3)*, 35-37.

Peterson, J. S. (1990). Noon-hour discussion: Dealing with the burdens of capability. *Gifted Child Today, 13*(4), 17-22.

Peterson, J. S. (1999). Gifted-through whose cultural lens? An application of the post-positivistic mode of inquiry. *Journal for the Education of the Gifted, 22*, 354-383.

Piechowski, M. M. (1997). Emotional giftedness: The measure of intrapersonal intelligence. In N. Colangelo & G. A. Davis (Eds.), *Handbook of gifted education* (pp. 366-381). Boston: Allyn and Bacon.

Poppenhagen, M. P., & Qualley, R. M. (1998). Adolescent suicide: Detection, intervention, and prevention. *Professional School Counseling, 1*(4), 30-36.

Ritter, K. Y., & O'Neill, C. W. (1989). Moving through loss: The spiritual journey of gay men and lesbian women. *Journal of Counseling and Development, 68*, 9-15.

Roeper, A. (1997). Sexual development in gifted children. *Counseling & Guidance, 6*(3), 1, 4, 9.

Ross, M. W. (1989). Gay youth in four cultures: A comparative study. *Journal of Homosexuality, 17*, 299-314.

Rotheram-Borus, M. J., Hunter, J., & Rosario, M. (1994). Suicidal behavior and gay-related stress among gay and bisexual male adolescents. *Journal of Adolescent Research, 9*, 498-508.

Savin-Williams, R. C. (1990). Gay and lesbian adolescents. *Marriage and Family Review, 14*, 197-216.

Savin-Williams, R. C. (1994). Verbal and physical abuse as stressors in the lives of lesbian, hay male, and bisexual youths: Associations with school problems, running away, substance abuse, prostitution, and suicide. *Journal of Consulting & Clinical Psychology, 62*, 261-269.

Schneider, M. (1989). Sappho was a right-on adolescent: Growing up lesbian. *Journal of Homosexuality, 17*, 111-130.

Schneider, M. S., & Tremble, B. (1986). Training service providers to work with gay or lesbian adolescents: A workshop. *Journal of Counseling & Development, 65*, 98-99.

Schwartz, W. (1994). Improving the school experience for gay, lesbian, and bisexual students. Washington, DC: Office of Educational Research and Improvement. (ERIC Document Reproduction Service No. ED 377 257)

Sears, J. T. (1991). Depicting the fluidity of sexual behavior and identities. *Education Digest, 57*(4), 53-55.

Singerline, H. (1994). OutRight: Reflections on an out-of-school gay youth group. *High School Journal, 77*, 133-137.

Sowa, C. J., & May, K. M. (1997). Expanding Lazarus and Folkman's paradigm to the social and emotional adjustment of gifted children and adolescents(SEAM). *Gifted Child Quarterly, 41*, 36-43.

Sullivan, T., & Schneider, M. (1987). Development and identity issues in adolescent homosexuality. Child and Adolescent *Social Work, 4*(1), 13-24.

Sumara, D. (1993). Telling tales of surprise. In W. F. Pinar (Ed.), *Queer theory in education* (pp. 197-219). Mahwah, NJ: Erlbaum.

Tolan, S. S. (1997). Sex and the highly gifted adolescent. *Counseling & Guidance, 6*(3), 2, 5, 8.

Uribe, V. (1994). The silent minority: Rethinking our commitment to gay and lesbian youth. *Theory into Practice, 33,* 167-172.

Uribe, V., & Harbeck, K. M. (1992). Addressing the needs of lesbian, gay, and bisexual youth: The origis of project 10 and school-based intervention. *Journal of Homosexuality, 22,* 9-27.

Waldner-Haugrud, L. K., & Magruder, B. (1996). Homosexual identity expression among lesbian and gay adolescents. *Youth & Society, 27,* 313-333.

Webb, J. T., Meckstroth, E. A., & Tolan, S. S. (1982). *Guiding the gifted child: A practical source for parents and teachers.* Dayton, OH: Ohio Psychology Press.

Weisse, D. E. (1990). Gifted adolescents and suicide. *The School Counselor, 37,* 351-358.

Zera, D. (1992). Coming of age in a heterosexist world: The development of gay and lesbian adolescents. *Adolescence, 27,* 849-854.

부 록

설문지 문항(여기에는 변형된 형태가 제시됨)

연 령_____   성 별_____

공식적인 교육 기간_____

현재의 상태: 직업인/임시직/학생

1. 5~8학년 때 학교에서 사회적으로 어떠한 경험을 했는가?
   정서적으로? 학업적으로?
   9~12학년 때 학교에서 사회적으로 어떠한 경험을 했는가?
   정서적으로? 학업적으로?
   당신은 '영재'로 판별되었는가?

2. 당신의 성적 성향에 대해 궁금해하기 시작한 것은 언제부터인가?
   당신의 성적 성향에 대해 궁금해하도록 했던 것은 무엇이었는가?
   당신의 성적 성향에 대해 처음 의문을 가졌을 때 누군가와 이것을 이야기했는가?
   이야기를 했다면 누구와 했는가?
   이야기를 나눈 상대방의 반응은 어떠했는가?
   성적 성향에 대한 의문이 현재 당신의 삶에 영향을 주었는가?
   영향을 주었다면 어떻게 영향을 주었는가?

3. 당신이 게이/레즈비언/양성애자(GLB)라는 것을 언제 확신했는가?
   그러한 확신이 학교생활에 영향을 주었는가?
   영향을 주었다면 어떻게 영향을 주었는가?
   그러한 확신이 당신 어머니와의 관계에 영향을 주었는가?
   영향을 주었다면 어떻게 영향을 주었는가?
   그러한 확신이 당신 아버지와의 관계에 영향을 주었는가?
   영향을 주었다면 어떻게 영향을 주었는가?

그러한 확신이 당신 또래들과의 관계에 영향을 주었는가?
영향을 주었다면 어떻게 영향을 주었는가?
그러한 확신이 당신의 가장 절친한 친구와의 관계에 영향을 주었는가?
영향을 주었다면 어떻게 영향을 주었는가?
당신의 성적 성향 때문에 위험을 느꼈던 적이 있는가?
어떤 상황에서 위험을 느꼈는가?
당신의 성적 성향에 긍정적 혹은 부정적인 영향을 미친 교실과 교과 외 활동은 무엇이었는가?
예를 들면, 지원을 해 주었거나 불안하게 만들었던 상황은 무엇이었는가?

4. 당신은 청소년기(혹은 그 이후의 삶)에 GLB로 살아가는 데 도움이 되는 대처 전략을 개발했다고 생각하는가?
   그렇다면 어떤 것인가?

5. 상담을 받아 본 경험이 있었는가?
   받아 보았다면 언제인가?
   얼마나 오랫동안 받았는가?
   상담은 도움이 되었는가?
   도움이 되었다면 어떤 도움을 받았는가?
   상담을 받았다면 상담원과 당신의 성적 성향에 대해 상의했는가?
   당신의 성적 성향에 대해 상담했다면 이 문제에 대한 상담원의 일반적인 접근이나 태도는 무엇이었는가?
   상담원이 어떻게 하면 더 도움을 줄 수 있다고 생각하는가?

6. 당신은 언제 가족에게 커밍아웃했는가?
   그들의 반응은 어떠했는가?
   당신은 언제 친구들에게 커밍아웃했는가?

그들의 반응은 어떠했는가?

가족이나 친구 중에서 당신에게 지원적인 사람은 누구이었는가?

7. 몇몇 이론가들은 영재가 환경, 감정, 관계, 성공/실패/지위 상실/변화 등에 매우 예민하다고 한다. 만일 이러한 이론가들의 주장이 옳다면 학교에 다니는 동안 게이로서 당신의 경험에 그러한 과민증이 어떤 영향을 주었다고 생각하는가?

만일 당신이 이러한 이론가들의 주장에 동의하지 않으면 이 질문에 답하지 않아도 좋다.

당신의 높은 능력이 다른 사람들과 비교해서 당신에게 특별한 요구를 필요로 한다고 생각하는가?

그렇다면 어떠한 요구가 있는가?

게이로서 당신의 삶이나 사회적 관계를 잘 유지하기 위해 당신의 지적 능력(지능, 사회적 지능 등)을 어떻게 사용했는가?

8. 학교에 다니는 동안 우울증을 경험했는가?

우울증을 경험했다면 얼마나 오랫동안 그러한 경험을 했는가?

우울증을 경험했다면 그러한 감정을 다른 사람과 상의한 적이 있는가?

상의한 적이 있다면 누구와 상의했는가?

자살을 생각해 본 적이 있는가?

자살을 생각해 본 적이 있다면 언제 그러한 생각을 했는가?

자살을 생각해 본 적이 있다면 그러한 생각을 누구와 상의한 적이 있는가?

상의한 적이 있다면 누구와 상의했는가?

당신이 다른 사람들로부터 경멸을 당했을 때 어떤 전략이 그것을 대처하는 데 도움이 되었는가?

9. 대학에 재학 중(혹은 졸업)인가?

그렇다면 대학 재학 중에 자신을 이해하고 지원해 주는 사람을 찾고 자신의 위치와 삶의 방향을 발견하도록 해 준 것은 무엇이었는가?

대학을 다녔다면 그것이 사회적으로 긍정적인 영향을 주었는가 아니면 부정적인 영향을 주었는가?

학업에는 어떠한 영향을 주었는가?

10. 초, 중, 고등학교 교사/코치/행정가들이 당신을 이해해 주기 위해 무엇을 해 주기를 바라는가?

교육자와 상담원은 GLB 청소년의 학교생활과 관련해서 무엇을 이해해야 한다고 생각하는가?

성적 성향 문제와 관련해서 대학에 입학하기 이전에 도움이 되었던 경험은 무엇인가?

교육자는 게이 청소년의 요구를 이해하기 위해 어떤 종류의 정보와 교육을 받아야 한다고 생각하는가?

11. 영재교육이 '영재와 게이' 문제를 공론화해야 한다고 생각하는가?

필요하다면 그 이유는 무엇인가? 불필요하다면 그 이유는 무엇인가?

12. 고등학교 이후에 만족스럽고 안정적인 대인관계를 유지하고 있는가?

13. 본 설문지에 첨가되어야 할 내용은 무엇이라고 생각하는가? 즉, 누군가가 당신에게, 특히 청소년과 성인 초기 경험에 대해 질문을 해 주었으면 하는 문제는 무엇인가?

그 밖의 다른 생각이나 문제, 피드백이 있으면 기술하라.

07

시골에 거주하는 영재[1]

Howard H. Spicker(Indiana University)
W. Thomas Southern(Bowling Green State University)
Beverly I. Davis(Katy, Texas)

인구가 적고 가난하며 도시 문화를 접하지 못하고 전통적인 가치관에 따라 살아가는 시골 환경에서는 그곳에 거주하는 영재들에게 적절한 교육 서비스를 제공하기가 어렵다. 본 연구에서는 이러한 문제의 해결책으로 일반적인 영재 판별 절차와는 다른 특별한 판별 절차 사용, 컴퓨터나 비디오를 통한 학군 간의 연계, 협동적인 인적 자원 계발, 영재교육을 담당할 인력의 공유 등을 제안하였다.

많은 사람들은 교통수단과 통신시설의 발달로 미국에는 시골과 도시 간의 명확한 경계가 없다고 말한다(Friedman & Miller, 1965). 또 어떤 사람들은 소규모 학교가 폐쇄되고, 1940년 대략 118,000개였던 미국의 학군(school districts)이 1978년 16,000개로 통폐합되면서 전통적인 의미의 시골 교육은 더 이상 존재하지 않는다고 주장한다(Carmichael, 1982).

본 연구는 이러한 학교의 통폐합에도 불구하고, 전통적인 시골의 가치,

---

1) 편저자 주: Spicker, H. H., Southern, W. T., & Davis, B. I. (1987). The rural gifted child. *Gifted Child Quarterly, 31*(4). 155-157. ⓒ 1987 National Association for Gifted Children. 필자 승인 후 재인쇄.

특성, 신념 등이 시골에 거주하는 일반학생과 영재의 교육에 여전히 많은 영향을 미친다는 것을 입증하는 데 목적이 있다. 이에 본 연구에서는 관련된 문제들을 각기 분리해서 논의하고 그 해결책을 제안한다.

'시골'의 의미는 무엇인가? 정부에서는 시골을 거주 인구에 따라 정의하고 있으며, 미국 상무부 인구통계국(1982)은 2,500명 미만의 인구가 거주하는 곳을 시골로 정의하고 있으나, 1972년 발효된 시골개발법(Rural Development Act)에서는 50,000명 미만의 인구 거주 지역을 시골로 간주한다. 시골의 의미를 정의하는 데는 너무 복잡한 요인들이 포함되어 있기 때문에 인구만으로 시골을 정의하기는 어렵다. Mathews(1982)의 주장처럼 "정의의 핵심은 숫자가 아니라 인간 간의 관계, 인간과 토지와의 관계가 되어야 한다." (p. 1627) 따라서 시골 학교의 교육은 소수의 인구와 시골의 전통적 가치, 그리고 주민들의 신념 등의 상호작용을 특징으로 한다. 여기에는 공교육에서 추구하는 정신, 지방 고유의 권리, 소규모 학교, 불충분한 학교 재정, 주민들의 풍요롭지 못한 경제 상태 등이 포함된다(Carmichael, 1982). 이러한 특성 때문에 "시골 학교는 1) 도시 지역 학교보다 교육과정 개설에 제약을 받고, 2) 도서관이나 특수한 학생들을 위한 프로그램이 적으며, 3) 상담원이나 교육과정 전문가와 같은 지원 인력을 많이 고용하지 않는 경향이 있다." (Carmichael, 1982, p. 6) 이러한 단점에도 불구하고 최근 갤럽 여론 조사와 주택도시개발부(Department of Housing and Urban Development)의 1979년 조사에 따르면, 시골 주민들은 일반적으로 자신의 지역에 있는 학교에 만족해하는 것으로 나타났다(Lewis, 1982).

전통적인 시골 학교의 특성과 시골 주민들의 학교에 대한 일반적인 만족은 시골에 거주하는 영재를 교육하는 데서 특별한 문제를 유발시킨다. 여러 가지 문제 중 가장 보편적인 문제는 소규모의 지역사회, 빈곤, 도시 문화에 대한 부적응 등이다. 시골에 거주하고 있는 영재에게 적절한 서비스를 제공하려고 한다면 이러한 문제들과 영재교육 간의 관계를 이해하여야 한다.

장애영재와 특수영재

규모의 문제

　등록 학생수가 2,500명 미만인 학군은 미국 전체 학군의 2/3에 해당된다 (Lewis, 1982). 이들 중 5%가 영재라고 한다면 2/3에 해당되는 학군마다 125 명 정도의 영재가 있다는 것을 의미한다. 학년별이나 연방 정부의 영재성 정의에 포함된 5가지 범주, 그리고 영재를 더 폭넓게 판별하려는 추세 등을 고려할 때, 이러한 소수의 영재학생들에게 적절한 교육 프로그램을 제공해 야 주어야 하는 이유는 자명하다.

빈곤의 문제

　250개의 빈곤한 군(county)에 거주하는 주민은 미국 영세민의 40%를 차 지하고 있으며, 250개의 군 중에서 237개는 미국의 남부 지방에 있다. 도심 밖의 흑인 거주지에 살고 있는 주민 중 41%의 소득은 빈곤 수준 이하에 속 하며, 이들이 거의 모두 남부에 거주하고 있는 것이다(Lewis, 1982). 이와 유 사한 수준의 주민은 남서부에 거주하고 있는 멕시코계 미국인, 서부에 거주 하는 미국 원주민, 애팔래치아 지역의 일부 백인들이다. Michael과 Dodson(1978)의 연구에 따르면, 빈곤한 지역에 거주하는 아동들에게는 언 어 기술의 부족, 질문과 대답을 위한 자극 부족, 심화학습 활동 부족, 학교 출석에 대한 관심 부족, 가난한 가정환경에 따른 호기심 부족, 학교 시설에 대한 부모의 지원 부족, 교육과정에 대한 부모의 이해 부족, 변별적인 듣기 기술을 촉진시키는데 필요한 조용한 시간 부족, 자신감 부족, 시간에 대한 개념 부족, 학교 시설과 관련된 어휘력 부족 등의 특성이 있다. 따라서 빈곤 한 지역에 거주하고 있는 학생의 지적, 창의적 잠재성을 발현시키기 위해서 는 혁신적 교육과정은 물론 특별한 판별방법, 동기, 교수 절차가 필요하다.

판별 과정에서 나타나는 도시 문화 부적응 문제

표준화 검사와 성취도검사는 상당한 문화적 경험을 요구한다(Newland, 1980). 시골에 거주하는 멕시코계 이주 노동자, 남부의 흑인 소작인, 원주민 보호 지역 내의 인디언, 그리고 애팔래치아 지역에 거주하는 사람들의 자녀들이 갖는 경험은 도시 아동들이 갖는 경험과 큰 차이가 있다. 이러한 사회적, 문화적 차이로 이들의 지능지수는 중산층 아동에 비하여 평균 10~15점 낮다는 사실이 여러 연구를 통하여 입증되었다(Mercer, 1973). 그러나 시골에 거주하는 백인 아동의 경험이 풍부하지 못하다는 것은 잘 알려지지 않았다. 예를 들어, Terman과 Merrill(1937)의 연구에서 도시 아동과 시골 아동의 지능지수는 각각 105.7과 99.2로 나타났다. 더 흥미로운 것은 시골 아동의 지능지수가 유치원 이후에 평균 7점이나 하락했다는 것이다. Terman과 Merrill은 '시골 아동들의 낮은 지능지수는 시골의 교육 시설이 비교적 열악하기 때문일 것'(p. 49)이라고 가정했지만, 검사 문항이 도시 아동에게 더 유리했을 가능성도 있다. Stanford-Binet 지능검사의 최신판(Thorndike, Hagan, & Sattler, 1986)은 시골 아동의 지능지수가 도시 아동보다 5점 이상 높은 것으로 나타나 시골과 도시 간의 차이가 역전되었다고 보고하였다.

시골이 도시화되고 있음에도 불구하고, 일반적인 영재와는 다른 행동을 보여 주는 잠재력이 높은 시골 학생들이 있다. 이들은 방언을 사용하고, 의사소통 과정에서 언어적 표현이 풍부하지 않으며, 타 지역에 대한 경험이 한정되어 있고, 시간에 비교적 구애받지 않는다. 이러한 학생은 통폐합된 시골 학군에 재학 중인 학생들의 20% 정도를 차지하고 있다.

장애영재와 특수영재

시골 영재교육과 관련된 기타 문제

1. 현 상태를 그대로 받아들이고 변화를 거부하는 것은 영재의 특별한 요구를 충족시키는 데 필요한 새로운 제안을 어렵게 한다. 도시와 도시 근교 학교의 학부모 단체가 영재 프로그램을 개설해야 한다고 주장하는 것과는 달리, 시골 학교에서는 그러한 주장이 거의 없다.

2. 시골 학군이 학생 1명에게 투자하는 비용은 도시 학군의 20%도 안 된다(Lewis, 1982). 이처럼 보잘것없는 경제적 지원이 값비싼 프로그램의 실행을 어렵게 하는데, 특히 선발된 소수 학생들에게만 유용한 프로그램이라면 더욱 실행되기 어려울 것이다.

3. 시골 학교에서 근무하는 교사의 수가 적기 때문에 이들은 자신의 전공이 아닌 교과도 가르쳐야 한다. 이렇게 교사가 여러 교과목의 수업 준비를 해야 하기 때문에 심도 있는 교육과정을 운영하기가 어렵다. 교과목을 심도 있게 가르치지 못하면 영재는 전문적 지식이나 최근의 내용지식을 접할 수 없을 것이다(Dunne, 1977).

4. 시골 학교에서 근무하는 교사 중에는 고도로 숙련된 지식을 갖춘 교사가 거의 없을 뿐만 아니라, 있다고 해도 시골 학군에서 근무하는 것을 승진을 위한 일시적인 디딤돌로 간주하는 경향이 있다(Dunne, 1977). 따라서 시골에는 상담원, 학교 심리학자, 심리 측정학자, 영재 프로그램 개발을 도와줄 수 있는 교육과정 전문가 등이 거의 없다.

5. 시골 학군들은 지방자치의 자급자족의 원리를 따르기 때문에 영재의 요구를 충족시켜 주기 위하여 주 정부의 해당 기관이나 대학과 같은 외부 자원을 활용하는 경우가 드물다.

가능한 해결책

시골 영재들을 위한 적절한 프로그램 제공에 관한 문제는 많지만, 그렇다고 해결책이 없는 것은 아니다. 시골 영재를 위한 프로그램이 효과적으로 운영되기 위해서는, 오늘날 많은 통폐합 시골 학군에 재학 중인 도시 출신의 중산층 학생은 물론, 전통적인 시골 출신의 학생 역시 프로그램에 참여할 수 있는 기회를 제공하는 것이 가장 중요하다. 이를 위해서는 전통적인 시골 아동들의 특성에 대한 편견 없는 판별 절차가 필요하다.

따라서 시골 영재의 판별에는 전통적인 판별 절차와는 다른 절차가 포함되어야 한다. 공식적인 판별 검사를 실시할 때 시간 제한을 두지 않거나 공간 능력을 측정하는 것과 같은 비언어성 지능검사를 사용하는 것이 실행 가능한 대안이 될 수 있다. 비형식적인 판별 검사를 실시할 경우는 학생의 산출물(쓰기, 수집품, 프로젝트 등) 분석과 교사와 부모로부터 얻은 일화적 정보 등을 사용할 수 있다. 학생의 능력은 표준화 검사만으로는 측정할 수 없기 때문에 표준화 검사 이외의 과제를 사용해서도 문제해결력을 검증해야 한다. 영재 판별을 담당하는 교사는 사회경제적 지위가 낮은 소수 인종 출신 학생의 언어와 행동의 차이 등을 이해하고, 이러한 집단에 속한 학생들의 능력을 편견 없이 평가할 수 있도록 판별과 관련된 전문적 지식을 소유하고 있어야 한다.

특히 방언과 문법적 부정확성에 대한 편견은 바꾸기 어려운 문제다. 또한 교사는 학생의 가정과 학교 환경의 정보가 칼의 양날과 같다는 것을 인식해야 한다. 즉, 학생에 대하여 많이 알 수 있다는 장점이 있는 반면에, 그러한 정보는 심리적으로 박탈된 가정 출신의 아동을 편견 없이 평가하는 데 방해가 될 수도 있다.

또한 인접 지역과의 빈번한 경쟁을 통하여 각 학군의 특성에 적합한 프로그램이 개발되어야 한다. 시골의 폐쇄성과 자신의 지역에 대한 자부심은 지

장애영재와 특수영재

역사회가 교육에 관심을 갖도록 유도하는 데 원동력이 될 수 있다. 지역 주민을 교육시켜 프로그램 담당자로 활용하거나, 지역 주민을 멘터로 활용하고 지역의 자원을 활용하거나, 또는 지역의 중요한 문제를 교육과정에 통합시키는 등의 방법은 자부심과 애향심을 자극시킬 수 있다.

영재를 적절히 양육하면 지역사회의 문제를 해결하고 미래에 대처할 수 있다는 것을 강조하는 것 역시 중요하다. 만일 영재가 적절한 교육을 받지 못한다면 영재의 능력은 손실되고 그에 따라 지역사회도 많은 손해를 볼 것이다.

시골에 인구가 많지 않다거나 재정이 빈약하다는 문제는 다른 지역과 서로의 장점을 공유함으로써 해결될 수 있다. 인접한 학군들과 다음과 같은 방법으로 협력할 수 있다.

1. 인접 학군들은 담당자의 전문성 계발과 현직 연수를 계획하고 실행하기 위하여 인적 교류를 할 수 있으며 재정을 분담할 수 있을 것이다.
2. 많은 시골 학군이 장애아 프로그램을 운영하기 위해 인적 자원을 교류하는 것과 마찬가지로, 영재교육을 담당할 수 있는 교사와 전문 인력을 교류할 수 있을 것이다.
3. 학생은 버스를 이용하여 다른 지역에 개설되어 있는 풀 아웃 프로그램, 대학 학점 이수 과정, 고등학교 상급 과정 등에 참여할 수 있을 것이다.

학군 간의 연계는 단지 인접 학군과의 연계에만 머무를 필요는 없다. 현대의 발달된 기술로 고립된 학교들이 인공위성을 활용하여 교육할 수 있게 된 것이다. 컴퓨터와 통신망은 여기저기에 흩어져 있는 지역들을 연결해 주는 역할을 한다. 이러한 연계는 다음과 같은 장점이 있다.

1. 교사들이 수업 계획안과 교수 자료를 서로 교환할 수 있다.

2. 영재학생들 간에 사회적, 교육적 교류가 가능하다.

3. 영재와 이들을 담당하는 교사들은 자신의 지역에서 획득할 수 없는 정보를 정보 교환 센터, 도서관 검색 서비스, 혹은 대학교 내용 전문가 등으로부터 얻을 수 있다.

Spicker와 Southern(1985)은 시골 학교 간의 컴퓨터와 오디오(혹은 비디오) 테이프 교환망의 효율성에 대해 연구를 수행하였다. 지리학적으로 다른 6개의 학군에 거주하는 약 125명의 영재 중학생들과 이들을 담당하는 교사들이 인디애나 대학교에서 운영하는 컴퓨터 게시판을 통해 연결되었다. 여기에서는 2개의 공통된 프로젝트에 초점을 맞추어 정보 교환이 이루어졌다. 하나는 각 지역사회가 직면하고 있는 독특한 환경문제를 다루었다(예, 노천굴(露天掘), 간척지, 모래 언덕 침식, 강물 오염, 습지의 야생 생물 보호). 또 다른 프로젝트는 다양한 이주민 집단이 각각의 지역사회 발전에 미치는 영향에 대하여 다루었다. 두 가지 프로젝트 모두 대부분의 시골에서 찾아볼 수 있는 지역에 대한 자부심을 활용하는 데 초점을 두었다. 이 프로젝트는 6개 지역에 거주하고 있는 학생들 간의 정보 교환을 가능하게 하였고, 대학 도서관이나 교수진이 제공하는 정보를 제공받았으며, 유사한 능력과 관심을 가진 학생들이 사회적 상호작용을 할 수 있는 기회를 제공하였다.

기술 공학을 이용하는 비용이 저렴해지고 더 광범위하게 활용할 수 있게 됨에 따라 시골 학군에서 그러한 프로젝트를 실행할 수 있는 기회는 더 많아질 것이다. 협동이라는 개념을 사용한다면 소규모라는 이유로 제기되어 온 많은 문제들이 해결될 것이다.

요약 및 결론

본 연구를 통하여 인종과 빈곤이 학생의 학습에 미치는 영향에 대한 논의

장애영재와 특수영재

와는 별도로, 시골이 학습에 미치는 영향에 대해서도 논의해야 할 필요성이 분명하게 드러났다. 지금까지의 연구는 빈곤과 인종이 학습에 미치는 영향에 초점을 두었기 때문에 시골과 전통적 시골의 가치가 학습에 미치는 영향에 대해서는 검토되지 않았다.

시골에 거주하고 있는 영재는 일반적으로 언어능력이 취약하다. 따라서 이들을 영재로 판별할 수 있는 구체적인 절차가 필요하고 시골 영재에게 사회적 상호작용을 할 수 있는 기회와 문화적, 지적, 과학적 자원에 접근할 수 있는 기회가 제공되어야 한다. 이러한 구체적인 문제의 해결책이 일단 만들어진다면 시골에 거주하고 있는 영재의 요구는 마침내 충족될 것이다.

참고문헌

Carmichael, D, (1982). The challeng of rural education. *The Rural Educator* *4*(1), 5-10.

Dunne, F. (1977). Choosing smallness: An examination of the small school experience in rural America. In J. P. Sher (Ed.), *Education in rural America*. Boulder, CO: Westview Press, 81-124.

Fratoe, F. A. (1978). Rural education and rural labor force in the seventies. *Rural Development Research Report No. 5*, Washington, DC: U.S. Department of Agriculture.

Friedman, J., & Miller, J. (1965). The urban field. *Journal of the American Institute of Planners, 31*, 312-320.

Lewis, A. (1982). *Ensuring excellence in rural education*. Proceedings of the rural education seminar. Washington, DC: American Association of School Administrators.

Mathews, W. F. (1982). Rural education. *Encyclopedia of education research*. New York: The Free Press.

Mercer, J. R. (1973). *Labeling the mentally retarded*. Berkeley: University of

California Press.

Michael, B. M., & Dodson, E. (1978). *SPICE workshop model:* An approach to alternative programs for the disadvantaged gifted. ED 164478.

Nachtigal, P. M. (1982). Education in rural America: An overview. In P. M. Nachtigal (Ed.), *Rural education in search of a better way.* Boulder, CO: Westview Press, 3-13.

Newland, T. E. (1980). Psychological assessment of exceptional children and youth. In W. H. Cruickshank (Ed.), *Psychology of exceptional children and youth:* Fourth edition. Englewood Cliffs, NJ: Prentice-Hall, 115-172.

Peterson, B. (1974). Getting back to our roots. *Life in rural America.* Washington. DC: National Geographic Society.

Spicker, H. H., & Southern, W. T. (1985). Indiana University's rural information network for the gifted (Project R.I.N.G.). Paper presented at the 6th World Conference on Gifted and Talented Children, Hamburg, West Germany.

Terman, L. M., & Merrill, M. A. (1937). *Measuring intelligence.* Boston: Houghton Mifflin.

Thorndike, R. L., Hagan, E. P., & Sattler, J. M. (1986). The Stanford-Binet intelligence scale: Fourth edition, *Technical Manual.* Chicago: Riverside.

U.S. Department of Commerce, Bureau of the Census. (1982). 1980 *Census of the population General population characteristics.* Washington, DC: U.s. Governmment Printing Office.

08

영재의 자퇴: 누가, 왜 자퇴하는가?[1]

Joseph S. Renzulli, Sunghee Park(The University of Connecticut)

고등학교를 자퇴한 영재에 대한 포괄적인 정보를 획득하고 이들의 자퇴 행동과 관련된 요인을 조사하기 위한 두 개의 연구가 '1988년 국가교육종단연구(NELS: 88)' 자료를 이용하여 수행되었다. 그 결과, 자퇴한 영재의 대부분은 사회경제적 지위가 낮거나, 소수 인종 집단 출신이거나, 부모의 교육 수준이 낮거나, 교과 외 활동에 거의 참여하지 않은 것으로 밝혀졌다. 남자와 여자 영재 모두 학교와 관련된 이유로 자퇴를 했지만, 남자 영재의 자퇴는 경제적 문제와 더 관련이 있었고 여자 영재의 자퇴는 개인적 문제와 더 관련이 있었다. 로지스틱 회귀분석 결과, 영재의 자퇴는 학생의 교육에 대한 포부 수준, 임신 혹은 육아, 성별, 부모의 교육 수준 등과 유의미하게 관련이 있는 것으로 나타났다.

영재들은 자아를 실현하는 하나의 과정으로 학교를 그만두기도 한다. 이들의 방랑벽은, 완전히 이해할 수는 없지만, 목적을 달성하기 위한 하나의 수단이며, 세상에서 자신의 위치를 찾으려고 하는 정체성 형성 과정에 작용하는 정의적, 인지적 요인이기도 하다.

—Elsie Robertson(1991, p. 67)

---

1) 편저자 주: Renzulli, J. S., & Park, S. (2000). Gifted dropouts: The who and the why. *Gifted Child Quarterly*, *44*(4). 261-271. ⓒ 2002 National Association for Gifted Children. 필자 승인 후 재인쇄.

고등학생의 자퇴 문제는 연구자, 교육자, 정책입안자 등에게 관심의 대상이 되어 왔다. 국립교육통계청(National Center for Education Statistics: NCES, 1997)의 최근 보고서에 따르면, 약 300,000~500,000명의 고등학생이 학업을 중도에 포기했다. 예를 들어, 미국에서는 1996년에 3,600,000명의 청소년(16~24세 청소년 32,400,000명의 11%에 해당됨)이 고등학교에 등록하지 않아 학교를 졸업하지 못했다. 또한 이 보고서는 자퇴율이 인종과 사회경제적 배경에 따라 의미 있게 차이가 난다는 것을 보여 주었다. 흑인과 백인 간의 차이는 줄어들었지만 히스패닉계의 자퇴율은 흑인과 백인 학생들의 비율보다 더 높은 것으로 나타났다. 또한 가정의 소득이 최하위층에 속하는 학생의 자퇴율은 최상위층 가정 출신 학생의 약 8배 정도 높은 것으로 밝혀졌다(NCES, 1997).

고등학생의 자퇴 문제가 많은 관심의 대상이 되고 있지만, 영재와 능력이 높은 학생의 자퇴에 대한 연구는 많지 않아서(Robertson, 1991; Sadowski, 1987; Stephenson, 1985), 이러한 학생들에 대한 정보가 거의 없다. 학교를 중도에 포기한 영재가 어느 정도인가에 대한 몇몇 자료는 있다. Robertson은 자퇴한 학생 중 25%가 16세 이전에 자퇴를 했고 이들 중 18~25% 정도가 영재라고 하였다. 1983년 8월에 발행된 『U.S. News & World Report』는 모든 학교의 자퇴생 중 18%는 영재라고 보도하였다(Solorzano, 1983). Marland 보고서는 자퇴생 중 18%가 영재라고 하였다(Irvine, 1987 재인용). 그러나 Irvine은 이러한 결과에 대해서 "얼마나 많은 영재가 자퇴하는지 알 수 없지만 18%는 아니다. Marland 보고서(1972)는 고등학교 자퇴생의 약 18%가 영재라고 잘못 해석했다."(p. 79)라고 비판하였다.

이처럼 자퇴하는 영재가 어느 정도인가에 대한 추정치가 다양한 이유는 영재성을 어떻게 정의하였는가와 일부 관련이 있다. 사실, 선행연구들은 주로 지능지수로 판별해 학업능력이 높은 학생들을 대상으로 하였다. 그러나 최근 영재성은 더 포괄적이고 융통성 있게 정의되는 추세다. Renzulli(1986)는 영재성의 세 고리 개념을 제안하면서 영재성에 대한 단일 기준은 없다고

장애영재와 특수영재

학교를 그만두는 영재에 대한 연구가 많지 않기 때문에 이들에 대해 별로 알려진 것이 없다. 영재가 학교를 중도에 그만두는 주된 이유는 무엇인가? 부모는 자녀의 자퇴에 대해 어떤 반응을 하는가? 자퇴를 하는 영재의 개인적 배경은 무엇인가? 영재의 자퇴 결정과 관련된 요인은 무엇인가? 이러한 문제를 다루는 연구들은 교사, 부모, 상담원, 정책입안자 등에게 연구결과를 바탕으로 한 정보를 제공해 주기 때문에 중요하다. 본 연구의 결과는 학교와 교사가 자퇴 가능성이 있는 영재의 부모와 긴밀한 의사소통을 해야 한다는 것을 보여 준다. 부모는 아동의 개인적 문제와 학교와 관련된 문제에 더 많이 관여해야 하고, 자퇴 예방과 관련된 상담 지원은 문화적 다양성, 소수 인종, 경제적으로 불이익을 당하고 있는 영재에게 관심을 가져야 한다. 본 연구의 결과는 자퇴 가능성이 있는 학생을 파악할 수 있는 지침과 적절한 교육과정, 그리고 대처 프로그램 개발의 근거가 될 수 있을 것이다.

주장하였다. 즉, 평균 이상의 지능(반드시 우수할 필요는 없다), 과제집착력, 창의성과 같은 세 요인 간의 상호작용이 영재 행동의 발달에 기여한다고 하였다. 이 이론에 따르면, 동기와 같은 비지적(nonintellective) 요인 역시 영재성을 정의하는 데 중요할 뿐 아니라 중요하게 간주되어야 한다. 연방 정부의 영재교육법은 영재성을 포괄적으로 정의하면서, 다음과 같은 영역에서 우수한 재능을 보인 아동을 영재로 정의하였다.

> 우수한 재능을 가진 아동이나 청소년은 다른 또래들이나 경험 혹은 환경에 비추어 볼 때 탁월한 수행을 하거나 수행할 잠재력을 보여 준다. 이러한 아동과 청소년은 지적, 창의적, 예술적 분야에서 높은 수행능력을 보여 주거나 남다른 리더십을 소유하고 있거나 혹은 특수한 학업 영역에서 돋보인다. 이들에게는 일반학교에서 제공되는 것과는 다른 서비스가 필요하다(미 교육부, 1993, p. 26).

Lajoie와 Shore(1981)가 지적한 것처럼, 영재성을 포괄적으로 정의하여 수행한 연구의 결과는 영재성을 엄격하게 정의하여 수행한 연구의 결과와는 차이가 있겠지만 그 정도가 어느 정도인가에 대해서는 불분명하다.

영재의 자퇴와 관련된 또 다른 문제는 이들에 대한 종단적 자료를 얻기가 어렵다는 것이다(Robertson, 1991). 고등학생의 자퇴에 대한 여러 연구가 있었지만, Kunkel과 동료들(1991)에 따르면, 선행연구들은 학생이나 학교 특성과 같은 몇 가지 변인만 조사했을 뿐 자퇴 과정을 분명하게 보여 주지 못하고 있다. Willett와 Singer(1991)도 1년 동안 학생들의 여러 특성을 연구하는 대신에, 여러 해 동안 학생들의 한 가지 특성을 연구하는 것이 바람직하다고 주장하였다. Tinto(1975, 1982, 1988)는 학생들이 학교를 계속 다니지 못하고 자퇴하는 것은 특정한 하나의 사건 때문이라기보다는 오랫동안 누적된 경험 때문이라고 하였다(Kunkel et al., 1991). Bachman, Green 그리고 Wirtinen(1972)은 자퇴 결정이 일순간에 이루어지지 않으며 학생의 성격이나 배경, 특성, 능력, 그리고 학교경험과 관련이 있다고 하였다. 자퇴하는 영재에 대한 종단적 자료가 필요하지만 이러한 형태의 자료를 얻기란 쉽지 않다. Robertson(1991)의 주장처럼, 영재는 고등학교를 졸업한 이후에도 학업을 계속할 만한 능력이 있기 때문에 이들의 높은 자퇴율은 개인과 사회의 큰 손실이다.

선행연구 고찰

고등학생의 자퇴와 관련된 요인

성별, 인종, 사회경제적 지위, 가정환경, 개인 문제 등의 개인적 배경은 학생이 고등학교를 중도에 포기하도록 결정하는 데 영향을 미치는 것으로 밝혀졌다(Beacham, 1980; Bernoff, 1981; Curtis, McDonald, Doss, & Davis, 1983; Noth & O'Neill, 1981; Young & Reich, 1974). Stephenson(1985)은 데이드 카운티(Dade County)에 있는 8학년과 고등학생에 대한 연구에서 자퇴의

장애영재와 특수영재

60%가 고등학교 1~2학년 때 발생하고, 흑인이 다른 집단보다 더 나중에 자퇴하는 것 같다고 하였다. 그러나 Lobosco(1992)는 가정환경과 다른 변인을 통제했을 때 흑인이 백인, 아시아계, 히스패닉계보다 고등학교를 더 많이 졸업한다는 것을 발견하였다. 이와 유사하게 NCES(1993)는 주로 흑인 남학생이 고등학교를 중퇴한다는 고정관념은 사실이 아니라고 보고하였다. 이 보고서에 따르면, 1992년 자퇴한 흑인 남학생의 비율은 백인 남학생(3.3%), 백인 여학생(4%), 흑인 여학생(6.7%), 히스패닉계 남학생(7.6%), 히스패닉계 여학생(9%)보다 더 낮았다. Bracey(1994)는 "집단의 상대적 크기를 계산했을 때 일반적으로 자퇴를 하는 학생은 백인 중산층 출신의 학생이다."라고 주장하였다. 모든 자퇴생 중 백인이 59%를 차지하고 있고, 중산층 가정 출신의 학생이 57%를 차지한다(NCES).

많은 연구들은 가정 요인이 학생의 자퇴 결정과 유의미하게 관련이 있다는 것을 구체적으로 보여 준다. 즉, 자퇴생의 가정은 그렇지 않은 가정에 비하여 건실하지 못하고, 아버지의 영향을 덜 받으며, 레저 활동을 많이 하지 않고, 의사소통이 원활하게 이루어지지 않는다(Noth & O'Neill, 1981; Sadowski, 1987). 또한 사망이나 이혼에 따른 가족 구성원의 상실과 기타 가정 문제는 학생의 자퇴 결심에 영향을 미친다(Martin, 1981; Massey & Crosby, 1982; Rumberger, 1981). 자퇴생 부모의 교육과 직업 수준은 여러 연구에서 유의미한 요인으로 밝혀졌다(Martin, 1981; Noth & O'Neill, 1981; Watson, 1976). 또한 개인적 환경 역시 고등학생의 자퇴 결정에 영향을 미친다. 즉, 문제행동(Beacham, 1980; Curtis et al., 1983; Massey & Crosby, 1982), 직업의 필요 및 선호(Noth & O'Neill, 1981; Young & Reich, 1974), 저조한 평균평점(Beacham, 1980; NCES, 1983), 그리고 결혼과 임신 등이다(NCES).

선행연구들은 저조한 평균평점, 결석, 학업 실패, 학교에 대한 흥미 부족, 학교와 교사에 대한 싫증 등 학업과 관련된 일부 요인이 자퇴 결정과 관계가 있다고 제안한다(Beacham, 1980; Cervantes, 1965; Curtis et al., 1983; Hewitt & Johnson, 1979; Martin, 1981; Massey & Crosby, 1982; NCES, 1983; Noth &

O'Neill, 1981; Rumberger, 1981; Schreiber, 1979; Sewell, Palmo, & Manni, 1981; Thornburg, 1975; Young & Reich, 1974).

Beacham(1980)은 학교에 대한 흥미 상실이 자퇴의 주요인 중의 하나라고 하였다. Barr와 Knowles(1986)도 학교경험이 중퇴에 중요한 영향을 미친다고 하였다. 학교에 흥미를 상실한 학생은 학교가 도전감을 주지 못하며 재미없고 따분한 곳이라고 인식한다. Frazer(1992)는 변별함수(discriminant function) 분석을 통하여 평균평점, 다른 학생보다 연령이 많음, 생소한 체계, 8학년에 다닌 출석일의 네 가지 요인이 자퇴를 변별하는 유의미한 요인이라고 하였다. Soltys(1990)는 결석, 저조한 평균평점, 정학당할 높은 확률 등이 학생의 자퇴를 예언하는 변인이라고 하였다. 반면에, Cordy(1993)는 보살펴 주는 성인의 존재, 지원적 또래 집단, 대안교육 프로그램, 학업 성공, 고등교육기관에 입학하려는 동기, 종교 집단에의 참여 등이 자퇴 위기에 처한 학생을 자퇴하지 않게 하는 이유라고 하였다. Hertz(1989)는 다양한 학습 양식을 수용하는 교육자가 자퇴를 방지하는 긍정적 요인이 될 수도 있다고 주장하였다. Roderick(1991)은 전학 등 주거지가 바뀐 이후에 자퇴율이 증가한다고 하였다. 또한 그녀는 학생의 개인적 배경과 학교에서의 수행을 통제하고 나서도, 유급을 당하여 동일한 학년을 반복해서 다니는 학생이 유급 시기와 상관없이 더 많이 자퇴하는 경향이 있다고 주장하였다. Sewell, Palmo 그리고 Manni(1981)는 저조한 학업성적과 자퇴가 주로 학교 교육과정을 따라가지 못한 결과라고 하였다.

> 그러나 자퇴생 사이에서 나타나는 지적 잠재력과 저조한 성취 간의 불일치는 자퇴의 주요 요인이 진급을 제한하거나 소외감을 갖게 하는 학업 실패라면, 학업 실패에 대한 원인을 찾기 위해서 성취동기, 사회 계층의 영향, 학교의 제도적 영향과 같은 지능지수 이외의 요인들을 더 심도 있게 탐색해야 한다는 것을 암시해 준다(p. 73).

Robertson(1991)은 영재의 자퇴에 초점을 맞추면서 학교가 영재의 요구와 학습양식을 수용해 주지 못한 것과 관련된 요인을 강조했다. 그녀는 학교가 영재의 학습양식에 적합한 교육과정을 제공하지 못하고 있다고 주장했다. 그녀는 과학자, 작가, 시각 및 공연 예술가, 성공한 기업가, 운동선수 등의 자서전을 살펴보면, 그중 많은 사람들이 초·중등학교 때 자퇴했다고 주장하였다.

> 영재는 다른 아동들과 질적으로 다르고 자퇴할 가능성이 있는 아동은 영재들과 질적으로 다르다. …학교 문화의 중요한 한 가지 차원은 자신과 타인, 그리고 학교 환경에 대한 존중이다. …또한 영재와 자퇴 위기에 처한 아동 모두 교육과정의 무관성을 논의할 때 분명해진다. …자퇴할 가능성이 있는 영재에게는 다음의 사항이 요구된다. 즉, 실험적 학습과정, 학생 자신이 선택한 개별 프로젝트, 실세계에 있는 도전해 볼 만한 문제나 어려운 문제, 일부 경쟁과 타인으로부터의 도전, 무엇을 배우고 또 어떻게 배울 것인가와 관련해서 스스로 결정을 내릴 수 있는 능력 등이다. 자퇴할 가능성이 있는 영재는 상담 역할이나 멘터 관계를 유지하면서 똑똑한 동료의 역할을 할 수 있는 교사가 필요하다(pp. 69-70).

Robertson은 영재 중 소수만이 고등학교를 중퇴하지만 자퇴할 가능성이 있는 영재를 다루는 데 가치 있는 질적 자료를 바탕으로 이들의 문제를 해결하는 방법을 제안하였다.

자퇴 영재학생의 특성

Sadowski(1987)는 고등학교에서 자퇴한 영재학생에 대한 사례연구에서 다음과 같은 특징을 발견하였다. 1) 가정환경이 불완전하다. 2) 자퇴생의 환경은 마약이나 음주와 일부 관련이 있다. 3) 영재의 자퇴는 고등학교에 흥미나 공부할 동기가 부족하다는 것을 보여 준다. 4) 학교와 권위에 대해 부정적이고 반항적인 태도를 보인다. 5) 영재 프로그램이 불완전하고 부적절하다. 6) 영재의 자퇴는 미숙한 또래 관계 및 사회 적응과 관련이 있다. 7) 고등학교에서 상담이 부족하고 학교와 가정 간에 의사소통이 원활하지 않다(p. i).

Betts와 Neihart(1988)는 영재의 행동, 감정, 요구를 바탕으로 이들의 프로파일을 개발하였다. 프로파일에 따르면, 영재는 자신의 요구와 감정이 반영되지 않기 때문에 우울하고 매사에 소극적이다. 학교는 이들의 재능과 흥미를 지원해 주지 못하기 때문에 이들과 아무런 관련이 없는 것처럼 보인다. Betts와 Neihart는 자퇴하는 영재의 자존감이 매우 낮다는 것을 지적하면서 이들의 자존감 증진을 위해 가족 상담과 개별 상담을 권했다.

일부 연구들은 영재의 자퇴가 부적응 증상, 권위에 대한 대처 문제, 비순응성, 가족 간의 갈등, 적대심, 의구심, 과민증, 자기중심성과 관련이 있다고 하지만(Davis, 1984; Johnson, 1970; Vaughan, 1968), 다른 연구들은 높은 능력을 가진 학생의 자퇴가 정서적 부적응이 아니라 발달적 요구가 다르기 때문이라고 한다(Robertson, 1991; Zaccaria & Creaser, 1971). Robertson은 영재와 일반학생 간의 자퇴 이유가 유사해 보이지만 내재해 있는 동기는 다르다고 주장하였다(본 논문의 첫 부분에 진술된 인용문 참고). 그녀는 다음과 같이 덧붙였다.

> 일반 아동의 자퇴는 지겨운 학업으로부터의 탈출이다. 이들에게는 현실 세계가 학교보다 덜 지겨운 곳이다… 영재의 자퇴는 경제적으로 더 여유가 있고 자기표현과 발달을 격려하는 가치 체계를 지닌 가정으로부터 더 지원을 받는 경향이 있고, 소수 인종이 아니며, 상용어가 영어다(Robertson, p. 67).

본 연구의 목적은 전국에 걸쳐 수집된 표집에 대한 종단적 자료를 사용하여 고등학교에서 자퇴하는 영재에 대한 포괄적인 정보를 얻고, 영재의 자퇴 행동과 관련된 변인을 탐색하는 데 있다.

장애영재와 특수영재

연구 1

연구문제

1. 영재가 자퇴하는 이유는 무엇이고, 그들의 자퇴에 대한 부모의 반응은 어떠하며, 자퇴생은 어떤 활동을 하며 보내는가?
2. 영재 자퇴생과 일반 자퇴생 간에는 복학 계획과 관련해서 어떤 차이가 있는가?

연구 설계와 자료

본 연구는 국립교육통계청이 전국의 학생을 대상으로 수행한 '1988년 국가교육종단연구(National Education Longitudinal Study of 1988: NELS: 88)' 자료를 사용하였다. NELS: 88은 약 25,000명의 8학년 학생과 부모, 교사, 학교 행정가 등으로부터 1988년부터 수집한 자료를 바탕으로 시작되었다. 학생들은 자기 보고식 설문지에 응답하고 읽기, 수학, 과학 그리고 역사, 시민권, 지리학 등과 같은 인지검사를 받았다(NCES, 1994a). 첫 번째 추수연구(1990)에서 학생들은 설문지에 응답하고 인지검사를 받았다. 1987~1988학년도와 1989~1990학년도 봄 학기 사이에 자퇴한 학생에게는 이러한 설문지 외에 자퇴와 관련된 설문지가 제공되었다. 1992년에 수집된 두 번째 추수연구에서는 첫 번째 추수연구와 동일한 설문지가 사용되었고, 여기에 부모의 설문지, 학생의 생활기록부, 교과목 개설 정보가 첨가되었다. 두 번째 추수연구에서는 1987~1988학년도와 1991~1992학년도 봄 학기 사이에 자퇴한 학생들에게 자퇴와 관련된 설문지가 제공되었다. 이 설문지의 내용은 자퇴 이유, 학교경험, 결석, 장래 계획, 고용, 태도 및 자아개념, 가정환경 등이었다. 세 번째 추수연구 자료는 학생들이 졸업하고 2년 후인 1994년에 수집되었다(NCES, 1994a 참조).

두 가지의 각기 다른 자료와 표집을 사용하여 두 개의 연구를 수행하였다. 연구 1에서는 두 번째 추수연구 기간에 수집된 NELS: 88 자퇴 설문지를 직접 분석해서 영재의 자퇴에 대한 세부 정보를 얻었다. 연구 2에서는 기준연도, 두 번째 추수연구, 세 번째 추수연구에서 수집된 자료를 사용해서 영재의 자퇴 결정과 관련된 개인적, 교육적 요인들을 분석하였다. NELS: 88 자료가 층화군집 표집법(stratified cluster sampling)에 따라 수집되었기 때문에 일부 집단의 학생들은 과표집되었다(Keith & Benson, 1992). 따라서 정확한 계산을 위해서는 불균등한 선발 가능성과 무응답 효과를 상쇄하는 것이 필요했으며, 이를 위해 적절한 변인에 가중치를 부여하였다. 본 연구에서는 이것을 상쇄하기 위해 패널 가중치(panel weight)를 사용하였다. 또한 NELS: 88은 복잡한 표집 설계 때문에 표집 오차가 자료 분석의 통계적 엄밀성을 과장해서 보여 준다. 연구 1과 2의 복잡한 조사 설계를 고려해서 Research Triangle Institute(1995)에서 개발한 SUDAAN(Software for Statistical Analysis of Correlated Data) 통계 프로그램을 사용하여 표준오차를 계산하였다.

연구의 표집

연구 1의 표집은 고등학교를 졸업하지 않은 학생, 1992년 봄에 GED(고등학교 학력 인정시험)를 받지 않은 자퇴생, 두 번째 추수연구 동안에 자퇴와 관련된 설문지에 응답한 학생으로 구성되었다. 본 연구에서는 영재에 대한 더 융통성 있는 정의를 적용해서 영재 프로그램에 참여했거나, 영어, 사회, 과학, 수학 교과목의 상급, 심화, 속진과정 중에서 2~3개 과목에 등록했던 학생을 영재로 정의하였다. 두 번째 추수연구에서 자퇴와 관련된 설문지에 응답한 1,285명의 학생들 중에서 334명이 영재로 판별되었다.

장애영재와 특수영재

자료 분석과 결과

연구문제 1

두 번째 추수연구에서는 자퇴와 관련된 설문지에 응답한 영재들의 1) 자퇴 이유, 2) 부모의 반응, 3) 컴퓨터 사용에 보내는 시간(비디오나 컴퓨터 게임 시간은 포함하지 않음), 4) 취미, 예술, 공작 활동에 보내는 시간, 5) 자원봉사나 지역사회 봉사를 위해 보내는 시간 등에 관한 구체적인 정보를 얻기 위해 여러 가지 자료를 분석하였다.

학교를 떠난 이유는 22개의 문항을 통하여 측정되었다. 자퇴한 영재들은 각 문항이 자신의 자퇴 결정과 관련이 있는지에 대하여 응답하였다. 자료를 분석한 결과, 남자 영재가 자퇴한 이유는 1) 낙제했다(49.0%), 2) 직업을 가졌다(40.7%), 3) 학업을 따라갈 수 없었다(38.1%), 4) 학교가 싫었다(37.4%), 5) 일과 학업을 동시에 할 수 없었다(32.7%) 등의 순으로 나타났다. 남학생이 자퇴하는 이유는 주로 학교나 직업과 관련이 있는 반면, 여자 영재의 자퇴는 개인적 문제나 학교 문제와 관계가 있었다. 여학생의 자퇴 이유는 1) 학교가 싫었다(35.5%), 2) 임신을 했었다(33.8%), 3) 부모가 되었다(29.1%), 4) 다른 문제를 갖고 있었다(26.8%), 5) 학업을 따라갈 수 없었다(23.2%) 등의 순으로 나타났다. 남녀 모두 '학교가 싫었다'나 '낙제했다'와 같은 학교에 관련된 이유가 자퇴의 주된 이유로 나타났다(〈표 8-1〉 참조).

자퇴에 대한 부모의 반응을 조사한 결과, 많은 부모들(75%)은 자퇴를 하지 말고 계속 학교에 다닐 것을 권고한 것으로 나타났다. 흥미롭게도, 64.4%의 부모는 자퇴가 아동 자신의 결정이라고 한 반면, 69.3%의 부모는 자녀의 자퇴 결정에 화가 났다고 하였다. 또한 소수의 부모만이 학교 밖의 상담원과 상담을 하도록 주선했고(9.5%), 학교 상담원을 만나거나(22.8%), 아동의 교사를 만났다(26.1%)(〈표 8-2〉 참조).

시간 활용과 관련해서 대부분의 자퇴 영재들(73.8%)은 컴퓨터를 거의 혹은 전혀 사용하지 않고(비디오나 컴퓨터 게임은 포함되지 않음), 단지 5.9%만이 매일 컴퓨터를 사용한다고 응답하였다. 또한 73%의 자퇴생들이 취미활동에 시간을 거의 혹은 전혀 사용하지 않는다고 하였다. 대부분의 자퇴생들(83%)은 자원봉사 활동에도 거의 혹은 전혀 참여하지 않는다고 응답하였다.

표 8-1 자퇴 이유에 따른 남녀 영재의 수와 비율

자퇴 이유	남자 영재의 자퇴		여자 영재의 자퇴	
	사례수=173	비 율	사례수=161	비 율
직업을 가졌다.	66	40.7	30	19.7
학교가 싫었다.	61	37.4	54	35.5
선생님들과 잘 지낼 수 없었다.	48	29.6	24	15.9
다른 친구들과 잘 지낼 수 없었다.	22	13.8	24	15.9
가정을 갖기를 원했다.	13	8.1	19	12.6
임신을 했었다.	–	–	51	33.8
부모가 되었다.	20	12.6	44	29.1
가족을 도와주어야 했다.	26	16.4	29	19.1
정학을 당했다.	35	22.2	10	6.6
학교가 위험하게 느껴졌다.	18	11.3	14	9.3
여행을 하고 싶었다.	10	6.3	10	6.6
친구들이 중퇴했다.	18	11.4	6	2.0
가족을 보살펴야 했다.	19	12.0	16	10.6
퇴학당했다.	28	17.7	9	6.0
학교에서 소속감을 느끼지 못했다.	34	21.3	32	21.1
학업을 따라갈 수 없었다.	61	38.1	35	23.2
낙제했다.	77	49.0	44	29.1
결혼을 했거나 할 계획이었다.	11	6.9	32	21.1
학교를 바꾸었는데, 새 학교가 마음에 들지 않았다.	20	12.7	15	10.1
일과 학업을 동시에 할 수 없었다.	52	32.7	22	14.6
약물(혹은 알코올) 문제를 갖고 있었다.	12	7.6	3	2.0
기타 다른 문제를 갖고 있었다.	31	26.7	34	26.8

주: 자퇴생들이 각 문항에 '예' 혹은 '아니요'로 응답했기 때문에 총 100%가 되지 않을 수도 있다. 사례수=334

장애영재와 특수영재

부모의 반응	사례수	비율
외부 상담원을 만나도록 주선하였다.	31	9.5
학교 상담원을 만났다.	74	22.8
교장(혹은 교사)을 만났다.	85	26.1
내가 내린 결정이라고 말하였다.	210	64.4
자퇴한다고 야단쳤다.	41	12.7
화가 난다고 말하였다.	226	69.3
자퇴해도 괜찮다고 말하였다.	44	13.5
자퇴하지 말 것을 권했다.	247	75.8
개인적 문제의 해결에 도움을 주겠다고 하였다.	154	47.5
잘못된 일을 수정하는 데 도움을 주겠다고 하였다.	99	30.4
특별 개인지도를 받을 수 있도록 해 주겠다고 하였다.	48	14.8
특별 프로그램에 참여하도록 해 주겠다고 하였다.	55	16.9
다른 학교로 보내 주겠다고 하였다.	98	30.3

표 8-2 ▶ 자녀의 자퇴(영재 자퇴) 결정에 대한 부모의 반응 수와 비율

주: 자퇴생들이 각 문항에 '예' 혹은 '아니요'로 응답했기 때문에 총 100%가 되지 않을 수도 있다. 사례수 = 334

연구문제 2

복학 계획에 대한 자퇴한 영재와 일반 자퇴생 간의 차이를 조사하기 위하여 SPSS와 SUDAAN을 사용해서 카이스퀘어 분석을 하였다. 분석을 하기 전에 기대되는 빈도수의 타당성을 검증한 결과, 가설을 위배하지 않는 것으로 나타났다. 분석 결과, 복학 계획과 관련해서 자퇴한 영재와 일반 자퇴생 간에는 유의미한 차이가 없는 것으로 밝혀졌다. 즉, $c^2(1, N = 839) = .02$, $p = .88$이다. 자퇴한 영재의 35.85%만이 복학할 계획이 있는 반면에 64.15%는 그럴 계획이 없는 것으로 나타났다. 이와 유사하게 일반 자퇴생 중 34.87%는 복학할 계획이 있는 반면에 65.13%는 복학할 계획이 없는 것으로 나타났다.

연구 2

연구문제

1. 자퇴한 영재의 개인적 배경(사회경제적 지위, 인종, 부모의 교육 수준)은 무엇인가?
2. 개인적, 교육적 배경 요인(사회경제적 지위, 인종, 성별, 학교의 질, 부모의 교육 수준, 학생의 교육에 대한 열의, 임신 혹은 보육, 결석)은 자퇴한 영재들 사이에 어떠한 차이가 있는가?

연구의 표집

연구 2의 표집은 1988년 8학년에 자퇴했고 4회에 걸친 설문지에 모두 참여한 영재와 일반학생으로 구성되어 있다. 연구 1과 2에 포함된 자퇴 영재들은 정확히 동일한 집단이 아니다. 연구 1에서 자퇴한 영재로 간주되었던 학생들 중 일부는 연구 2의 재학생으로 분류된 세 번째 추수연구 기간 전에 복학했을 수도 있기 때문이다. 또한 연구 1에 참여했던 자퇴 영재의 일부는 세 번째 추수연구에 참여하지 않았기 때문에 1994년에 실시된 세 번째 추수연구의 사례수는 줄어들었다. 4회에 걸친 설문에 참여한 12,625명의 학생 중에서 3,520명의 영재들이 연구 1과 동일한 정의를 사용해서 연구 2의 피험자로 판별되었다. 연구 2에서 자퇴 학생은 1994년에 졸업을 하지 않았거

표 8-3 영재와 일반학생의 자퇴(연구 2)

	일반학생		영재		전체	
	사례수	(비율)	사례수	(비율)	사례수	(비율)
재학	8,628	(68.3%)	3,343	(26.5%)	11,971	(94.8%)
자퇴	477	(3.8%)	177	(1.4%)	654	(5.2%)
전체	9,105	(72.1%)	3,520	(27.9%)	12,625	(100.0%)

주: 사례수에는 가중치가 부여되지 않음

나 GED 합격자나 수료증 소지자로 정의하였다. 표집의 구성은 〈표 8-3〉에 기술되어 있다.

자료 분석과 결과

연구문제 1

1994년에 졸업을 하지 않고 자퇴를 했거나 GED 합격자나 수료증을 소지한 영재의 일반적 특성을 조사하기 위해 여러 가지 자료를 분석하였다. 즉, 1) 사회경제적 지위, 2) 인종, 3) 아버지의 교육 수준, 4) 어머니의 교육 수준을 분석하였다.

첫째, 자퇴한 영재들의 사회경제적 지위를 분석한 결과, 이들의 거의 절반(48.18%)이 최하위 사분위에 해당되었고 최상위 사분위에 속한 피험자는 3.56%였다. 반면에 자퇴하지 않은 영재 중에서는 19.97%가 최하위 사분위에 속했고, 33.77%는 최상위 사분위에 해당되는 것으로 나타났다. 더 심도 있는 분석을 한 결과, 자퇴와 사회경제적 지위 간에는 유의미한 차이가 발견되었다. 즉, $c^2(3, N = 3,021) = 69.15$, $p < .0001$이다. 표준화된 오차를 살펴본 결과, 사회경제적 지위가 최하위에 속하는 자퇴 영재들이 예상보다 더 많았고, 사회경제적 지위가 최상위에 속하는 자퇴 영재들이 예상보다 더 적었다. 반면에 사회경제적 지위가 최하위에 속한 영재 중 자퇴하지 않은 학생은 예상보다 더 적었다.

둘째, 자퇴한 영재의 인종에 대한 정보를 재학 중인 영재와 비교하였다. NELS: 88에 있는 5가지의 인종 범주 중에서 자퇴한 영재의 42.90%가 백인, 17.88%가 히스패닉계, 27.01%가 흑인, 10.45%가 미국 원주민, 그리고 1.76%가 아시아계 및 태평양 섬 거주민 출신이었다. 인종 간의 차이를 살펴보기 위해 카이스퀘어 분석을 한 결과, $c^2(4, N = 3,513) = 9.84$, $p < .04$로

유의미한 차이가 나타났다. 표준화된 오차를 보면, 히스패닉계와 미국 원주민들이 예상보다 더 많이 자퇴를 하였고, 백인과 아시아계 미국인은 예상보다 적었다.

마지막으로 부모의 교육 수준을 조사하였다. 아버지의 경우 고등학교를 졸업하지 않은 비율이 39.99%로 높았으며, 고등학교는 졸업했으나 더 이상의 고등교육을 받지 않은 경우가 22.99%로 나타났다. 자퇴한 영재의 어머니의 교육 수준 역시 유사한 결과가 나왔는데, 25.55%의 어머니가 고졸 미만이고 35.92%만이 고등학교를 졸업하였다. 카이스퀘어 분석을 통해서 자퇴 영재와 재학 중인 영재 부모의 교육 수준을 비교하였다. 그 결과, 아버지의 교육 수준은 $c^2(7, N = 3,458) = 48.45, p < .0001$, 어머니의 교육 수준은 $c^2(7, N = 3,489) = 48.07, p < .0001$로 모두 유의미한 차이가 나타났다. 표준화된 잔차를 살펴본 결과, 자퇴한 영재의 부모들은 예상보다 더 많이 고등학교를 졸업하지 못했고 고등교육을 계속 받은 부모의 수는 예상보다 적었다.

연구문제 2

준거변인과 예측자 간의 관계를 파악하기 위해 로지스틱 회귀분석을 실시하였다. 분석을 시작하기 전에 타당한 자료의 범위, 결측치(missing value), 이상치(outlier), 예상 빈도의 타당성을 조사하였다. 자료를 검사한 결과, 자퇴한 영재에 대한 결측치 때문에 4개의 예측자, 즉 학생의 자아개념, 평균평점, 표준화 검사점수, 교과 외 활동은 자료 분석에서 제외되었다.

자료를 검토한 후 최적의 모형을 찾기 위해 준거와 예측자로서 학생 집단(자퇴한 영재와 재학 중인 영재)을 대상으로 로지스틱 회귀분석을 실시하였다. 영재의 자퇴 결정 검사에서, 9개의 예측자(사회경제적 지위, 인종, 성별, 학교의 질, 아버지의 교육 수준, 어머니의 교육 수준, 학생의 교육에 대한 포부 수준, 임신 혹은 육아, 결석)를 사용한 최종 모형의 검사결과는 $c^2(31, N = 1,505) = 332.45, p < .001$로 통계적으로 유의미한 것으로 밝혀졌다. 〈표 8-4〉에 회귀계수,

Wald 통계치, 승산비(odds ratio), 각 예측자에 대한 95%의 신뢰도가 요약되어 있다. 분석결과, 5개의 변인이 영재의 자퇴 행동을 유의미하게 예측하는 것으로 나타났다. 즉, 학생의 교육에 대한 포부 수준($F = 8.60, p < .0001$), 임신 혹은 육아($F = 6.15, p < .01$), 성별($F = 9.87, p < .01$), 아버지의 교육 수준($F = 12.86, p < .0001$), 어머니의 교육 수준($F = 3.52, p < .01$)이다. 또한 사회경제적 지위는 $p = .07$ 수준에서 유의미한 변인으로 간주될 수 있었다. 승산비는 "1단위에 대해 예상되는 자퇴의 승산은 1단위의 증가 없이 예측된 승산에 대한 독립 변인에서 증가한다."(Rumberger, 1995, pp. 600-603) 따라서 승산비가 1보다 크다는 것은 자퇴의 승산이 독립 변인에서 1단위 증가하기 때문에 증가하며, 승산비가 1 미만이라는 것은 자퇴의 승산이 독립 변인에서 1단위 증가하기 때문에 감소한다는 것을 의미한다.

분석결과, 첫째, 대학 졸업을 원하는 영재는 다른 학생보다 자퇴 승산이 유의미하게 더 낮았다. 둘째, 아이를 갖지 않은 영재는 아이를 가졌거나 가질 것으로 예상되는 영재보다 자퇴 승산이 유의미하게 더 낮았다. 셋째, 남자 영재가 여자 영재에 비해 자퇴할 가능성이 3배나 더 높았다. 넷째, 백인 영재가 다른 인종보다 자퇴할 가능성이 유의미하게 낮았다. 다섯째, 고등학교를 졸업하지 못한 아버지를 둔 영재의 자퇴 확률이 3배나 더 높은 반면, 석사학위를 가진 아버지를 둔 영재의 자퇴 확률은 유의미하게 낮았다. 흥미롭게도, 고등학교를 졸업하지 못했거나 2년제 대학을 졸업한 어머니를 둔 영재의 자퇴 확률은 유의미하게 낮았다. 이러한 결과는 영재의 자퇴 행동은 어머니의 교육 수준보다 아버지의 교육 수준과 더 관련이 있다는 것을 의미한다. 마지막으로, 사회경제적 지위가 자퇴의 중요한 예측자 중 하나인 것으로 밝혀졌다. 사회경제적 지위가 사분위의 하위나 중하위에 속한 영재들은 고등학교에서 자퇴할 가능성이 높았다(〈표 8-4〉 참조).

| | | | 표 8-4 | 영재의 자퇴 결정을 예측해 주는 변인에 대한 로지스틱 회귀분석 |

예측 변인	베타 계수	t검정, B＝0	승산비	승산비에 대한 95%의 신뢰도 구간	
				하 위	상 위
교육에 대한 포부 수준					
고등학교를 졸업하지 않을 것임	1.08	1.25	2.95	0.54	16.07
고등학교를 졸업할 것임	0.97	2.00?	2.63	1.02	6.78
직업학교	−0.29	−0.62	0.75	0.31	1.85
대학 재학	−0.24	−.048	0.79	0.29	2.10
대학 졸업	−1.93	−4.23***	0.15	0.06	0.36
대학 이후 계속 교육	0.00	—	1.00	1.00	1.00
임신 혹은 출산					
예	−0.03	−0.04	0.97	0.22	4.36
아니요	−1.49	−2.33*	0.23	0.06	0.79
아니지만 예상됨	0.00	—	1.00	1.00	1.00
성 별					
남	1.05	3.14**	2.86	1.48	5.51
여	0.00	—	1.00	1.00	1.00
인 종					
아시아계/ 태평양 섬 거주민	−1.51	−1.81	0.22	0.04	1.13
히스패닉계	−0.63	−0.85	0.53	0.12	2.30
흑 인	−0.66	−0.09	0.52	0.13	2.12
백 인	−1.26	−2.01*	0.28	0.08	0.97
미국 원주민	0.00	—	1.00	1.00	1.00
학교의 사회경제적 지위의 질					
하위 사분위	4.47	2.20**	87.52	1.63	4695.20
중하위 사분위	3.86	1.90*	47.52	0.88	2579.84
중상위 사분위	4.00	1.92*	54.42	0.90	3273.85
상위 사분위	0.00	—	1.00	1.00	1.00
결 석					
없 음	−0.61	−0.99	0.54	0.16	1.83
1~2일	−0.69	−1.12	0.50	0.15	1.69
2~4일	−0.42	−0.57	0.66	0.16	2.79
5~10일	0.00	—	1.00	1.00	1.00
10일 이상	0.00	—	1.00	1.00	1.00

표 8-4 (이어서)

예측 변인	베타 계수	t검정, B=0	승산비	승산비에 대한 95%의 신뢰도 구간	
				하위	상위
아버지의 교육 수준					
고졸 미만	1.21	2.07*	3.35	1.07	10.49
고졸	−0.21	−0.35	0.81	0.25	2.65
2년제 대학	−1.43	−1.20	0.24	0.02	2.48
대학 2~4년	0.80	1.34	2.22	0.69	7.16
대졸	−0.06	−0.07	0.94	0.17	0.03
석사학위	−5.30	−5.68***	0.01	0.00	1.00
박사학위	0.00	--	1.00	1.00	1.00
어머니의 교육 수준					
고졸 미만	1.47	−2.45*	0.23	0.07	0.75
고졸	−0.78	−1.48	0.46	0.16	1.25
2년제 대학	−2.44	−2.54*	0.09	0.01	0.58
대학 2~4년	0.57	0.96	1.77	0.55	5.70
대졸	−0.97	−1.37	0.38	0.09	1.52
석사학위	0.85	0.59	2.33	0.14	38.20
박사학위	0.00	–	1.00	1.00	1.00

$*p < .05.$ $**p < .01.$ $***p < .001$

논 의

함 의

　선행연구들은 학생이 고등학교를 자퇴하는 다양한 요인들을 설명하였다. 이러한 연구들은 분명히 한계가 있다. 첫째, 영재에 대한 포괄적인 개념을 사용하여 자퇴한 영재에 직접적으로 초점을 맞춘 연구가 거의 없다. 자퇴한 영재에 대한 대부분의 선행연구는 영재를 지능검사 점수로 판별하였다. 그러나 학교 상황에는 이러한 범주에 속하지 않는 재능 있는 학생들 중에도 자퇴의 위험에 처해 있는 학생들이 많다. 본 연구는 기존의 자기 보고식 조사를 사용했기 때문에 동기와 같은 비인지적 요인의 정도를 다룰 수 없었다. 선행연구의 또 다른 한계는 일반화 문제와 관계가 있다. 선행연구들이 지적한 것처럼, 학교의 질과 사회경제적 지위와 같은 개인적 배경과 인종은 학생의 자퇴에 영향을 미치기 때문에, 고등학생의 자퇴 행동에 대한 더 정확한 정보를 얻기 위해서는 국가 수준의 자료를 사용해야 한다. 본 연구는 국가 수준의 종단적 자료를 사용해서 자퇴한 영재의 수를 결정하려는 것이 아니라, 이들이 교육을 계속하는 데 도움이 되는 포괄적인 정보를 수집하려는 것이었다. 본 연구는 이들의 자퇴 행동과 관련이 있는 개인적, 교육적 요인들을 탐색하는 데 초점을 두었다.

이 연구를 통해서 자퇴 영재의 여러 가지 특성들이 밝혀졌다. 첫째, 자퇴를 하는 영재는 사회경제적 지위와 부모의 교육 수준이 낮고, 소수 인종 집단에 속하며, 교과 외 활동에 덜 참여하였다. 히스패닉계와 미국 원주민계 학생이 자퇴할 가능성이 높고, 백인 영재학생은 다른 인종 집단의 학생보다 자퇴할 가능성이 낮았다. 또한 사회경제적 지위와 부모의 교육 수준이 영재의 자퇴와 유의미한 관계가 있는 것으로 밝혀졌다. 자퇴한 영재 중 거의 절반(48.18%)은 사회경제적 지위가 사분위의 하위에 속했고, 사분위의 상위에 속한 영재는 3.56%에 지나지 않았다. 이러한 비율은 재학 중인 영재의 비율과 반대로 나타났다. 또한 자퇴한 영재 부모의 대다수는 고등학교를 졸업하지 못했거나 고등학교만 졸업했다. 사회경제적 지위와 부모의 교육 수준은 가정에서의 교육적 지원과도 관계가 있다. Ekstrom과 동료들(Ekstrom, Goertz, Pollack, & Rock, 1986)에 따르면, 1) 자퇴생은 부모로부터 교육적 지원을 거의 받지 못하고, 2) 부모의 교육적 기대 수준이 낮으며, 3) 부모가 아동에게 관심이 없거나 학교 활동을 점검하지 않는다. 본 연구에서 자퇴한 영재가 부모로부터 교육적 지원을 많이 받지 못하는지의 여부는 불분명하다. 그러나 본 연구결과, 많은 자퇴 영재들이 컴퓨터를 거의 활용하지 않으며 취미 활동에 사용하는 시간도 많지 않은 것으로 나타났다. 또한 자퇴 영재의 부모는 자녀의 자퇴에 적극적으로 개입하지 않는 것으로 밝혀졌다.

장애영재와 특수영재

75%의 부모들은 자퇴한 자녀에게 학교를 계속 다닐 것을 권했지만, 학교 상담원이나 교사에게 연락하거나, 특별한 개인지도 혹은 프로그램을 제안하거나, 다른 학교로 전학할 것을 권한 부모는 소수에 지나지 않았다. 또 많은 부모들이 자녀의 자퇴 결정에 대해 화가 났다고 반응했지만, 부모의 입장에서 더 긍정적인 행동이 고려되어야 한다. 본 연구의 결과는 부모의 교육에 대한 열의와 관여가 영재학생의 발달과 수행에 영향을 미치기 때문에, 자퇴할 가능성이 있는 영재의 부모는 자녀의 문제에 더 적극적으로 관여하고 교사와 긴밀한 의사소통을 가져야 한다(Ekstrom et al., 1986)고 제안한다.

둘째, 많은 영재들은 학교에서의 실패, 학교를 좋아하지 않음, 직업을 갖게 됨, 임신 등의 이유로 자퇴한다. 남녀 학생 모두에게서 '낙제했다' '학교가 싫었다'와 같이 학교와 관련된 이유가 공통되게 나타났다. 이러한 결과는 모든 능력 집단이 피험자로 포함된 NCES의 선행연구와 유사하다. NCES의 보고서(1994b)에 따르면, 자퇴를 하는 이유는 직업이나 가족과 관련된 문제보다는 학교와 관련된 문제가 더 많았다. 또한 여학생 자퇴자에 비해 남학생 자퇴자는 퇴학이나 정학으로 더 많이 학교를 그만두는 것으로 나타났다. 또한 본 연구의 결과는 학생의 교육에 대한 포부 수준이 자퇴와 유의미한 관계가 있다는 것을 보여 준다. 일부 영재들은 개인적인 문제나 학교와 관련된 문제 때문에 교육에 대한 포부 수준이 낮다. 이것은 교사와 부모들이 자퇴 가능성이 있는 학생들에게 계속적으로 교육받기를 안내하고 권장해야 한다는 것을 시사한다.

자퇴할 가능성이 있는 영재가 계속 교육을 받을 수 있도록 도움을 주는데 적용해 볼 수 있는 제안은 다음과 같다. 1) 학교와 교사들은 자퇴 영재의 특징을 파악하고 자퇴 가능성이 있는 영재를 조기에 판별해야 한다. 2) 학교문화는 자퇴 가능성이 있는 영재의 특별한 흥미와 학습양식에 적절하고 도전감 있는 교육과정을 제공하는 것과 같이, 이들의 요구를 충족시켜 주어야한다. 3) 자퇴 가능성이 있는 영재에게 교과 외 활동에 참여할 수 있는 기회를 더 많이 주고 참여를 권장해야 한다. 4) 소수 인종이나 경제적으로 불우

한 영재에게 상담이나 특별 프로그램을 제공해야 한다. 5) 학교와 교사는 자퇴 가능성이 있는 영재의 부모와 상호 협력해야 하며 부모는 자녀의 문제에 더 적극적으로 관여해야 한다.

일부 영재들은 영재로 판별되었지만 몇몇 교과목에서 낙제했기 때문에 자퇴하는 경우도 있다는 것을 주목할 필요가 있다. 이 결과는 교사와 연구자에게 중요한 함의를 제공해 준다. 본 연구에서 연구자들은 영재에 대한 광범위한 정의를 사용하였다. 교사와 연구자들이 단지 지능검사 점수에만 초점을 맞추는 것과 같이 영재성을 엄격히 정의한다면, 자퇴 가능성이 있는 영재들이 간과되어서 상담과 같이 적절한 교육적 지원을 받지 못하게 될 것이다. 따라서 자퇴 학생을 연구할 때 영재성을 더 광범위하게 정의하는 것이 적절하다.

연구의 한계

먼저 연구 2에서 4회에 거쳐 조사한 설문지에 모두 참여한 학생들이 피험자로 선택됨에 따라 표집 크기가 줄어들었다는 것이다. 고등학교 이후의 학생들을 대상으로 추수연구를 한다는 것이 어렵기 때문에 NELS: 88의 세 번째 추수연구에 참여한 피험자의 수는 다른 추수연구에 비해 적었다. 또한 구체적 변인, 특히 영재의 자퇴에 대한 결측치가 많았다. 예를 들어, 자퇴한 영재에 대한 결측치 때문에 자아개념, 평균평점, 표준화 검사점수와 같은 여러 변인들은 연구 2의 자료 분석에서 제외되었다. 평균평점과 표준화 검사점수의 경우, 자퇴한 영재들이 12학년에 자퇴를 했기 때문에 이들에 대한 자료를 얻을 수 없었다. 재학 중인 영재에 비하여 자퇴한 영재의 자아개념 자료가 더 많이 수집되지 않은 이유는 불분명하다. 선행연구들에서는 이러한 변인들이 자퇴 결정과 관련이 있다고 하지만, 많은 결측치 때문에 이러한 변인을 본 연구에 포함시키는 것은 무의미한 것처럼 보였다.

장애영재와 특수영재

추후연구를 위한 제언

일부 연구자들은 다양한 형태의 자퇴 행동을 구분하는 것이 필요하다고 주장한다. Tinto(1975)는 낙제(academic dismissal)와 자퇴(voluntary withdrawal)를 구분하면서 자퇴와는 달리 낙제가 성적과 밀접한 관계가 있다고 하였다. 그에 따르면, 낙제는 적성과 지적 능력, 그리고 사회적 지위가 낮은 것과 관련이 있는 반면, 자퇴는 지적 능력과 사회적 지위가 높은 것과 관련이 있다. Voss, Wendling 그리고 Elliott(1966) 또한 비자발적(involuntary) 자퇴, 학업을 수행할 만한 역량이 부족해서 하는(retarded) 자퇴, 학업을 수행할 만한 역량이 있는(capable) 자퇴와 같이 세 가지 유형의 자퇴를 구분하였다. 비자발적 자퇴는 부모의 사망이나 사고와 같이 개인적 위기 때문에 학교를 떠나는 것을 의미한다. 학업을 수행할 만한 역량이 부족해서 하는 자퇴는 졸업에 필요한 과제나 학점을 이수하지 못한 학생이 자퇴를 하는 경우다. 여기에 속하는 학생은 학업에 요구되는 능력이 부족하거나 잠재력은 있지만 학업에 필수적인 기술이 부족하다. 학업을 수행할 만한 역량이 있어도 하는 자퇴란 학업에 필수적인 기술을 가지고 있고 성적도 우수하지만 학업 진전에 만족하거나 만족하지 않는 학생이 자퇴하는 것을 의미한다. 이러한 주장은 자퇴 영재와 직접적인 관계는 없지만 본 연구의 결과가 부분적으로 이들의 주장을 지지해 준다. 자퇴한 이유에 대한 질문에 일부 영재들은 학교에서의 실패라고 응답한 반면, 일부 영재들은 자발적으로 학교를 그만두었다고 응답하였다. 이 두 집단이 명확하게 구별되는지는 불분명하지만 자퇴하는 이유에 따라 이들에 대한 개입이 달라져야 하기 때문에 자퇴한 영재들의 유형을 살펴보는 것은 중요하다. 따라서 추후연구는 자퇴 영재의 유형을 파악하여 유형에 따라 배경과 자퇴 양식이 어떻게 다른지를 연구할 필요가 있다.

본 연구는 자퇴한 영재의 일반적인 특성을 탐색하고 이들의 자퇴 행동과 관련된 개인적, 교육적 요인을 살펴보는 데 초점을 두었다. 그러나 자퇴 과정은 종단적 과정이고 이러한 요인들은 서로 상호작용한다. 따라서 추후연구에서는 중요한 요인뿐만 아니라 종단적 경로 분석(path analysis) 기법을 이용하여 요인들 간의 인과 관계와 상호작용에 대해 연구할 것을 제안한다. 또한 추후연구에서는 자퇴할 가능성이 있는 영재를 판별하기 위한 도구나 행동 체크리스트를 개발해야 할 것이다. 이러한 것들은 교사와 학교 상담원들에게 더 실제적인 지침을 제공해 줄 것이다.

참고문헌

Bachman, J., Green, S., & Wirtinen, I. (1972). Dropping out is a symptom. *Education Digest, 37,* 1-5.

Barr, R. B., & Knowles, G.W. (1986). *The San Diego city schools 1984-85 school leaver and high school diploma program participant attitude study.* San Diego, CA: San Diego City Schools: Planning, Research and Evaluation Division.

Beacham, H. C. (1980). *Reaching and helping high school dropouts and potential school leavers.* Tallahassee, FL: Florida A & M University. (ERIC Document Reproduction Service No. Ed 236451)

Bernoff, L. (1981). *Report of Indiana public school dropout-graduate prediction study.* South Bend, IN: Indiana University, South Bend School of Education.

Betts, G. T., & Neihart, M. (1988). Profiles of the gifted and talented, *Gifted Child Quarterly, 32,* 248-253.

Bracey, G. W. (1994). Dropping in on dropping out. *Phi Delta Kappan, 75,* 726-727.

Cervantes, L. (1965). *The dropout: Causes and cures.* Ann Arbor, MI: The University of Michigan Press.

Cordy, T. A. (1993). *Leaving: A quantitative and qualitative case study of an urban dropout problem.* Unpublished doctoral dissertation. The

장애영재와 특수영재

University of Connecticut, Storrsl.

Curtis, J., McDonald, J., Doss, J., & Davis, W. (1983). *Dropout prediction*. Austin, TX: Texas Office of Research and Evaluation. (ERIC Document Reproduction Service No. Ed 233282)

Davis, H. (1984). Self-concept profiles of gifted underachievers. (Doctoral dissertation, University of Rochester, 1983). *Dissertation Abstracts International, 45*(04), 1072. (University Microfilms International No. AAC84-13056)

Ekstrom, R. B., Goertz, M. E., Pollack, J. M., & Rock, D. A. (1986). Who drops out of high school and why? Findings from a national study. *Teachers College Record, 87*, 356-373.

Frazer, L. H. (1992). *The use of School-Maintained and school-related variables to differentiate between students who stay in and students who drop out of high school*. Unpublished doctoral dissertation. The Unviersity of Texas, Austin.

Hertz, D. (1989). *Learning styles and high school dropouts*. Unpublished doctoral dissertation. Laurentian University of Sudbury, Ontario, Canada.

Hewitt, J. D., & Johnson, W. S. (1979). Dropping out in Middletown. *The High School Journal, 62*, 252-256.

Irvine, D. J. (1987). What research doesn't show about gifted dropouts. *Educational Leadership, 44*, 79-80.

Johnson, D. E. (1970). Personality characteristics in relation to college persistence. *Journal of Counseling Psychology, 17*, 162-167.

Keith, T. Z., & Benson, M. J. (1992). Effects of Manipulable influences on high school grades across five ethnic groups. *Journal of Educational Research, 86*, 86-93.

Kunkel, M. A., Pittman, A. M., Curry, E. W., Hildebrand, S. K., & Walling, D. D. (1991). Attrition patterns in a summer program for gifted junior high students. *Roeper Review, 14*, 90-93.

Lajoie, S. P., & Shore, B. M. (1981). Three myths? The overrepresentation of the gifted among dropouts, delinquents, and suicides. *Gifted Child*

Quarterly, 25, 138-143.

Lobosco, A. (1992). *Individual, school, and community correlates of high school graduation.* Unpublished doctoral dissertation. University of Illinois, Chicago.

martin, D. L., Jr. (1981). *Identifying potential dropouts: A research report.* Frankfort, KY: Kentucky State Department of Education. (ERIC Document Reproduction Service No. Ed 216304)

Massey, S. R., & Crosby, J. (1982). *Study of George Valley high school dropout program.* Scarborough, ME: New England Institute of Education. (ERIC Document Reproduction Service No. ED 220768)

National Center for Education Statistics. (1983). *High School dropouts: Descriptive information from high school and beyond.* Washington, DC: U.S. Government Printing Office.

National Center for Education Statistics. (1993). Dropout rates in the United States: 1992. (NCES 94-464). Washington, DC: U.S. Government Printing Office.

National Center for Education Statistics (1994a). *National education longitudinal study of 1988: Second follow-up: Student componet data file uer's manual.* (NCES 94-374). Washington, DC: U.S. Government Printing Office.

National Center for Education Statistics (1994b). *Dropout rates in the United States: 1993.* (NCES 94-669). Washington, DC: U.S. Government Printing Office.

National Center for Education Statistics (1997). *Dropout rates in the United States: 1996.* (NCES 98-250). Washington, DC: U.S. Government Printing Office.

Noth, N., & O'Neill, B. (1981). *Dropout identification: A preliminary study of the Pasco School District.* (ERIC Document Reproduction Service No. ED215013)

Renzulli, J. S. (1986). The three-ring conception of giftedness: A developmental model for creative pproductivity. In R. J. Sternberg & F. Davidson (Eds.), *Conceptions of giftedness* (pp. 53-92). Cambridge,

장애영재와 특수영재

London: Cambridge University Press.

Research Triangle Institute. (1995). *SUDAAN, release 7.0: Software for statistical analysis of correlated data.* Research Triangle Park, NC: Author.

Robertson, E. (1991). Neglected dropouts: The gifted and talented. *Equity & Excellence, 25,* 62-74.

Roderick, M. R. (1991). *The path to dropping out among public school youth: Middle school and early high school experiences.* Unpublished doctoral dissertation, Harvard University, Cambridge, MA.

Rumberger, R. W. (1981). *Why kids drop out of schools.* Paper presented at the annual meeting of the America Educational Research Association, Los Angeles, CA.

Rumberger, R. W. (1995). Dropping out of middle school: A multilevel analysis of students and schools. *American Educational Research Journal, 32,* 583-25.

Sadowski, A. J. (1987). A case study of the experiences of and influences upon gifted high school dropouts. *Dissertation Abstracts International, 48*(04), 893. (University Microfilms International No. AAC87-16185)

Schreiber, D. (1979). Dropout causes and consequences. In M. C. Alkin (Ed.), *The encyclopedia of educational research* (4th ed.; pp. 308-316). Toronto, Ontario, Canada: Macmillan.

Sewell, T. E., Palmo, A. J., & Manni, J. L. (1981). High school dropout: Psychological, academic, and vocational factors. *Urban Education, 16,* 65-76.

Solorzano, L. (1983, August). Now, gifted children get some breaks. *U.S. News & World Report, 8,* 32.

Soltys, T. V. (1990). *A study of predictor variables as indicators of potential high school dropouts.* Unpublished doctoral dissertation, Temple University, Phildellphia, PA.

Stephenson, R. S. (1985). *A study of the longitudinal dropout rate: 1980 eighth-graed cohort followed from June, 1980 through February, 1985.* Miami, FL: Dade County Public Schools Office of Educational

Accountability.

Thornburg, H. D. (1975). Attitudinal determinants in holding dropouts in school. *Journal of Educational Research, 68*, 181-185.

Tinto, V. (1975). Dropout from higher education: A theoretical synthesis of recent research. *Review of Education Research, 45*, 89-125.

Tinto. V. (1982). Limits of theory and practice in student attrition. *Journal of higher Education, 53*, 687-700.

Tinto, V. (1988). Stages of student departure. Reflections on the longitudinal character of student leaving. *Journal of Higher Education, 59*, 438-455.

U. S. Department of Education. (1993). *National excellence: A case for developing America's talent.* Washington, DC: U.S. government Printing Office.

Vaughan, R. P. (1968). College dropouts: Dismissed vs. withdrawn. *Personnel and Guidance Journal, 46*, 685-689.

Voss, H. L., Wendling, A., & Elliott, D. S. (1966). some types of high school dropouts. *Journal of Educational Research, 59*, 363-368.

Watson, C. (1976). *Focus on dropouts.* Toronto, Ontario, Canada: Ontario Institute for Studies in Education.

Willett, J. B., & Singer, J. D. (1991). From whether to when: New methods for studying student dropout and teacher attrition. *Review of Educational Research, 61*, 407-450.

Young, V., & Reich, C. (1974). *Patterns of dropping out.* Toronto, Ontario, Canada: Toronto Board of Education Research

Zaccaria, L., & Creaser, J. (1971). Factors related to persistence in an urban commuter university. *Journal of College and Student Personnel, 12*, 286-291.

인 명

Anderson, D. 160
Asperger, H. 112
Atwood, T. 120, 123
Ayres, J. 123

Bachman, J. 206
Baker, S. 156
Baldauf, S. 157
Baldwin, A. 22, 30
Bandura, A. 46, 47, 60
Barkley, R. A. 101
Barr, R. B. 208
Bart, M. 158, 164
Baum, S. 33, 34, 60
Beacham, H. C. 206, 207, 208
Ben-Ari, A. 161, 162, 163
Benson, D. F. 66
Benvenuti, A. C. 160
Bernoff, L. 206
Betts, G. T. 210
Bohan, J. S. 159
Borhek, M. V. 162
Boxer, A. M. 163
Bracey, G. W. 207
Brack, C. J. 159
Bradish, C. 164
Bridget, J. 164
Brody, L. 19

Brower, P. 162
Butler, K. L. 157, 182

Callahan, C. M. 25, 145
Callander, L. 155
Campbell, C. A. 156
Cantwell, M. A. 160
Carmichael, D. 193, 194
Cass, V. C. 159
Cervantes, L. 207
Cohler, B. 163
Colangelo, N. 97, 162
Coleman, E. 160
Coleman, L. J. 156, 162
Cordy, T. A. 208
Cornell, D. 162
Cramer, D. W. 162
Creaser, J. 210
Crosby, J. 207
Cross, T. L. 156, 162
Crux, S. C. 63, 74
Cunningham, J. 164
Curtis, J. 206, 207

D'Augelli, A. R. 158
Dahlheimer, D. 154
Davis, B. I. 37, 206, 210
deMonteflores, C. 161
Denckla, M. B. 66, 79
Dewey, M. 117

Dodson, E. 195
Doss, J. 206
Dunham, K. L. 164
Dunne, F. 197

Edwards, W. J. 160, 163
Eisner, E. W. 183
Ekstrom, R. B. 222, 223
Elia, J. P. 158
Elliott, D. S. 225
Evans, N. 160

Farrell, D. M. 155
Feigal, J. 154
Ferguson, W. E. 155, 159
Firth, U. 116
Flavell, J. H. 61
Flett, G. L. 155
Fontaine, J. H. 154, 156, 157, 158, 159, 160, 164
Frasier, M. 30
Frazer, L. H. 208
Friedman, J. 193
Friedrichs, T. 153

Gallagher, J. J. 12, 25
Gardner, H. 99
Gerber, P. J. 62
Gibson, P. 158
Gilligan, C. 143

Ginsberg, R. 62
Glasser, B. G. 164, 166, 183
Goertz, M. E. 222
Gordon, M. 89
Grandin, T. 125
Green, S. 206
Griffin, P. 158

Hagan, E. P. 196
Hammelman, T. L. 158
Hammond, N. L. 154, 156, 157, 160, 164
Hanckel, F. 164
Harbeck, K. M. 155, 159, 163
Hayes, M. L. 155
Herdt, G. 156, 157, 160, 162
Hershberger, S. L. 158
Hertz, D. 208
Hetrick, E. S. 156, 158
Hewitt, J. D. 207
Hewitt, P. L. 155
Hodges, E. V. 158
Horner, M. S. 141, 157
Hunter, J. 158

Irvine, D. J. 204

Johnson, D. E. 207, 210

Kinsey, A. C. 155
Kissen, R. M. 158, 160, 161, 163
Klin, A. 122
Knowles, G. W. 208

Kottman, T. 164
Kunkel, M. A. 206

Lajoie, S. P. 205
Laygo, R. M. 159
Lehtinen, L. 94
Lenhardt, A. M. C. 160
Levine, H. 160
Lewis, A. 195, 197
Lingg, M. 164
Lobosco, A. 207
Lock, J. 158, 159, 161
Lovecky, D. V. 155
Lucille, S. 164

Magruder, B. 160
Mahoney, A. S 162
Malone, M. J. 158
Manni, J. L. 208
Martin, A. D. 156, 158, 207
Martin, C. E. 155
Massey, S. R. 207
Mathews, W. F. 194
May, K. M. 163
McCarthy, C. J. 159
McClintock, B. 138
McClintock, M. K. 160
McDonald, J. 206
McFarland, W. P. 156, 158
McGuire, J. M. 34
Meckstroth, E. A. 155, 156
Mercer, J. R. 196
Merrill, M. A. 196
Mesibov, G. 122
Michael, B. M. 195

Miller, P. H. 61, 193
Miller, S. A. 61
Moon, S. 22

Neihart, M. 35, 210
Neu, T. W. 34
Newton, J. 155
Noth, N. 206, 207, 208

O'Neil, C. W. 160
O'Neill, B. 206, 207, 208
Okamoto, C. M. 163
Olenchak, F. R. 33, 34
Omizo, M. M. 163
Omizo, S. A. 163
Orr, D. P. 159
Owen, S. V. 35, 60

Palmo, A. J. 208
Park, S. 38, 203
Perry, D. G. 158
Peshkin, A. 183
Peterson, J. S. 36, 97, 153, 165, 182
Piechowski, M. M. 97, 155
Pilkington, N. W. 158
Pollack, J. M. 222
Pomeroy, W. B. 155
Poppenhagen, M. P. 158, 161

Qualley, R. M. 158, 161

Reich, C. 206, 207, 208
Reiff, H. B. 62

Reis, S. 34, 36, 52

Remafedi, G. 160

Renzulli, J. S. 38, 17, 203, 204

Rischar, H. 36, 153

Ritter, K. Y. 160

Roach, A. J. 162

Robertson, E. 203, 204, 206, 208, 209, 210

Rock, D. A. 222

Roderick, M. R. 208

Roeper, A. 155

Rosario, M. 157, 158

Ross, M. W. 157

Rotheram-Borus, M. J. 157

Rumberger, R. W. 207, 208

Sadker, D. 140

Sadker, M. 140

Sadowski, A. J. 204, 207, 209

Sattler, J. M. 196

Savin-Williams, R. C. 158, 159

Schiff, M. 46

Schneider, M. 156, 159, 160, 163, 164

Schopler, E. 122

Schreiber, D. 208

Schultz, S. J. 161

Schwartz, W. 164

Sewell, T. E. 208

Shore, B. M. 205

Singer, J. D. 206

Singerline, H. 164

Solorzano, L. 204

Soltys, T. V. 208

Southern, W. T. 37, 200

Sowa, C. J. 163

Spicker, H. S. 37, 193, 200

Stephenson, R. S. 204, 206

Sternberg, R. 15

Stewart, R. A. 156, 162

Stockard, J. 135

Strauss, A. L. 94, 164, 166, 183

Stuss, D. T. 66

Sullivan, T. 156, 160

Sumara, D. 164

Tannenbaum, A. J. 12

Terharr-Yonkers, M. 156

Terman, L. M. 196

Thornburg, H. D. 208

Thorndike, R. L. 196

Tinto, V. 206, 225

Tisdell, T. 164

Tolan, S. S. 153, 155, 156

Tomlinson, C. 20

Treffinger, D. 24

Tremble, B. 164

Uribe, V. 160, 163

Vaughan, R. P. 210

Volkmar, F. R. 122

Voss, H. L. 225

Waldnor-Haugrud, L. K. 160

Watson, C. 207

Webb, J. J. 155, 156, 162

Weisse, D. E. 155

Wendling, A. 225

Willett, J. B. 206

Wirtinen, I. 206

Wood, J. W. 135

Young, V. 206, 207, 208

Zaccaria, L. 210

Zera, D. 157, 159, 160, 163

Zimmerman, E. 23

내 용

가면현상 증후군 143
감각통합 123
계속 비교법 166
과잉관여 180
과잉행동 94
과잉행동이 없는 주의력 결핍장애 95
과잉행동증후군 95
과잉흥분(overexcitabilities) 97
교수배경 네트워크(underground network) 77
국립영재연구소 13
근거이론 164
긍정적 붕괴이론 97

다중지능이론 99
동성애 153
동성애 혐오증 161

마음 이론(theory of mind) 117

변별함수 208
보상전략 72, 122
부주의 94
분열파(splitters) 20
비디오테이프 125
비언어성 지능검사 198

사회경제적 지위 198, 216
사회성 발달 174
사회적 기술훈련 125, 127
사회적 이야기와 만화를 이용한 대화기법 125
삼부심화학습모형 49
상위인지 117
생물-심리-사회학적 체계 모형 93

성 고정관념 139
성공 공포 증후군 141
성 정체성 154, 159, 168, 171
성차 문제를 가진 영재 35
성취도검사 196
소외감 156, 167
속진 104
수행 기능 66
스트라우스 증후군 94
시골 영재교육 197
시골 학교 194
시골 학군 197

아스퍼거 증후군(Asperger's syndrome) 111
아스퍼거 증후군을 가진 영재들 35
아스퍼거 증후군 진단 기준 121
약물 중재 104
약물치료 126
양면특수성 33
양성화 155
언어적 교수법 122
여성 영재의 미성취 135
여성 미성취에 대한 신화 135
여왕벌 137
여왕벌 증후군 137
영재교육진흥법 3
영재교육필독시리즈 5
영재성 205
영재성의 정의 15
영재의 자퇴 203
영재 정체성 형성 모형 162
예술 재능 24
완벽 콤플렉스 142
우울증 158, 170
이질감 156, 167

자기 지지 65
자기 파멸적 행동 158, 170
자기판별 165
자기효능감 60
자살 158
자존감 156
자퇴 결정 207
자폐 스펙트럼 장애 111
장애영재 31
적응적 반응 124
전반적 발달장애 111
정신장애 진단 및 통계 편람(Dignostic and
    Statistial Manual of Mental Disorders;
    DSM-IV) 94
주의력 결핍 과잉행동장애 90
주의력 결핍장애 95
지원 전략 178
질적 방법 164

청소년기 160
충동성 94
층화군집 표집법 212

커밍아웃 157, 161, 177

통합파(lumpers) 20

패널 가중치 212
표준화 검사 196

학교 풍토 157
학생산출물평가서 52
학습부진 91
학습양식 209
학습장애 영재 45, 46
학습장애 프로그램 61
학습 전략 63, 64
한국영재교육학회 4
현학적 언어 116
현학적인 언어 사용 112
회고적 방법 163

ADHD에 대한 중재 91
ADHD와 영재성의 공존 35
ASPEN(아스퍼거 증후군 교육네트워크) 128
Barkley 특성이론 102
Jacob Javits 영재교육법 30
Ritalin-AE 91
Stanford-Binet 지능검사 196
SQ3R 71, 74
UPLD 74

편저자 소개

Sally M. Reis

　　Sally M. Reis는 코네티컷(Connecticut) 대학교의 교육심리학과 학과장이며, 국립영재연구소의 책임 연구원으로 활동하고 있다. 15년 동안의 교사 재직 기간 중에서 11년을 초·중·고등학교에서 영재를 가르쳤다. 130여 편의 논문, 9권의 책, 그리고 수많은 연구 보고서를 집필하였다.

　　연구대상은 학습장애 학생, 여성 영재, 재능 있는 학생 등 영재와 재능을 지닌 학생이다. 특히, 영재를 위한 학교전체 심화학습모형의 확장뿐 아니라, 이전에 영재로 판별되지 않은 학생의 잠재력과 재능을 확인하기 위해 일반적인 강화를 제공하고 강의를 늘리는 데도 노력을 기울이고 있다.

　　또한 워크숍을 운영하며, 학교에 영재교육, 심화 프로그램, 재능발달 프로그램의 전문적인 발전을 위해 여러 곳을 다니며 힘쓰고 있다. 『The Schoolwide Enrichment Model』 『The Secondary Triad Model』 『Dilemmas in Talent Development in the Middle Years』의 공동 저자이며, 1998년에는 여성의 재능 발달을 다룬 『Work Left Undone: Choices and compromises of Talented Females』를 출판하였다. 그리고 『Gifted child Quarterly』를 포함한 여러 저널 위원회의 편집 위원으로 활동하면서, 미국영재학회 회장을 역임하였다.

Susan Baum

　　Susan Baum은 뉴로셸(New Rochelle) 대학교에서 초등교육과 영재교육 전공의 대학원생들을 가르치는 교수로 재직 중이다. 시러큐스(Syracuse) 대학교에서 초등교육 및 특수교육 전공으로 학사학위를 받았고, 몽클레어(Montclair) 주립대학교에서 학습장애 전공으로 석사학위, 그리고 코네티컷(Connecticut) 대학교에서 영재교육으로 박사학위를 받았다. Baum은 공립초등학교에서 일반교사, 특수교사, 영재교사, 학습장애 치료사, 교육상담가로 30년 이상 재직하였다.

　　국내외에 걸친 전문 활동 분야는 글쓰기, 차별화 교육과정 및 교수-학습 개발, 아동의 정서적 요구, 영재교육, 학습장애 영재, 초등 영재, 미성취 영재, 소외 계층 영재를 포함한 여러 분야의 교육 연구에 대한 컨설팅이다. 저서로는 『Creativity 1, 2, 3』 『Chi Square』 『Pie Charts and Me』 『To Be Gifted and Learning Disabled: From Identification to Practical

Intervention Strategies』 등이 있고, 공저로는 『Nurturing the Gifts and Talents of Primary Grade Students』, H. Gardner와의 공동연구로는 『Multipple Intelligences in the Elimentary Classrom: Pathways to Thoughtful Practice』가 있다. 최근 저서로는 『Toolkit for Teens: A Guide for Helping Adolescents manage Stress』와 『To be Gifted & Learning Disabled: Strategies for Meeting the Needs of Gifted Students-LD, ADHD, and More(revised edition)』가 있다.

현재는 미국영재학회 이사를 맡고 있으며, 미성취영재교육학회의 설립자로 회장을 역임하였다.

역자 소개

이 신 동
고려대학교 교육학과 졸업
고려대학교 대학원(석사, 박사)
미국 스탠퍼드대학교 Post-doc, 동 대학교 교육연구소(CERAS) 연구원
미국 퍼듀대학교 영재교육연구소(GERI) 연구교수
현재 순천향대학교 교육과학부 교수

〈주요 저서 및 역서〉
영재교육의 이론과 방법(공역, 학문사, 2001)
유아영재교육의 이해(공역, 학문사, 2002)
다중지능과 교수-학습(공역, 시그마프레스, 2006)
창의성의 이해(공역, 박학사, 2006)

강 영 심
부산대학교 교육학과 졸업
부산대학교 대학원(교육학 석사, 박사)
미국 유타주립대학교 박사후 과정 연구원
부산대학교 특수교육연구소 소장
현재 부산대학교 특수교육과 교수

〈주요 저서 및 역서〉
자폐증의 진단과 치료(역, 도서출판 특수교육, 1996)
생각주머니(도서출판 특수교육, 1998)
교사를 위한 교육심리학(공저, 서현사, 2004)
통합교육-교사를 위한 특수교육입문(공저, 학지사, 2005)

최 병 연
조선대학교 영어교육과 졸업
고려대학교 대학원 교육학과 졸업(문학석사, 교육학 박사)
미국 퍼듀대학교 영재교육연구소 박사후 과정
현재 고려대학교, 숭실대학교 강사

〈주요 저서 및 역서〉
효율적인 교수-학습을 위한 교육심리학(공저, 교육과학사, 2004)
창의성 계발과 교육(공역, 학지사, 2004)
영재교육(공역, 박학사, 2005)
협동학습 모형탐색(공저, 학지사, 2007)

영재교육필독시리즈 제7권

장애영재와 특수영재
Twice-Exceptional and Special Populations of Gifted Students

2008년 1월 8일 1판 1쇄 인쇄
2008년 1월 15일 1판 1쇄 발행
엮은이 • Susan Baum
옮긴이 • 이신동 · 강영심 · 최병연
펴낸이 • 김진환
펴낸곳 • **학지사**
121-837 서울시 마포구 서교동 352-29 마인드월드빌딩 5층
대표전화 • 02-326-1500   팩스 • 02-324-2345
등록 • 1992년 2월 19일 제2-1329호
홈페이지 www.hakjisa.co.kr
ISBN 978-89-5891-547-8   94370
      978-89-5891-540-9   (전13권)
가격 14,000원

인터넷 학술논문 원문 서비스 뉴논문 www.newnonmun.com